OFFENSIVE ARCHITEKTUR

© 2005 by jovis Verlag GmbH
Das Copyright für die Texte liegt bei den Autoren. Das
Copyright für die Abbildungen liegt bei den Fotografen
bzw. den Bildrechteinhabern.

Alle Rechte vorbehalten.

Gestaltung und Satz: Susanne Rösler
Lithografie: Galrev Druck- und Verlagsgesellschaft, Berlin
Druck und Bindung: GCC Grafisches Centrum Cuno, Calbe

Bibliografische Information Der Deutschen Bibliothek
Die Deutsche Bibliothek verzeichnet diese Publikation in
der Deutschen Nationalbibliografie; detaillierte bibliografische Daten sind im Internet über http://dnb.ddb.de
abrufbar.

jovis Verlag, Kurfürstenstr. 15/16, 10785 Berlin
www.jovis.de

ISBN 3-931321-42-8

OFFENSIVE ARCHITEKTUR

PRÄSENTATION, PUBLIC RELATIONS UND MARKETING FÜR ARCHITEKTEN
HERAUSGEGEBEN VON FRANK PETER JÄGER

JOVIS

Über dieses Buch   6
Markenarchitektur – Baukunst zwischen Wert und Ware (Jan R. Krause)   8

Architekturmarketing   12
Die individuelle Marketingstrategie (Rolf Toyka)   16
Marketingfahrplan: Analyse und Zielbestimmung (Uwe Morell)   23
Architekturexport – Auftraggeber im Ausland finden (Thomas Welter)   38
Werbung und Berufsrecht   41

Präsentieren und überzeugen   44
Marketing-Medien (Rolf Toyka)   45
Gestaltung und Produktion von Broschüren   51
Umsetzung der Corporate Identity   59
Corporate Design   64
Architektur und Internet   72
Websites (Uwe Morell)   77
Checkliste Internet   88
Im Dialog – Gesprächs- und Verhandlungsführung   90
Baustelle Text   102
Architektur zweidimensional (Wilfried Dechau)   108

Wege in die Medien   118
Pressearbeit konkret (Eva Reinhold-Postina)   136

Architektur als Ereignis   158
Publicity durch Events (Paul G. Lichtenthäler/Frank P. Jäger)   158
Architektur ausstellen   165
Messen (Uwe Morell/Rolf Toyka)   172
Buchveröffentlichungen (Jochen Visscher)   177

Anhang   184

Über dieses Buch

Das Ausmaß, in dem Architekturbüros landauf, landab infolge der jüngsten Bau-Baisse mit Auftragseinbrüchen zu kämpfen hatten, ließ unübersehbar werden, wie wenig die Branche auf die eingetretene Verschärfung der Marktbedingungen vorbereitet war: Zum einen machen sich auf dem mitteleuropäischen Markt Konzentrationstendenzen bemerkbar, die den – insgesamt stagnierenden – Markt für kleinere Wettbewerber zunehmend verengen. Denn diese verfügen anders als Großbüros kaum über die Ressourcen, um prestigeträchtige Großprojekte an sich zu ziehen, sich im Ausland zu engagieren und schlagkräftige PR-Arbeit zu betreiben. Auf der anderen Seite ist ein deutlicher Trend zur Spezialisierung zu beobachten. Architekturbüros ohne klar ausgeprägtes Profil werden es also künftig schwer haben. Lange Zeit sicherte vielen Architekten eine Mischung aus Ehrgeiz, sporadischer Akquise, Kontaktpflege und Glück (in Wettbewerben) das Auskommen – in der Zukunft wird nur bestehen können, wer konsequent unternehmerisch denkt und auftritt. Schon die sinkende Zahl öffentlicher Aufträge zwingt dazu, aktiv den Kontakt zu privaten Investoren zu suchen. Dafür gilt es gerüstet zu sein.

Obwohl also eine systematische unternehmerische Selbstdarstellung als Gebot der Stunde erscheint, bestehen unter Architekten nach wie vor Berührungsängste, ja Ressentiments gegenüber dem Thema – wie zum Beispiel der Entwurfsprofessor belegt, der in einer Diskussion die Meinung vertrat, dass Architekturmarketing in erster Linie den mittelmäßigen Architekten helfe, sich am Markt durchzusetzen – eine Logik, die sich wohl nur verstehen lässt als Umkehrschluss des eingefleischten Glaubens, dass gute Architektur für sich selbst spreche und deshalb keiner Publicity bedürfe – ein fataler Irrtum!

Die Stiftung Baukultur des Bundesbauministeriums hat sich intensiv damit beschäftigt, Kriterien für gute Architektur zu benennen. Sollte es aber – neben der Qualität der Architektur selbst – nicht ein ebenso entscheidendes Merkmal von Baukultur sein, dass diejenigen, die planen und konstruieren, auch imstande sind, den Wert ihrer Arbeit dem breiten Publikum zu vermitteln?

Das Buch **Offensive Architektur** ist ein erster Schritt, diese Lücke zu schließen. Es ist durchgängig als Praxis-Handbuch konzipiert, das Architekten, Innen- und Landschaftsarchitekten in die Lage versetzt, Marketingaktivitäten in eigener Regie zu steuern.

Alle Hinweise gelten gleichermaßen für das 20-Mitarbeiter-Büro wie für das zweiköpfige Mini-Team – mit dem Unterschied, dass ein sinnvoller Umfang etwa der Pressearbeit natürlich von der jeweiligen Teamstärke abhängig ist. Jedes Themenkapitel wird begleitet von Beispielen, Anschauungsmaterial und Checklisten für die Anwendung. Die gewählte Reihenfolge der Kapitel entspricht der zur Anwendung ihrer Hinweise zweckmäßigen Abfolge. Fasst man sie als Handlungsschritte auf, wird das Buch zur Gebrauchsanweisung für Marketing und Öffentlichkeitsarbeit für das eigene Architekturbüro.

Der Herausgeber dieses Buches berät neben seiner Tätigkeit als Architekturjournalist Architekten in Fragen der Büropräsentation und Pressearbeit und leitet an Kammern Seminare zu diesen Themen. Fragen, die hier gehäuft auftraten, nahmen nicht unwesentlich Einfluss auf die Gewichtung der Inhalte. **Offensive Architektur** ist das bislang umfassendste Werk zum Thema in deutscher Sprache und besteht aus vier thematischen Blöcken.

Der erste Abschnitt wendet das Handwerkszeug des Dienstleistungsmarketings auf die Architektur an. Ein umfangreicher Fragenkatalog ermöglicht es, ausgehend von den eigenen Stärken und seinem Marktumfeld eine persönliche Marketingstrategie zu entwickeln.

Der zweite Abschnitt gilt dem Thema Büropräsentation. Nach einer Vorstellung zweckmäßiger Marketing-Medien erfährt der Leser alle notwendigen Hinweise zu Inhalt und Gestaltung von Broschüren. Ausgesuchte Beispiele liefern Anschauungsmaterial, wie das Profil eines Architekturbüros in seiner Corporate Identity Ausdruck findet.

Breiter Raum wird dem Thema Internet gewährt, denn viele Architekten sind vom „Marketing-Effekt" ihrer Internet-Seiten enttäuscht – was häufig auch daran liegt, dass sie die Möglichkeiten des Mediums nur unzureichend nutzen.

Den Gestaltern der dritten Dimension wird gemeinhin ein schwieriges Verhältnis zum geschriebenen Wort nachgesagt – auf der „Baustelle Text" liegen die passenden Armierungsmatten und Schalungsbretter bereit, um solide Erläuterungsberichte und andere Texte zum Bauen entstehen zu lassen.

Auf mehr als 40 Seiten widmet sich der dritte Abschnitt den Themen Medien und Pressearbeit. Dieser Umfang trägt den enormen Potentialen Rechnung, die auf dem Gebiet der architekturbezogenen Pressearbeit brach liegen. „Wege in die Medien" macht vertraut mit der Denkweise von Journalisten und gibt Tipps für den Kontakt zu Redaktionen. Pressearbeit – und sei es mit bescheidensten Mitteln – gehört einfach dazu, denn Marketing ohne

Im „Pei-Bau" des Deutschen Historischen Museums

Pressearbeit wäre wie eine Hifi-Anlage ohne Verstärker. Der vierte Abschnitt behandelt vielversprechende, bislang wenig beachtete Wege, die eigene Tätigkeit publik zu machen, wie Ausstellungen, Messeauftritte und öffentliche Veranstaltungen.

Das vorliegende Buch ist das gemeinsame Werk von einer Autorin und acht Autoren, die erfolgreich als Journalisten, im Architekturmarketing, als Verleger oder Medienberater und in der Architektenfortbildung tätig sind. Ziel war es, eine Vielzahl von praxiserprobten Blickwinkeln und Erfahrungsberichten aus der Architekturszene zusammenzuführen. Der Herausgeber freut sich über jede Art von Anregungen und Verbesserungsvorschlägen. Seine Anschrift findet sich im Anhang.

Markenarchitektur – Baukunst zwischen Wert und Ware
Jan R. Krause

Markenarchitektur – das ist kein unumstrittener Begriff. Geht es dabei nur um große Namen oder große Gesten? Oder darf man nicht in jedem Fall von Markenarchitektur sprechen, wenn es sich um Bauten mit besonderen räumlichen Qualitäten handelt, um maßgeschneiderte Lösungen für einen spezifischen Ort – unabhängig davon, ob der Architekt, die Medien oder die Gesellschaft seinen Namen beziehungsweise seine Handschrift als Marke handeln? Der Begriff Marke ist hier nicht als Erkennungszeichen, sondern als Programmatik zu verstehen: Sie zielt darauf, den Wert architektonischer Individuallösungen und gestalterischer Ansprüche einem möglichst breiten Publikum zu vermitteln. In der Baupraxis werden gegensätzliche Perspektiven von Architekt und Bauherr offenkundig. Was für den einen vor allem ein schöpferischer Akt ist, durch den ein kultureller Wert geschaffen wird, wird vom anderen als Dienstleistung beziehungsweise als Ware mit vorrangig ökonomischem Wert betrachtet. Diese unterschiedlichen Wertvorstellungen führen zu einer scheinbar unüberwindbaren Diskrepanz in der Wahrnehmung der architektonischen Leistung.

Hier ist eine neue Leistung des Architekten gefragt, das Marketing. Architekten-Marketing unterscheidet sich jedoch von der Vermarktung einer Ware, denn es vermittelt keine Produkteigenschaften, sondern ist ein Akt der Wertvermittlung.

Markenarchitektur im Alltag

Markenarchitektur ist nicht nur als Corporate Identity oder Wahrzeichen zu verstehen. Sie ist ein Prädikat für qualitätvolle, maßgeschneiderte und im Ausdruck angemessene Architektur jeder Art und damit auch eine alltagstaugliche Kategorie. Bauten, die der Volksmund nach dem Architekten benennt, wie etwa der Berliner „Pei-Bau" als Teil des Deutschen Historischen Museums in Berlin, werden Einzelfälle bleiben. Sicher braucht jede Szene ihre Stars. Doch Markennamen von bedeutenden Architekten werden hier, unabhängig von den tatsächlichen Qualitäten ihrer Bauten, zur Ersatzgarantie für Sicherheit und Aufmerksamkeit in einer Situation, in der den Auftraggebern offensichtlich die Kriterien zur Beurteilung von Architektur abhanden gekommen sind. Diese durchaus kritisch zu betrachtende Entwicklung lässt Schlussfolgerungen für den architektonischen Alltag zu: Es geht darum, gemeinsam mit den Bauherren den Blick für tatsächliche architektonische Qualitäten zu schärfen und Kriterien für eine regionale Markenarchitektur zu definieren. Eine wichtige Rolle spielt dabei der **genius loci**, aus dem etwa die Schweizer, die Vorarlberger oder

Georg Bumiller: Grundschule in Bad Homburg, Innenansicht

die Holländer immer wieder auf überzeugende Weise zeitgenössische, identitätsstiftende Typologien und Kompositionen abzuleiten vermögen. Gerade an diesen Beispielen zeigt sich: Markenarchitektur hat ihren festen Platz und ihre Bedeutung auch jenseits der ganz großen Namen.

Der Anspruch des Bauherrn: Architektur als Dienstleistung und Ware

Für viele Bauherren ist Architektur zunächst eine Ware, deren Wert vor allem darin besteht, dass sie mängelfrei funktioniert. Die Errichtung und der Betrieb eines Gebäudes sind aus Sicht des Bauherrn und des Nutzers stets von der einen zentralen Frage nach Kosten und Nutzen begleitet. In der Regel sucht der Bauherr keine Architektur, sondern einen Architekten. Das ist ein feiner und zugleich wesentlicher Unterschied. Gesucht wird nicht in erster Linie eine Form oder eine Handschrift, sondern ein erfahrener Treuhänder, der imstande ist, die Investition in eine zu errichtende Immobilie ökonomisch umzusetzen. Von vorrangiger Bedeutung sind dabei die Einhaltung der Termine und der Kosten. Die Dienstleistung des Architekten wird als professionelle Organisation eines Bauprozesses betrachtet, bei dem für den Bauherrn jegliches Risiko zu minimieren ist.

Der Anspruch des Architekten: Architektur als Unikat und kultureller Wert

Einen schweren Stand hat der Architekt, wenn der Bauherr bei einem Projekt auf reine Funktionserfüllung setzt und keinen gestalterischen Ausdruck erwartet. Denn diese Haltung steht im Widerspruch zum Anspruch des Architekten, bei jeder noch so bescheidenen Bauaufgabe ein Unikat zu schaffen. Die Einzigartigkeit eines Gebäudes wirkt identitätsstiftend – für die Kinder einer Schule, die Mitarbeiter eines Unternehmens oder für die Bewohner einer Stadt. Diese Identifikation über die Architektur ist ein nicht zu unterschätzender Wert. Dahinter steht keineswegs die Aufforderung, aus jedem Haus einen Expo-Pavillon zu machen. Es gibt viele im Ausdruck zurückhaltende Bauten, sogenannte „Alltagsarchitektur", die sich den Rahmenbedingungen ihrer Umgebung unterordnen und sehr wohl das Prädikat Baukunst verdienen. Hier liegt der Unterschied zu den spektakulären Bauten der Stars: Das Ergebnis ist nicht Masche, sondern Marke, ist nicht originell, sondern original. Zwei Eigenschaften, die ein Bauherr möglicherweise erst nach einem Prozess der Bewusstseinsbildung zu schätzen vermag. In dieser Bewusstseinsbildung liegt eine große Kommunikationsleistung, die an kaum einer Hochschule gelehrt wird.

Lamott Architekten: Musikschule in Fellbach

Dialog zwischen Architekt und Bauherr

Ebenso wie der Gesellschaft ein allgemein verbindliches Wertegerüst, scheint den Architekten die Sprache abhanden gekommen zu sein. Die große Kunst besteht darin, den Auftraggeber auf dem Stand abzuholen, den er durch Gespräche oder Lektüre auf dem Gebiet der Architektur erreicht hat. Anstelle gefestigter Werturteile wird oft das Totschlagargument „Geschmackssache" angeführt. Deshalb ist es notwendig, sich gemeinsam mit dem Bauherrn auf ein Kriteriengerüst zu verständigen, das geeignet ist, objektive Qualitäten zu bestimmen. Erst mit einem solchen Gerüst, das auch Kategorien zur Beurteilung ästhetischer Qualitäten berücksichtigen muss, lässt sich die Erkenntnis gewinnen: Architektur beginnt da, wo Geschmack aufhört. Wer so weit gekommen ist, hat natürlich immer noch das Recht zu sagen: „Mir persönlich gefällt etwas aus ganz subjektiven Gründen nicht." Aber er wird anerkennen müssen, dass es sich um Architektur handelt. Dies ist eine wesentliche Basis für einen konstruktiven, von gegenseitigem Respekt bestimmten Dialog. Dabei ist es notwendig, die eigenen Ziele und Ansprüche in der Sprache des Bauherrn zu formulieren, sich auf seine Assoziationswelten, seine Wertkategorien einzulassen.

Die scheinbar eindimensional ökonomisch ausgerichtete Argumentation mancher Bauherren wird der Architekt akzeptieren müssen. Lässt er sich darauf ein und ist er in der Lage, überzeugende Antworten auf die ökonomischen Fragen zu finden, darf er damit rechnen, dass ihm in den gestalterischen Bereichen umso größere Freiheiten gelassen werden. Dabei hat der Architekt in Sachen Kosten-Nutzen-Relation keine schlechten Argumente: Denn die möglicherweise teureren architektonischen Materialien, die aufwändigeren konstruktiven Systeme sind im Zweifelsfall dauerhafter, langlebiger und können die laufenden Kosten für Energie und Instandhaltung erheblich reduzieren.

Raumschichten – Blick in den Innenhof der Kindertagesstätte Jerusalemer Straße in Berlin von Volker Staab (diese und die folgenden Aufnahmen stammen von Werner Huthmacher, Berlin)

Darüber hinaus werden die Faktoren Identifikation und Identität immer stärker als Werte der Ware Architektur erkannt. Der Architekt hat die Chance, von dieser neuen Wertschöpfung und Wertschätzung zu profitieren. Die vom römischen Baumeister Vitruv bereits vor mehr als 2000 Jahren als Formel für architektonische Qualität benannte Dreiheit „Firmitas, Utilitas, Venustas" – Standfestigkeit, Funktionalität, Sinnlichkeit – wird zum wichtigsten Argument des Architekten im Dialog mit seinem Bauherrn, ergänzt um den Aspekt der Ökologie. Darüber lässt sich ein Gesamtkonzept schlüssig erklären, das seinen Wert verlieren und zur Discount-Ware geraten würde, sobald auf eines der Elemente verzichtet wird.

Wenn das Wohnen in die Landschaft ragt –
Wohnhaus in Lüdenscheid vom Architekten John Pawson

ARCHITEKTURMARKETING

Marketing ist der Oberbegriff für alle unternehmerischen Aktivitäten zur Vermarktung eines Produktes, wie z. B. Public Relations und Werbung – eine Begriffsabgrenzung.

Marketing umfasst alle unternehmerischen Aktivitäten zur Vermarktung eines Produktes oder einer Dienstleistung. Marketing integriert alle Werbemaßnahmen in eine Gesamtstrategie.

Marketing ist Kommunikation: Es lebt vom kontinuierlichen Dialog mit den Kunden.

Marketing umfasst neben Werbung und PR die Marktbeobachtung („Was will der Kunde?") sowie die Weiterentwicklung von Produkten entsprechend der Nachfrage.

Ausgehend von der Ist-Analyse eines Unternehmens und seines Angebotes wird eine individuelle Marketing-Strategie entwickelt – sie ist der Leitfaden aller Marketing-Aktivitäten.

Eigenmarketing: Für den Arbeitgeber sollte deutlich werden, welchen Nutzen er davon hat, gerade Sie einzustellen (z.B. spezifische Qualifikationen).

Was bedeutet „Marketing" eigentlich?

Die Vorstellungen, die über Inhalt und Zweck von Marketing bestehen, sind verschwommen, was schon an der Fülle variierender Definitionen des Begriffs deutlich wird. Marketing ist nicht mit Public Relations zu verwechseln und auch nicht einfach ein anderes Wort für Werbung. Marketing ist der Oberbegriff für alle Vermarktungsaktivitäten, die Werbung eingeschlossen; das Marketingkonzept legt die Strategie fest, auf der basierend die Werbung geplant wird.

PUBLIC RELATIONS

Public Relations-Aktivitäten verfolgen ein bestimmtes Marketing-Ziel (z.B. ein spezifisches Image aufzubauen) gegenüber zuvor bestimmten Zielgruppen.

Im Gegensatz zur Werbung hat PR dialoghaften Charakter.

Public Relations spricht meist eine begrenzte (und strategisch bestimmte) Auswahl von Adressaten an.

Hauptzielgruppe sind Medien und andere Multiplikatoren, deren Berichterstattung durch Pressetexte (in Artikel-Form) und Pressemitteilungen gezielt zugearbeitet wird.

Public Relations soll die Außenwahrnehmung der eigenen unternehmerischen Aktivitäten stimulieren und positiv beeinflussen: „Andere dazu bringen, Gutes über einen zu schreiben."

PR führt in erster Linie Sachargumente ins Feld, anstatt ein Produkt (wie die Werbung) direkt anzupreisen („Überzeugen statt überrumpeln").

Daneben spricht PR die Zielgruppen auch auf der emotionalen Ebene an, aber nicht marktschreierisch.

PR wird auch operativ eingesetzt, um auf veränderte Rahmenbedingungen strategisch zu reagieren (z.B. in Form von Krisen-PR).

Bevorzugte Medien der Architekten-PR: Internet-Seite, PR-Verteiler, Pressemitteilungen, persönliches Gespräch, Image-Broschüren, Events.

WERBUNG

Produkte/Leistungen werden öffentlich präsentiert, mit dem Ziel, Menschen zu ihrem Kauf zu bewegen.

Werbung ist direkte, aber nichtdialogische (einseitige) Kommunikation zwischen Anbieter und potentiellen Konsumenten/Auftraggebern.

Die breite Streuung zwingt zu unpersönlicher Ansprache.

Die Zielgruppen sind geringer abgegrenzt als bei PR, dadurch ergeben sich Streuverluste.

Werbung erzeugt relativ hohe Kosten durch die Erstellung von Werbemitteln und das Schalten von Anzeigen etc.

Werbung muss in bestimmten Abständen wiederholt werden („Einmal ist keinmal").

Chance: Durch breit gestreute Werbung können bisher unbekannte Zielgruppen auf Produkt/Leistung aufmerksam gemacht werden.

Bevorzugte Medien der Architekten-Werbung: Flyer, Postkarten, Anzeigen, Image-Broschüren, Stand auf Endverbraucher-Messen

Grundsätzlich lassen sich zwei Arten von Marketing unterscheiden: Produktmarketing und Dienstleistungsmarketing. Architekten stellen zwar auch Produkte her, im Wesentlichen sind aber ihre planerische Erfahrung, ihr gestalterisches Können und ihre technische Kompetenz Gegenstand des Marketings. Die Dinge, die der Architekt überzeugend vermarkten muss, kann man also nicht anfassen, es sind ungegenständliche, ideelle Eigenschaften. Architekturmarketing wird demnach in besonderem Maß an das Vertrauen und den Innovationsgeist potentieller Kunden appellieren, da die Tätigkeit des Architekten zunächst ja das Versprechen einer erst noch zu erbringenden Leistung ist: Beauftragung, Entwurf und Planung erfolgen lange, bevor ein Auftraggeber das Ergebnis seiner Auftragsentscheidung tatsächlich „anfassen" und in Besitz nehmen kann.

Warum Marketing für Architekten?
Der Markt für Architekturleistungen ist im Umbruch. Vor allem kleine und mittelgroße Büros ohne besondere Spezialisierung dürften durch die Konkurrenz und die Konzentrationstendenz am Markt für Architektenleistungen in Bedrängnis geraten, wenn sie es versäumen, ein klares Profil herauszuarbeiten.
Doch vielfach werden PR- und Marketingaktivitäten nur punktuell betrieben oder gehen im täglichen Stress der Projektbearbeitung unter – bis zur nächsten Auftrags-Flaute. Aus einer Reihe von Gründen erscheint strategisches Marketing für die berufliche Profilierung von Architekten und Planern heute essentiell:

> ▶ Marketing, verstanden als aufmerksamer Dialog mit vorhandenen oder potentiellen Kunden, ermöglicht es, diese zu binden und im Austausch mit ihnen weitere Marktpotentiale aufzuspüren.
> ▶ Marketing ist ein Weg der Profilbildung, um sich von vielen ähnlichen Anbietern abzusetzen.
> ▶ Marketing ist ein Mittel, um die Wahrnehmung in der Öffentlichkeit aktiv zu steuern und Themen „zu besetzen". Mit ihnen wird man nach einiger Zeit in der öffentlichen Wahrnehmung identifiziert werden.
> ▶ Marketing-Denken stellt nicht nur das Ergebnis der planerischen Leistung – also etwa ein Gebäude – in den Vordergrund, sondern auch die Art und Weise, wie effizient, kundenorientiert und zuverlässig diese Leistung erbracht worden ist.

Aus den genannten Gründen ist es das wichtigste Ziel von strategischem Marketing als „Mittler zwischen Produkten und der Erwartung der Zielgruppe", den Auftraggeber in die Mitte der Betrachtungen zu rücken. Das erfordert bisweilen – zumindest gedanklich – die Fronten zu wechseln: Versetzen Sie sich in Ihren Kunden hinein, um Ihre eigene Dienstleistung beurteilen zu können.
Architekturmarketing muss also den Nutzen und Gewinn herausarbeiten, den ein Kunde von einer individuellen architektonischen Lösung im Allgemeinen und von Ihrem Konzept/Ihrer Kompetenz im Besonderen hat. Es geht nicht zuletzt um gelungene Kommunikation: Marke-

Speicherhäuser am Kölner Rheinauhafen,
links: Hochhaus am Bahnhof Friedrichstraße
in Berlin (Entwurf von Mark Braun) –
Visualisierungen von Bünck+Fehse, Berlin

ting bedeutet nicht nur, dem Kunden ein Produkt schmackhaft zu machen, sondern zugleich, es ausgehend von seinen Bedürfnissen kontinuierlich weiterzuentwickeln.

Der Aufbau einer Marketingstrategie lässt sich wie folgt untergliedern:

- ▶ Bestandsanalyse des Büros und der Marktsituation (Situations- und Konkurrenzanalyse)
- ▶ Bestimmung des (ggf. neuen) Angebotsprofils und Formulierung der Unternehmensphilosophie
- ▶ Positionierung durch Marktsegmentierung (In welchem Teilmarkt soll sich das Büro in erster Linie profilieren?)
- ▶ Positionierung durch Markenbildung (Identität und Imagebildung des Büros)
- ▶ Entwicklung von Akquisitionsstrategien (Wie und gegenüber welcher Zielgruppe soll das Image des Büros kommuniziert werden, welche Partner bieten sich für strategische Allianzen an?)
- ▶ Einsatz und Gestaltung von Akquisitionsinstrumenten (Werbe- und Kommunikationsmittel etc.)
- ▶ Budgetierung und Erfolgskontrolle der Marketing- und Akquisitionsmaßnahmen

Rolf Toyka, Leiter der Akademie der Architekten- und Stadtplanerkammer Hessen, schildert im folgenden Beitrag, was es bedeutet, Marketing-Denken auf die „Dienstleistung Architektur" anzuwenden.

Der daran anschließende Beitrag von Uwe Morell dient mit seinem umfangreichen Fragenkatalog dem Zweck, die für eine individuelle Marketingstrategie notwendige Analyse von Ist-Zustand, Marktlage, Konkurrenz und Zielen auf das eigene Büro anzuwenden.

Die individuelle Marketingstrategie
Rolf Toyka

Dass ein Architekt neben seiner Eigenschaft als Künstler und Ingenieur auch Dienstleister ist, wird im Prinzip jeder anerkennen – meist gefolgt von dem Einwand, die kreative und anspruchsvolle Tätigkeit eines Architekten könne man nicht wie eine x-beliebige Dienstleistung vermarkten. Das kann man in der Tat nicht. An diesem Punkt nämlich gilt es, ausführlich darzulegen, wie man den eigenen Anspruch definieren möchte. Mit einem vagen Statement wie zum Beispiel „Unser Büro steht für qualitätvolle Architektur und individuelle Konzepte" ist es nicht getan – da es weder die genauen Stärken bezeichnet noch die Sichtweise des Auftraggebers einbezieht.

Eine engagierte und anspruchsvolle Architektin hat kürzlich in einem **FAZ**-Interview die Radikalität ihrer Lösungen betont. Hierbei berief sie sich auf ihre Lehrer an der Frankfurter Städelschule, wo es hieß: „Wenn ihr etwas macht, erklärt es nicht dem Bauherrn – macht, was ihr wollt." Und die Steigerung dieses Ratschlags war das „Baustellenverbot", das sie tatsächlich einmal für Bauherren verhängt hatte.

Sicher ein Extrembeispiel, doch verdeutlicht es das Kommunikationsdefizit zwischen Architekten und den übrigen Akteuren der Baubranche in zugespitzter Form. Es ist allgemein verbreitet, den Bauherren nicht als Kunden, sondern insgeheim als Gegner wahrzunehmen – weil er einem den Entwurf zusammenstreicht, die Kosten drückt, penibel nach Mängeln suchen lässt … Dass sich Architekten mit solchen Praktiken täglich konfrontiert sehen, ändert nichts daran, dass ein Mehr an Dialog und eine veränderte Einstellung zu den Interessen des Bauherrn die Zusammenarbeit erleichtern würden. Die eigenen Ansprüche lassen sich auf die Dauer nur verteidigen, wenn man nicht gegen, sondern mit dem Bauherrn arbeitet.

Kundenzufriedenheit durch kontinuierliche Kommunikation
Es gehört zu den Grundlagen moderner Dienstleistungsphilosophie, seinen Auftraggebern ein größtmögliches Maß an Nutzen in Aussicht zu stellen. Was aber bedeutet das im Fall des Produktes Architektur? Die Vorstellungen darüber divergieren zwischen Nutzer, Anbieter und Bauherr oft erheblich. Gewerbliche Bauherren bauen, um damit Geld zu verdienen, Architektur ist für sie in erster Linie ein Renditeobjekt. Es geht Ihnen um Immobilien, die preiswert und schnell realisiert werden und „auch noch nett aussehen", was dazu beiträgt, dass mit einer zügigen Vermietung bzw. dem reibungslosen Verkauf gerechnet werden kann. In diesem Verständnis erscheint anspruchsvolle Architektur als „Sahnehäubchen" und Zugabe zum Funktionsobjekt Bürohaus, „nice to have" – aber eine schmucklose Waschbetonkiste hätte es zur Not auch getan. Ein solcher Investor ist nicht unbedingt desinteressiert an guter Architektur, sie rangiert für ihn jedoch hinter dem Nutzwert eines Gebäudes.

Ein weiterer für den Architekten gewöhnungsbedürftiger Effekt der beschriebenen Entwicklung ist, dass er immer seltener auf „klassische" Bauherren in Person des einen Unternehmers oder privaten Bauherrn trifft. Der „Ansprechpartner" des Architekten ist heute meist vielköpfig wie das Haupt der Medusa und aus entsprechend vielen Mündern plappert es auf den Baubesprechungen: Es handelt sich um Gremien wie die Teilhaber einer Immobiliengesellschaft, Firmenvorstände, kommunale Bauausschüsse und ähnliche.

Anonyme Bauherren
Oft ist der Bauherr eine anonyme Gesellschaft, entsprechend gering ist die Identifikation der Beteiligten mit einer Bauaufgabe und den Ideen des Architekten. Diese Realitäten zu beklagen, nützt wenig, vielmehr gilt es, sich selbstbewusst auf sie einzustellen – was keineswegs bedeuten muss, sich fortan nur noch als Produzent anspruchsloser Standard-Immobilien zu betätigen.
Entscheidend ist nur, beispielsweise einem Unternehmensvorstand bei einer Präsentation nicht alleine die entwurfsbestimmenden Elemente nahe zu bringen, sondern ihn auch in seinem Metier anzusprechen, im Bereich der Ökonomie. Auf dieser Ebene dürfte es leichter fallen, einen Auftraggeber zu überzeugen.
Wenn man es außerdem versteht, den Imagewert von anspruchsvoller Architektur für ein Unternehmen bzw. für die potentiellen Käufer ins Spiel zu bringen und das architektonische Konzept allgemeinverständlich zu vermitteln, darf man damit rechnen, auf offene Ohren zu stoßen.

Helmut Jahn erklärt dem Berliner Senatsbaudirektor Hans Stimmann und Hans Kollhoff das Sony Center

Der gedankliche Ausgangspunkt jeder individuellen Marketingstrategie ist ein Fragenkatalog. Die Antworten auf diese Fragen (↓Kap. „Marketingfahrplan: Analyse und Zielbestimmung") sollte man niederschreiben; sie sind die Basis des künftigen Selbstdarstellungsprofils. Auf diese Weise gewinnt es scharfe Konturen und lässt sich im Team kommunizieren. Nebenbei: Wichtig ist, dass alle projektverantwortlichen Mitarbeiter eines Büros die individuelle „Büro-Philosophie" verinnerlicht haben und somit auch mit einer Sprache sprechen.

Die Ausgangsfragen einer individuellen Marketing-Strategie lauten:

- Welches Selbstverständnis hat das Büro? Welche Spezialgebiete werden abgedeckt?
- Welche Art der Kommunikation (Kommunikationsmedien) ist die für das Büro angemessene – und ist bestmöglich auf konkrete Bauherrengruppen ausgerichtet?
- Welche Form der Werbung passt zum Büro und verspricht Akzeptanz bei den als hauptsächliche Zielgruppe definierten Kreisen?
- Versteht sich das Büro auf die Entwicklung von Kompromisslösungen, die einerseits Bauherrenwünschen entgegenkommen und andererseits das Büroprofil nicht verwässern?

Die richtigen Signale

Die Selbstdarstellung von Architekturbüros steht und fällt mit der gelungenen Kommunikation zwischen dem Architekten (Sender) und dem potentiellen bzw. tatsächlichen Bauherren (Empfänger). Maßgeblich ist die Frage, welche Zeichen, welche Sprache und welche Bilder geeignet sind, damit die gesendeten Signale auch wirklich beim Empfänger ankommen, auf Interesse stoßen und verstanden werden.

Unter Zeichen sind in diesem Fall nicht nur die Wortwahl und die verwendeten Bilder einer Präsentation, Modelle etc. zu verstehen, sondern auch die persönliche Erscheinung und das Auftreten.

Kommunikationsmodell von Public Relations und Marketing

SENDER (Architekt)
- Fachliches und gestalterisches Profil, Leistungsspektrum
- Individuelle Eigenschaften, die man als Image kommunizieren möchte

Hemmende Einflussfaktoren
- Vergessen, geringer Wiedererkennungswert (durch fehlende Alleinstellungsmerkmale)
- mangelnde Verständlichkeit
- Widerspruch des persönlichen Auftretens zum Image

Kommunikation in Form von Internetseiten, Bürobroschüren, Pressemitteilungen, Gesprächen, Events, Ausstellungen, Briefen

Dialog: Abgleich des gesendeten Bildes mit dem von der Zielgruppe wahrgenommenen Bild. Chance für Image-Korrekturen.

EMPFÄNGER (Auftraggeber, Öffentlichkeit)
- Wahrgenommenes Bild des Senders und Abbild seiner Botschaften (Image)

Ziel: Das gewünschte Profil eines Architekten kommt als Image-Botschaft möglichst vollständig und unverfälscht beim Empfänger an; es entsteht ein unverwechselbares, überzeugendes Bild des Unternehmens (→Corporate Identity).

Professionalität meint hier, sich, bei aller Individualität in der Selbstdarstellung, mit einem Repertoire von „passenden" Zeichen darzustellen. Ein Vorentwurf beispielsweise wird nicht „mal eben übers Wochenende" gefertigt, sondern in Ruhe ausgearbeitet. Und wie jede Dienstleistung wird die Arbeit selbstverständlich nur gegen ein Honorar erbracht. Schließlich hat ein Profi nichts zu verschenken.

Dass man sich angesichts der harten Konkurrenzsituation mit einer solchen Haltung schwer tut, versteht sich von selbst. Umso wichtiger ist es, neben dem anspruchsvollen Entwurf über besondere Qualifikationsmerkmale zu verfügen (und diese auch adäquat zu kommunizieren). Marketingfachleute sprechen in diesem Zusammenhang von der USP, der **unique selling position** (einzigartiges Verkaufsargument), die es herauszuarbeiten gilt.

Wer fragt, der führt

Die Schwierigkeit, zu bestimmen, was die Qualität der eigenen Leistung ausmacht, wird schon daran erkennbar, dass man sie als Architekt anders definieren wird als als Auftraggeber. Das betrifft weniger die materiellen Ziele: Über den Ausnutzungsgrad eines Grundstücks, maximale Baukosten, einen Fertigstellungstermin kann man sich eindeutig verständigen. Die weitaus intensivere Kommunikation erfordern die immateriellen Ziele; denn was unter Funktionalität, „Materialehrlichkeit" oder einer „harmonischen städtebaulichen Einbindung" zu verstehen ist, darüber dürften zwischen Laie und Architekt erhebliche Deutungsspielräume bestehen. Daher gilt es, sich ausreichend Zeit zu nehmen, um mit dem Bauherrn eine Abstimmung im Detail zu erreichen.

Es gibt einige unkomplizierte Möglichkeiten, den Dialog mit dem oder den Bauherren fruchtbarer zu gestalten:

- ▶ Fragen, Fragen, Fragen… Wer viel fragt, signalisiert Interesse an der Position des anderen. Dabei ist es wichtig, offene Fragen zu stellen, bei denen die erwartete Antwort nicht schon vorgegeben wird. Die Antworten bitte so genau wie möglich notieren.
- ▶ Erarbeiten Sie Entwurfsvarianten. Die jeweiligen Vor- und Nachteile einer Lösung sollten gemeinsam mit dem Auftraggeber erörtert werden.
- ▶ Besonders hilfreich ist das gemeinsame Besichtigen gelungener Beispielbauten (auch von Kollegen) für eine bestimmte Bauaufgabe. Vor Ort können dann Vor- und Nachteile sowie die mögliche Übertragbarkeit einzelner Elemente auf das aktuelle Projekt diskutiert werden.
- ▶ Von allen Gesprächen sollten Notizen erstellt und dem Bauherrn anschließend zugeleitet werden. Die Aussagen des Bauherrn sollten darin angemessen wiedergegeben sein. Die Gesprächsprotokolle haben, abgesehen davon, dass der Gesprächspartner sich und seine Position ernst genommen fühlt, den positiven Effekt, dass man den Auftraggeber später an seine früher formulierten Standpunkte erinnern kann.

DIE BESTE LÖSUNG IST IMMER ANDERS !

Bürophilosophie und Visitenkarte des Stuttgarter Architekturbüros Neugebauer + Rösch

Angesprochen auf ihr Bild von Architekten, äußerten bei einer vom Soziologen Christoph Hommerich durchgeführten Untersuchung viele der Befragten, insbesondere gewerbliche Bauherrn, sie hielten Architekten für „kompliziert" und „lebensfremd" – was laut Hommerich darauf hindeute, dass in der wirtschaftlichen und überwachenden Seite der Bautätigkeit das größte Spannungsfeld im Verhältnis zwischen dem Architekten und dem Bauherrn zu sehen sei. Architekten würden häufig als „kreative Komplizierer" gesehen. Ist so ein Bild erst einmal manifest, ist alles zu spät. Genau das Gegenteil muss der Berufsstand kommunizieren: „Der Architekt, der kreative Problemlöser!" Jeder muss auf seine Weise deutlich machen, dass er/sie aus der eigenen Kreativität schöpft, um einen größtmöglichen Kundennutzen zu erzielen. Worin der besteht, gilt es gemeinsam mit dem Bauherrn zu definieren.

Was kann ich? Was will der Kunde? Gezieltes Dienstleistungsmarketing

Das Global Positioning System (GPS) ist allenthalben bekannt. Es hilft, auf möglichst direktem Weg ein vorher angegebenes Ziel zu erreichen. In Analogie dazu könnte man den Ausgangspunkt einer individuellen Marketingstrategie für sich selbst als Persönliches Positionierungs-System (PPS) bezeichnen. Aus zwei Gründen passt dieser Vergleich sehr gut: Zum einen ist es notwendig, die aktuelle eigene Lage und seine Ziele präzise zu

Wie Marketingdenken Akquisitionsaktivitäten begünstigt

Passiv
- Präsenz zeigen in der Region, Gelegenheiten für öffentliche Auftritte und berufliches Networking wahrnehmen
- Eintrag in Architektensuchmaschine, eigener Internet-Auftritt
- geeignetes PR-Material bereithalten

Aktiv
- effizienter Einsatz der Akquisitionsressourcen durch Hierarchisierung der Zielgruppe und differenzierte Ansprache
- Marktbeobachtung: Unternehmensnachrichten, Wirtschaftsberichterstattung der regionalen Medien verfolgen; regionale Entscheidungsstrukturen beobachten
- aktive Pressearbeit
- parallel auf unterschiedlichen Kommunikationsebenen arbeiten, z. B. formelle und informelle Gelegenheiten für öffentliche Präsenz (auch im fachfremden Rahmen)
- aktive Kontaktaufnahme zu potentiellen Bauherrn
- kontinuierliche Kontaktpflege, sich bei Partnern und Kunden in Erinnerung halten
- strategische Allianzen und Networking (z.B. mit Generalübernehmern, Bauunternehmern, Handwerkern, Immobilienentwicklern)

definieren, zum anderen ist die Handhabung eines solchen Orientierungssystems nichts Statisches, es bedarf vielmehr der kontinuierlichen Fortschreibung.

Die nachfolgend gestellten Fragen zu beantworten, erscheint einfach. Wenn man sich aber zwingt, die Antwort präzise und knapp zu Papier zu bringen, erkennt man schnell, dass dazu einiges Nachdenken erforderlich ist. Empfohlen sei, jeweils sowohl eine maximal einen Satz umfassende Kurz-Antwort als auch eine ausführlichere Antwort zu formulieren. Im nachfolgenden Kapitel wird die Bestands- und Situations-Analyse – hier zunächst auf wenige Grundaussagen beschränkt – detailliert behandelt.

Die Antworten auf die folgenden Fragen sind der Ausgangspunkt aller weiteren Schritte in Richtung eines professionellen Marketings.
- Wer bin ich?
- Was kann ich?
- Wo will ich hin?

Und, auf den gefundenen Antworten aufbauend:
- Was ist meine „Corporate Mission"? (Gemeint ist damit die Botschaft, die die „Philosophie" des Büros bestmöglich und präzise auf den Punkt bringt.)

Wenn diese Fragen ausreichend reflektiert und aufrichtig beantwortet sind, gelangt man zum nächsten Überlegungsschritt:
- ▶ In welcher „Liga" will bzw. kann ich spielen?
- ▶ Was bzw. wer sind meine Vorbilder?
- ▶ Wer sind meine Konkurrenten?
- ▶ Wer ist Bauherr bzw. könnte es sein?
- ▶ Was will der Bauherr bzw. was nützt ihm?
- ▶ Wie kann ich Kontakt zu ihm aufnehmen? (auf direktem Wege oder auch indirekt über Freunde, Bekannte und Geschäftspartner.

Vorbildlich bei diesem Kurzporträt ist die klare Verdeutlichung der eigenen Stärken und des Leistungsprofils. Zugleich wird glaubhaft dargestellt, dass der Nutzen des Bauherrn im Vordergrund steht und, mehr noch, dass mit ihm gemeinsam die Optimierung der Architektenleistung angestrebt wird.

Qualität
Das Büro Müller & Meyer steht für höchste Standards im gesamten Leistungsspektrum des Planens und Bauens. Darüber hinaus gibt es die Vertiefungsschwerpunkte: Verwaltungsbau/Hotelbau (mit besonderen Erfahrungen im Tourismussektor).

Vier Elemente stehen bei unserer Arbeit im Vordergrund:
- ▶ Die zukunftsweisende Idee, die auf Tradition aufbaut.
- ▶ Langjährige Erfahrung und Kompetenz von der ersten Entwurfsskizze über die Genehmigungsplanung, Ausführungsplanung, die Bauleitung bis hin zur Betreuung des Bauherrn nach der Fertigstellung.
- ▶ Erfolgreiche Optimierung rund um das Thema Planen und Bauen in den Bereichen Gestaltung/Funktion/Wirtschaftlichkeit im Interesse des Bauherrn.
- ▶ Realisierung von nachhaltigen Lösungen. Zum Beispiel: wirtschaftlicher Gebäudebetrieb und Unabhängigkeit von modischen Trends im Bereich der Gestaltung.

Kontinuität
Das Büro Müller & Meyer steht für Kontinuität. Seit der Firmengründung im Jahr 1960 ist es das oberste Ziel, für und mit dem Bauherrn in jeglicher Hinsicht optimale Lösungen im Bereich des Planens und Bauens zu suchen, auszuarbeiten und zu realisieren. Das Büro versteht sich als unabhängiger Treuhänder seiner Auftraggeber.

Stärke
Das Büro Müller & Meyer steht mit seinen Projektteams für die zügige und effiziente Umsetzung einer Aufgabenstellung. Die vertrauensvolle und intensive Zusammenarbeit mit dem Auftraggeber sowie die Verbindung von Erfahrung und Kreativität sind die entscheidenden Faktoren für das Gelingen eines Bauvorhabens. Die Büroinhaber Müller & Meyer und ihre zehn Mitarbeiterinnen und Mitarbeiter identifizieren sich mit den vom Auftraggeber gestellten Aufgaben.

In fremden Revieren: Branchen, Märkte, Zielgruppen

Damit die zuvor formulierten Fragen zutreffender beantwortet werden können, ist eine Analyse der relevanten Zielgruppen erforderlich. Dazu gehört zum einen ein kontinuierlicher Austausch mit den Vertretern der jeweiligen Gruppe, aber auch die Lektüre ihrer Branchennachrichten im Internet oder in Fachzeitschriften, ggf. auch Besuche auf entsprechenden Fachkongressen (✋ Interview S. 32–35).

Wenn man beispielsweise schwerpunktmäßig im Bereich des landwirtschaftlichen Bauens tätig sein möchte, kann es nicht schaden, die aktuellen Themen von Landwirtschaftszeitschriften zu verfolgen. Analog gilt das für den Bereich der Hotellerie, der Gastronomie, der Immobilienbranche usw.

Im Gegenzug sollte man selbstverständlich versuchen, eigene realisierte Arbeiten auch in den entsprechenden Fachzeitschriften zu veröffentlichen – Ihre potentiellen Bauherrn müssen ja wissen, dass es Sie gibt. Kurzum, es gilt, sich intensiv mit der oder den ins Auge gefassten Zielgruppen zu beschäftigen und ihre Bedürfnisse zu kennen (✋Kap. „Wege in die Medien").

Dass sich dabei Kontakte im Rahmen von Netzwerken als hilfreich erweisen, versteht sich von selbst. Nicht ohne Grund gibt es zahlreiche Clubs und Vereine (Rotary-Club, Lion's-Club, Unternehmerstammtische, Freiberufler-Netzwerke usw.) die das Ziel verfolgen, Menschen aus unterschiedlichsten Berufen und Branchen einander näher zu bringen, Vertrauensverhältnisse aufzubauen und sich gegebenenfalls gegenseitig nützliche Kontakte zu verschaffen.

Zahlreiche Zusammenschlüsse und Organisationen kommen in Frage. Bevor man sich aber für eine passende entscheidet, sollte man einen Blick in das Mitgliederverzeichnis werfen: So kann man feststellen, ob die favorisierte(n) Zielgruppe(n) bzw. Berufsgruppen dort auch vertreten sind.

Marketingfahrplan: Analyse und Zielbestimmung

Uwe Morell

Grundlage jeder Akquisitionsstrategie ist, wie im vorangegangenen Kapitel geschildert, die möglichst präzise Bestimmung Ihrer eigenen Ziele und der Ist-Situation Ihres Büros (Wer bin ich? Was kann ich? Was will ich?).

Erst wenn ein realistisches Bild über Ihr Profil und Ihre Qualifikationen besteht, kann eine plausible Corporate Identity formuliert werden. Ein Schritt, der diesem noch vorausgeht, ist die Bestimmung der Ziele, auf die man sich zubewegen möchte.

Unvoreingenommen und hoffentlich ohne pauschale Negativargumente („geht nicht, kann ich nicht, ist für mich zu hoch gegriffen ...") im Hinterkopf sollten Sie zunächst Ihre Wünsche in Bezug auf die Zukunft Ihres Büros zu Papier bringen. Visionen und ein klares Bewusstsein für die eigenen Vorhaben sind unerlässlich für Ihre Zielfindungsstrategie. Der nachfolgende Fragenkatalog kann Ihnen dabei als Fahrplan dienen.

Die Situationsanalyse (Ist-Analyse) Ihres Büros

- Welche Art von Projekten möchten Sie bearbeiten?
- Was war Ihre Motivation zur Selbstständigkeit?
- Inwiefern heben Sie sich von den Ihnen bekannten Kollegen ab?
- Was sind die Stärken, was die Schwächen Ihres Images?
- In welchen Bereichen halten Sie Ihr Büro für besser als andere Büros? Warum?
- Stehen Ihnen Möglichkeiten zur Verfügung, die andere Büros nicht bieten können?
- Kennen Sie potentielle Auftraggeber? Was wissen Sie über evtl. geplante Projekte?
- In welchen Bereichen hat Ihr Büro Defizite?
- Arbeitet Ihr Büro derzeit kundenorientiert?
- Für welche Gruppe von Auftraggebern haben Sie bisher gearbeitet?
- Wie haben diese Ihre Arbeit bisher beurteilt?
- Welche Art von Projekten/Bauvorhaben haben Sie bisher bearbeitet?
- Welche Leistungen bieten Sie neben oder vor den HOAI-Leistungen an? Wie waren die Erfahrungen mit diesen „Extras"?
- Wie ist das Verhältnis von Bearbeitungstiefe und Auftragsvolumen Ihrer Projekte (z.B. viele kleine, aber arbeitsaufwändige Projekte oder standardisierte Bauaufgaben)?
- Wo liegen Ihre Kern-, wo eher Ihre Randkompetenzen?
- Marktauftritt: Ist das Selbstbild mit der Fremdwahrnehmung (Image) des Büros identisch? Falls Nein, warum nicht?
- Über welche Leistungskapazitäten und besondere Ressourcen verfügen Sie?
- Welche fachlichen Ressourcen (Dipl.-Ing. Arch./andere Fachrichtung) stehen Ihnen zur Verfügung?
- Wie wird Ihr Mitarbeiterpool sich voraussichtlich entwickeln?
- Arbeiten Sie derzeit wirtschaftlich? Was sind die Gründe dafür?

steht für Strengths (Stärken)
Weaknesses (Schwächen)
Opportunities (Chancen)
Threats (Risiken)

Mit Hilfe der sogenannten SWOT-Analyse lassen sich obige Fragen in eine Bewertungsmatrix eingliedern und erlauben dadurch eine recht differenzierte Lageeinschätzung.

Analyse und Abgleich von Stärken, Schwächen, Chancen und Risiken

Fragestellungen:

Stärken
- Was sind die eigenen Stärken?
- Was lief erfolgreich?
- Wo steht man momentan?
- Was war motivierend?

Chancen
- Wo liegen die Zukunftschancen?
- Was könnte noch ausgebaut werden?
- Verbesserungsmöglichkeiten (fachlich/ Arbeitsabläufe)?
- Welche Potentiale liegen brach?

Schwächen
- Wo gab es Schwierigkeiten?
- Was fehlt?
- Wo besteht Unsicherheit?
- Wo gab es Blockaden und Stagnation?

Risiken
- Wo drohen künftig Gefahren?
- Welche Schwierigkeiten kommen auf das Büro zu?
- Welche kritischen Faktoren bestehen?

Beispiele:

Stärken
- Spezialisierungen, ausgeprägte Fachkompetenz
- Gute technische Ausstattung
- Selbstständige Mitarbeiter mit langjähriger Praxis

Chancen
- Bearbeitung fachlich anspruchsvoller Projekte möglich
- Regionale Marktstellung für bestimmte Art von Projekten ist weiter ausbaufähig

Schwächen
- Vorwiegend Planer mit geringer Berufserfahrung
- Zu dünne Personaldecke
- Akquisition nur unstet, Büro-PR liegt brach

Risiken
- Zu wenig Führungserfahrung
- Kaum Kenntnis von bzw. Kontakte zu regionalen Entscheidungsträgern

Die Stärken und Schwächen beziehen sich immer auf die aktuelle interne Situation eines Büros. Bei den Chancen und Risiken handelt es sich um externe Faktoren, hier ist der Markt der Zukunft Gegenstand der Betrachtung. Es empfiehlt sich, bei der Analyse mit den persönlichen Fähigkeiten und Voraussetzungen zu beginnen. Anschließend werden nach dem gleichen System die unternehmerischen Voraussetzungen analysiert.
Stärken und Schwächen sind vom Unternehmen direkt beeinflussbar und ermöglichen Ihnen eine positive Differenzierung zum Wettbewerb. Erkannte Schwächen dienen als Grundlage für einen Maßnahmenplan, erkannte Stärken bilden die Basis für Alleinstellungsmerkmale (USP's).

Die Chancen und Gefahren sind meist nicht durch Sie beeinflussbar, sondern vom Markt oder dem Gesetzgeber vorgegeben. Aber wenn Sie sie kennen, können Sie sich darauf einstellen! Die SWOT-Analyse dokumentiert die momentane Einschätzung der Situation. Von Zeit zu Zeit sollte man sie wiederholen, um etwaige Veränderungen des Bildes berücksichtigen zu können.

Man kann die SWOT-Analyse auch auf einzelne Projekte anwenden, um zum Beispiel deren Risiken besser einschätzen zu können.

Über die Bestandsanalyse Ihres Büros hinaus benötigen Sie die Kenntnis möglichst vieler Randbedingungen, um eine erfolgreiche Akquisitionsstrategie auszuarbeiten. Randbedingungen sind beispielsweise der Markt für Architektenaufträge, die Wünsche und Ziele der potentiellen Auftraggeber, das Leistungsspektrum anderer Büros... Nachstehend eine Anregung für Ihre Umfeldanalyse:

Die Markt- und Konkurrenzanalyse

Markt, Kunden, Standort
- ▶ Welche Markt- und Wachstumstrends (regional/überregional) sind bekannt?
- ▶ Welche Interessen und Bedürfnisse bestehen vom Büro gegenüber den Kunden und seitens der Kunden gegenüber Ihrem Büro?
- ▶ Welche Auftraggeber (-gruppen) der Region sind Ihnen bekannt?
- ▶ Gibt es in Ihrer Region Auftraggeber, zu denen Sie bisher noch keinen Kontakt hatten? Welche sind das?
- ▶ In welchen Bereichen/Bauvorhaben wird in der Region aktuell und in den kommenden fünf Jahren schwerpunktmäßig investiert (Zeitungsberichte, regionale Wirtschaftsnachrichten, IHK-Mitteilungen)?
- ▶ Haben potentielle Auftraggeber Probleme, die Sie lösen könnten (zum Beispiel ein örtliches Unternehmen, das seinen Gebäudebestand erweitern/umstrukturieren muss)?
- ▶ Welche Dienstleistung, welche Ausrichtung eines Architekten ist am regionalen Markt unterrepräsentiert (zum Beispiel in einer ländlichen Region: ein Büro, das exklusiven Innenausbau anbietet)?

Konkurrenz
- ▶ Mit welchen Spezialisierungen arbeiten die Ihnen bekannten Architekten in Ihrem Einzugsgebiet?
- ▶ Liegen ihre Stärken eher in Planung/Entwurf oder in Bauausführung und Service?
- ▶ Was sind die Stärken, was die Schwächen im Image der Konkurrenz?
- ▶ Wo liegen die Unterschiede der Hauptkonkurrenten zu Ihrem eigenen Profil?
- ▶ Wie (gelungen) ist der Marktauftritt Ihrer Konkurrenten?
- ▶ Pflegen Ihre Konkurrenten Netzwerke und Allianzen? Wenn ja, mit wem?
- ▶ Mit welcher Art von Bauherrn hatten/haben die Mitwettbewerber Erfolg?

Die Bestimmung Ihrer Ziele

Die Definition Ihres Unternehmensziels ist als Grundlage jeder Akquisitionsstrategie unverzichtbar. Solange Sie Ihre Ziele nicht kennen, können Sie sie auch nicht konzentriert verfolgen und zielorientiert Aufträge akquirieren. Solange Ihre Auftraggeber Ihre Ziele nicht kennen, wird Ihr Büro nicht oder nur „unscharf" wahrgenommen. Ohne scharfe Konturen und leuchtendes Bild geht Ihr Büro in der nebelumhüllten Menge hunderter weiterer, grauer, identitätsloser Büros unter. Sobald Sie aber Ihre Ziele klar herausstellen, haben Sie die Chance, von Ihren potentiellen Auftraggebern deutlich wahrgenommen zu werden.

Das beginnt schon bei der Formulierung des Leistungsangebotes: **Architekt A** bietet „**Planungsleistungen jeder Art, Erfahrungen im Bau von Kindergärten, Einfamilienhäusern und Gewerbebauten**" an.
Architekt B dagegen wirbt mit der Spezialisierung auf „**energieoptimierte Wohnhäuser, passive und aktive Solarnutzung, Individuallösungen für die Integration von Photovoltaik in die Gebäudehülle**". Zwar ist das Angebot von Architekt B enger gefasst, dafür ist sein Profil sehr viel schärfer konturiert – ein klares Plus für sein Büromarketing.

Sie können die sich aus der Verknüpfung von Bestandsanalyse und Wunschbild ergebenden Fragen für sich selbst systematisch beantworten, um Ihre Ziele zu definieren:
Dabei werden Beziehungspfeile zwischen allen Wünschen (die Sie auf die linke Seite eines Blattes schreiben) und allen Fakten und Randbedingungen (die Sie auf die rechte Seite desselben Blattes schreiben) gezogen. Die Verknüpfung aller Wünsche untereinander und mit allen Randbedingungen zeigt Ihnen schnell auf, inwieweit die verschiedenen Wünsche und Fakten miteinander vereinbar sind oder nicht.

Fragen, die sich aus einer solchen Wunsch-Ziel-Matrix ergeben, könnten beispielsweise sein:

Zielfindung durch Marktsegmentierung

▶ Gibt es in Ihrer Region einen Markt für Ihre Wunschprojekte? Können Sie gegebenenfalls einen solchen Markt schaffen?
▶ Ist Ihnen der Markt in der von Ihnen bevorzugten Region bzw. bei der bevorzugten Auftraggebergruppe überhaupt zugänglich? Falls nein, weshalb nicht? (Keine pauschalen Negativphrasen, bitte!)
▶ Bildet die bevorzugte Bauaufgabe eher ein wachsendes oder ein schrumpfendes Marktsegment?
▶ Können Sie die angestrebten Projekte bei Ihrer Bürogröße dauerhaft bearbeiten?
▶ Wenn Sie die favorisierten Projekte und Auftraggeber binden können, entspricht das Ihrem Wunschbild von sich und Ihrem Büro?

Verfremdung?

Sollen Fotos für Architekturzeitschriften oder Bücher verwendet werden, verbieten sich Kunstgriffe, die mit der Schärfe spielen. Es sei denn, man will Schnelligkeit, also das eigentlich nicht Abbildbare eines Verkehrsbauwerkes, in Szene setzen. Eines der Bilder, für die Andreas Körner beim Wettbewerb architekturbild 2001 eine Anerkennung bekam, wurde folgerichtig als Titelfoto zum Thema „Unterwegs" verwendet (**db** 5/02). Ansonsten gilt: Informative, dokumentarische Architekturfotos müssen scharf sein. Geht es aber um die längst jedermann bekannte Kongresshalle, die Schaubühne, den Kammermusiksaal oder die Neue Nationalgalerie, so kann sich die perfekte, punktgenaue Abbildung durchaus erübrigen (Fritz Brunier und David Hiepler bekamen für ihre plakative Berlin-Serie beim Wettbewerb architekturbild 1997 deshalb einen Preis). Um darzustellen, dass ein Bauwerk längst eine Architektur-Ikone wurde, kann die Unschärfe sogar genau das richtige Mittel sein, schließlich wird damit ausgesagt: Schau her, so wenig genügt, um die „Schwangere Auster" ins Gedächtnis zu rufen.

Zeitgenössische Oper Berlin, Entwurf von Becker, Gewers, Kühn & Kühn (Studio Bünck+Fehse)

Nun gilt es, seine Wunschvorstellungen so lange gegen die für Sie jeweils nächstbeste Lösung zu tauschen, bis sich Wünsche und Möglichkeiten so weit wie möglich einander angenähert haben.

Wenn Sie (beispielsweise) bevorzugt Schulbauten errichten möchten, in Ihrer Region jedoch auf absehbare Zeit kein Bedarf an neuen Schulen besteht, käme es darauf an, sich auf andere Bauaufgaben zu verlegen oder ein weiteres Einzugsgebiet zu wählen.

Vielleicht kommen Sie auch zu dem Schluss, dass Ihr Leistungsprofil aktuell nicht wirtschaftlich vermarktbar ist. Dann ist zu überlegen, ob sich Ihr Angebot in der Art (Ausschreibung statt Entwurf) oder in der Angebotstiefe (Ausschreibung und Entwurf) verändern muss.

Sofern Sie darüber nachdenken, Ihr Leistungsspektrum zu verändern, ist es angebracht zu klären, ob Sie Ihr Angebot spezialisieren (zum Beispiel Werkplanung für Stahl-/Glasfassaden mit Tageslichtlenkung) oder, im Gegenteil, verbreitern sollten (beispielsweise „Planung von Gewerbebauten – von der Grundstückssuche bis zur Schlüsselübergabe").

Abschließend noch einmal der Weg von dem Entschluss, gezielte Marketing-Aktivitäten einzuleiten, bis zu deren Erfolgskontrolle und einer gegebenenfalls notwendigen Kurskorrektur als Schaubild:

Schritt für Schritt zur individuellen Marketing-Strategie

Entschluss zu aktivem Marketing und PR ...
- erfordert Bereitschaft, Zeit, Geld, Engagement zu investieren
- ist die Entscheidung zugunsten strategischen unternehmerischen Handelns
- bedeutet nicht nur den Einsatz von Marketing-Strategien und PR-Instrumenten, sondern auch ein unternehmerisches kundenorientiertes Selbstverständnis

Ist-Analyse und Marktanalyse
- Analyse von Profil, Image und bisheriger Tätigkeitsschwerpunkte eines Büros
- Konkurrenz- und Marktanalyse, Marktpotentiale? Ziele?
- Bewertung interner und externer Faktoren im Rahmen einer „SWOT"-Analyse:
  (Strengths • Weaknesses • Opportunities • Threats)

Persönliche Ziele, Profil als Architekt, Marktchancen
- Abgleich der eigenen Ziele, des Marktumfeldes, des bisherigen Profils und möglicher neuer Märkte und Kunden-Zielgruppen

Marketing-Strategie
Akquisitionsstrategie
- Profilbildung: Wie wollen wir uns darstellen? Was umfasst unser Angebotsspektrum?
- Welcher Kundennutzen wird formuliert?
- Geeignete Zielgruppen, Erstellung eines Business-Plans
- Einleitung konkreter Marketing- und Akquisitionsaktivitäten

Nach einiger Zeit (z.B. 1/2 Jahr):
Zwischenbilanz und aktualisierte Ist-Analyse
- kritischer Abgleich der gesetzten Ziele mit dem tatsächlich Erreichten

Fortsetzung des eingeschlagenen Weges oder bei mangelndem Erfolg Kurskorrektur:

Modifizierte Marketing-Strategie

Marketing konkret

Die Managementberatung in der Akademie der Architekten- und Stadtplanerkammer Hessen hat einen Marketing-Leitfaden in Form einer CD-ROM herausgebracht, die einen detaillierten Analyse- und Handlungsplan für den Weg zur individuellen Akquisitionsstrategie und Marketingpolitik eines Büros enthält. Dort ist der Weg von der Ist- bzw. Markt-Analyse bis zur Formulierung einer Akquisitionsstrategie in neun Schritte aufgeteilt.
Zahlreiche Checklisten, Verfahrensanweisungen und Fragebögen tragen dazu bei, die einzelnen Schritte zu konkretisieren und unmittelbar auf das eigene Büro anzuwenden – was allerdings voraussetzt, dass man sich die Zeit nimmt, die Fragebögen auch mit der nötigen Sorgfalt auszufüllen.
Die CD-ROM **Marketing konkret** kostet EUR 60,–. Informationen und Bestellung bei der Managementberatung der Akademie der Architektenkammer Hessen managementberatung@akh.de sowie www.akh.de.

Spezialisierung – Unterscheiden Sie sich durch Ihre Qualifikation
Bei einem breiten Dienstleistungsangebot fällt es schwer, in allen Angebotsfeldern gleich hohe Kompetenz darzustellen. Deshalb kann eine fruchtbare Strategie – gerade für kleine Büros – darin liegen, „in einer schmalen Spur der Beste zu sein".

Breite: Kundenservice durch umfassendes Leistungsangebot
Gegen die Überlegung, dass hervorstechende Qualifikation nur an der Spitze eines Dienstleistungsangebotes vorteilhaft ist, steht der Gedanke, dass viele Auftraggeber sich mit möglichst wenigen unterschiedlichen Spezialisten auseinandersetzen möchten und mindestens die komplette Planungsleistung, darüber hinaus vielleicht sogar auch Grundstücksakquisition und Facility Management in eine Hand beauftragen möchten.
Somit kann Ihre Chance auch in einer sehr breit gefächerten Leistung liegen. In diesem Fall kommt es darauf an, dass Sie die ganze Bandbreite der angebotenen Leistung beauftragt bekommen und nicht ausgerechnet die Teilleistungen, für die Sie keine überdurchschnittlichen Kompetenzen aufzuweisen haben.

RICHTSCHNUR

Von Zeit zu Zeit sollte man die eigenen Ziele auf den Prüfstand stellen und sich fragen, ob man sie noch konsequent genug verfolgt und ob sie noch aktuell sind. Dabei gilt es Bilanz zu ziehen, wo man erfolgreich tätig war und wo der Erfolg ausblieb. Die Ergebnisse der Zwischenbilanz – und auch veränderte Ziele – geben Ihnen Ansatzpunkte für etwaige Kurskorrekturen.

Eckhard Feddersen und Insa Lüdtke

Im Gespräch: Eckhard Feddersen und Insa Lüdtke, Feddersen Architekten, Berlin
Wer glaubt, Öffentlichkeitsarbeit und Marketing im Architekturbüro bestehe im Wesentlichen darin, Presseinfos zu verschicken und die Bilderdatenbank zu pflegen, hat die Möglichkeiten von strategischem Marketing und Imagearbeit nicht erkannt.
Im Berliner Architekturbüro Feddersen Architekten ist Öffentlichkeitsarbeit inzwischen ein unverzichtbarer Baustein der täglichen Arbeit: Schon vor einigen Jahren hat sich Büroinhaber Eckhard Feddersen auf behinderten- und seniorengerechtes Bauen spezialisiert. Feddersen und seine PR-Verantwortliche und Beraterin Insa Lüdtke beschäftigen sich kontinuierlich mit Fragen des Wohnens und Lebens im Alter, wodurch sie sich einen weit über bautechnische Fragen hinaus reichenden Sachverstand aneignen konnten. Durch Vorträge und Veröffentlichungen in Fachmedien wird dieser kommuniziert.
Zu Insa Lüdtkes Aufgaben gehört es, das Image des Büros als kompetenter Partner der Bauherrn aufzubauen und zu pflegen. Auch der Internetauftritt wird als Kommunikationsplattform zum Thema verstanden (www.feddersen-architekten.de).

Herr Feddersen, dass sich ein Büro von dreißig Mitarbeitern eine volle Stelle für die Öffentlichkeitsarbeit leistet, ist nicht alltäglich. Was bewog Sie, eine Mitarbeiterin für Marketing und Öffentlichkeitsarbeit zu benennen?

EF: Anlass dafür war die Neuorientierung nach der Trennung von zwei Partnern, mit denen ich fast dreißig Jahre lang ein gemeinsames Architekturbüro betrieben hatte. Das war 2002. Auf einmal war ich auf mich alleine gestellt, und es war zu klären, wie es weitergeht. Ich brauchte in dieser Phase eine Schärfung meines Profils als Architekt. Durch die Diskussion mit Insa Lüdtke habe ich mein Selbstverständnis neu definieren können.

IL: Meine Arbeit besteht nicht nur darin, das Büro nach außen zu repräsentieren oder diesem Repräsentieren zuzuarbeiten, es geht auch darum, Informationen zu sammeln, die für die Arbeit des Büros Impulse geben – bis in den Entwurf hinein. Die kommunikative Schnittstelle funktioniert also nach beiden Richtungen.
Ich bereite einerseits die Vorträge vor, die wir auf Veranstaltungen von Bauträgern oder der Bauindustrie halten oder in baufernen Zusammenhängen, etwa bei den Gerontologen der Uni Erlangen.

EF: Die Zusammenarbeit mit Insa Lüdtke ist für mich ein Glücksfall, weil sie für mich wie ein Katalysator ist für neue Ideen, um die ich mich alleine nie so gut kümmern könnte, weil ich zu sehr eingebunden bin in das Management des Büros.
Die Idee, sich bevorzugt mit alten- und behindertengerechtem Bauen zu beschäftigen, kam von mir. Von ihr kam aber beispielsweise die Anregung, sich mit der Generation der neuen Alten, der sogenannten Generation 50-Plus, zu beschäftigen. Oder aktuell beschäftigen wir uns mit dem Thema Rituale.

Was haben Rituale mit altengerechtem Wohnen zu tun?

EF: Das ist ein Thema, das uns in der Diskussion mit Geriatern und mit Ärzten in Bezug auf Menschen mit Demenz weit nach vorne gebracht hat. Sie schätzen es, mit einem Architekten zu diskutieren, der sich mit einem psychologischen Problem beschäftigt und es in Architektur umsetzt.

Wie geht das Motiv des Rituals in Architektur über?

EF: Wir haben uns viel mit zentrierten Räumen beschäftigt. Das sind Räume, die im Unterschied zu fließenden Räumen ein Zentrum betonen. Solche Räume werden von älteren Menschen bevorzugt. Wir haben uns gefragt: Warum – und haben festgestellt, dass sie in einem erhöhten Maß das Gefühl von Schutz bieten. Deshalb arbeiten wir jetzt in unserer Architektur verstärkt mit zentrierten Räumen.

Wie kommen Sie zu ihren Aufträgen?

EF: Die Aufträge erlangen wir entweder über die Teilnahme an Wettbewerben oder es handelt sich um Direktaufträge. Die Aufforderung zur Teilnahme an beschränkten Wettbewerben erhielten wir erst, seit wir den Eindruck von Kompetenz für die betreffenden Bauaufgaben vermitteln konnten.

Ihre Öffentlichkeitsarbeit trägt also unmittelbar zur Akquisitionsvorbereitung bei?

EF: Eindeutig. Am Anfang konnten nicht alle im Büro verstehen, weshalb ich es mir habe einfallen lassen, eine volle Stelle für Öffentlichkeitsarbeit einzurichten. Eine Mitarbeiterin, die den ganzen Tag nur am Telefon hängt und quasselt …

IL: … oder stumm die Zeitung liest.

EF: Die Anerkennung dessen, was Insa macht, ist heute dagegen völlig unbestritten. Ohne diese Arbeit hätten wir nicht mehr so viele Mitarbeiter.

Haben Sie eine Image-Broschüre?

IL: Eine umfassende Imagebroschüre zum Büro gibt es noch nicht, aber Projektbroschüren im Format DIN A5.
Wir zeigen in den Broschüren allerdings weniger Architektur als die Menschen, die die Gebäude benutzen. Verbunden damit werden Thesen zu unserer Arbeit formuliert. Zu einem Gebäude haben wir sogar einen kleinen Film gemacht.

Was macht den Löwenanteil der Alltagsarbeit aus?

IL: Sehr viel Networking, bestimmt einen halben Tag. Externe Anfragen werden schnellstmöglich beantwortet. Ein anderer Schwerpunkt ist das Sichten von Fachzeitschriften, Büchern und dem Internet. Ausgewählte Themen bereite ich für unsere Internetseiten oder als Briefing für Termine von Herrn Feddersen auf. Wenn ich Pressemitteilungen verfasse, verbinde ich sie fast immer mit einem konkreten Anlass, etwa mit einer Gebäudebegehung – nur dann kann man mit einem Echo rechnen.

Stichwort Image: Wie sorgt man dafür, dass das, wofür das Architekturbüro stehen will, auch auf der anderen Seite ankommt?

IL: Unsere Internetseite macht vielleicht deutlich, wie das funktioniert: Dort findet man kaum Fotos unserer Gebäude. Wir setzen eher auf Vernetzungen von Informationen aus dem sozialen Bereich. Dazu gehört auch, aktuelle Themen, die für Bauherrn wie Nutzer unserer Häuser interessant sind, aufzubereiten. Eine Leistung, die wir auch als Teil unserer Architektur verstehen. Architektur ist, denke ich, viel mehr als das Gebäude.

Ihr Marketing zielt also vor allem darauf, sich als kompetenter Partner der Bauherrn darzustellen?

EF: Das steht im Mittelpunkt. Früher war ich immer sehr stolz, wenn wir es zu einer Titelseite im **Baumeister** gebracht hatten. Aber die Architekturzeitschriften sind heute nicht mehr unsere wichtigsten Ansprechpartner. Unsere Bauherrn bauen Häuser für alte Menschen. Unsere wichtigsten Multiplikatoren sind deshalb die Fachzeitschriften der Branche. Der Verlag, der sie herausgibt, veranstaltet jährlich den Kongress „Residenzia", wo sich die Manager aus dem Hochpreissegment des deutschen Altenwohnens treffen.
Auf den Fachkongressen treffen wir unsere Bauherrn. Wenn ich dort Vorträge halte, mache ich die meisten Kontakte. Leute sind spontan auf mich zugekommen und haben

gesagt: Ihr Vortrag hat mir richtig gut gefallen, ich finde, wir sollten uns mal treffen. Frau Lüdtke bereitet diese Vorträge vor. Dass das, was ich dann sage, Substanz hat, ist Voraussetzung dafür, dass ich als Referent ernst genommen werde. Aber Insa Lüdke stellt nicht nur Bilder zusammen, wir führen auch eine Diskussion über die Inhalte. Sie ist sozusagen mein Trendscout.

IL: Auch die Hersteller von Badprodukten und –armaturen kommen auf uns zu. Sie wollen sich jetzt bei der Entwicklung neuer Bäder von uns beraten lassen. Ziel sind behindertengerechte Bäder ohne die bisherige Überbetonung der behindertengerechten Vorrichtungen: Bäder, die jeder schick findet.

Gibt es bei den Kongressveranstaltern keine Vorbehalte der Art: Die Architekten wollen hier auf Kundenfang gehen?

EF: Um diesen Eindruck gar nicht erst entstehen zu lassen, sind wir einen anderen Weg gegangen: Wir suchen uns für einen Vortrag jeweils ein fachspezifisch interessantes Thema, beispielsweise, wie Wohnräume veränderbar sind für Bedürfnisse der Pflege. So ein Thema machen wir aber nicht nur an unseren Häusern fest, sondern beziehen auch Beispiele anderer Kollegen ein; wir stellen die Sache in einen weiteren Kontext.

Diese Vorträge sind der Kern unserer Arbeit am Image eines Kompetenzpartners für altengerechtes Bauen. Unser Themenspektrum wird sich in den nächsten zwei, drei Jahren sicher erweitern, schon weil das Thema Seniorenwohnen in andere Bereiche übergeht.

Wie wirkt sich Ihr Profil in der konkreten Arbeit mit den Bauherrn aus?

EF: Unsere Partner wissen, dass wir unter einem bestimmten Begriff genau dasselbe verstehen wie sie. Das betrifft den Betrieb, den technischen Ausstattungsgrad, die Finanzierung von Häusern. Heute weiß ich, was so ein Haus kosten darf, und ab wann ein Bauherr an meinem Haus pleite geht. Früher konnte ich immer nur zu ästhetischen und technischen Dingen Stellung beziehen. Heute ist das anders. Das macht mich im Auftreten viel lockerer. Ich gehe zum Beispiel in den Aufsichtsrat eines Wohlfahrtsverbands. Da sitzen zwei Leute aus dem Verband, drei sind Bankenvertreter, zwei sind Senioren usw. Und allen gegenüber fühle ich mich frei, etwas zu sagen, weil ich weiß: Davon verstehe ich etwas.

Farbe/Grafik

Mit sicherem Blick für Proportionen und Farben lassen sich aus dem größeren Zusammenhang zauberhafte Grafiken destillieren. Sie vermögen als kleine Kunstwerke zu überzeugen und gehören als solche in die Fotozeitschrift, in die Werbung, in die Kunstgalerie, nicht aber in die Architekturzeitschrift, denn solchen der Wirklichkeit abgelauschten, abgetrotzten Bildern (**art trouvée**) lassen sich kaum noch verwertbare Informationen zur Architektur entnehmen (Fotos: Andreas Gefeller, Düsseldorf).

Die beiden hier wiedergegebenen Serien sind für eine sachliche Dokumentation kaum zu verwerten. Dennoch bekamen die Autoren Andy Brunner (2001) und Andreas Gefeller (2003) eine Anerkennung dafür, denn schließlich geht es beim Architekturfotografiepreis architekturbild nicht nur um den schmalen Sektor der pragmatisch, dokumentarisch verwertbaren Gebrauchsfotografie, sondern um die ganze Bandbreite der Möglichkeiten in der künstlerischen Architekturfotografie.

Architekturexport – Auftraggeber im Ausland finden

Thomas Welter

Die Qualitäten deutscher Architektur und das Können deutscher Architekten werden im Ausland wahrgenommen und geschätzt. Dies ist das Ergebnis einer Studie zum Ansehen deutscher Architektur und den Exportchancen deutscher Architekten im Ausland, die im Auftrag der Bundesarchitektenkammer vom Meinungsforschungsinstitut forsa durchgeführt worden ist. Leider findet dieses erfreuliche Ergebnis in der tatsächlichen Marktsituation keine Entsprechung: Bisher sind lediglich unter fünf Prozent der deutschen Architekturbüros grenzüberschreitend tätig. Verglichen mit den Exportquoten europäischer oder amerikanischer Kollegen erscheint eine Steigerung auf zehn Prozent und mehr als realistisch.

Für wen lohnt ein Engagement im Ausland?

Architekturexport ist bei allen Chancen zugleich mit erheblichen Risiken behaftet: Zwar ist der Export von Planungsleistungen angesichts des stagnierenden inländischen Marktes ein Gebot der Stunde; doch erweisen sich Akquisitionsaktivitäten im Ausland als teurer und zeitraubender als solche im Inland – und eventuell als erfolglos. Kulturell bedingte Missverständnisse können gravierende finanzielle Folgen haben und die vielen Auslandsreisen stellen eine körperliche und mentale Belastung dar, der nicht jedermann gewachsen ist. Architekten, die im Ausland planen und bauen, müssen mit unerwarteten Rückschlägen rechnen, weil sich geschäftliche Usancen ebenso grundlegend von denen in Deutschland unterscheiden wie Entscheidungsstrukturen und die Vorstellungen über die Verbindlichkeit von Vereinbarungen.

Grenzüberschreitend tätige Architekten sehen sich in der Regel mit einer Reihe von kleinen und großen Schwierigkeiten konfrontiert. Zu den häufigsten zählen:

- ▶ Probleme mit der Sprache und Kultur
- ▶ mangelnde Unterstützung vor Ort
- ▶ Schwierigkeiten beim Umgang mit lokalen Behörden
- ▶ fehlende Kenntnisse des Bau-, Verwaltungs- und Eigentumsrechts
- ▶ hoher logistischer Aufwand in Relation zum Ertrag

Damit wird deutlich: Architekturexport ist sicher nicht für jedes Büro ein Thema und „rechnet" sich erst ab einem gewissen Auftragsvolumen – sollen Auslandsspesen wie Reise- und Übersetzungskosten das Honorar nicht über Gebühr schmälern. Wer als Architekt im Ausland tätig werden möchte, sollte daher folgende Voraussetzungen mitbringen:

- ▶ gute Kenntnisse der Landessprache beim Architekten und gegebenenfalls Mitarbeitern
- ▶ interkulturelle Kompetenzen und eine Affinität zu der Kultur des Ziellandes
- ▶ private Kontakte vor Ort, um formelle und informelle Partner zu finden
- ▶ Mitarbeiter der jeweiligen Nationalität, der mit den Verhältnissen vor Ort vertraut ist

International tätige Büros sollten über eine stabile wirtschaftliche Basis im Inland verfügen, um etwaige Planungsverzögerungen oder ausstehende Honorare durch andere Einnahmen auffangen zu können.

Organisationstalent und umfassendes Planungsverständnis
Auch unter Berücksichtigung der genannten Risiken und Voraussetzungen überrascht die geringe Auslandspräsenz deutscher Architekten und Ingenieure; schließlich sind ihre Leistungsprofile sehr umfangreich. Sie reichen über reine Planungsaufgaben hinaus und umfassen Ausschreibung und Vergabe ebenso wie Bauüberwachung und die Objektbetreuung. Während Architekten und Ingenieure anderer Länder oft nur Pläne liefern, nach denen dann andere bauen, liefern Planer aus Deutschland ein komplettes Werk.

Diese Stärken deutscher Architekten werden auch im Ausland gesehen: Knapp 70 Prozent der Befragten erkennen bei deutschen Architekten im Ausland einen ausgeprägten Qualitätsanspruch. Rund die Hälfte ist der Meinung, dass sich deutsche Architekten tiefer in Aufgaben und Umfeld einarbeiten und den gesamten Bauprozess besser organisieren. Dies sind eindeutige Wettbewerbsvorteile. Schwachpunkt dagegen ist das Image deutscher Architekten: Circa 50 Prozent der Befragten im Ausland waren der Meinung, dass die Entwürfe deutscher Architekten weniger Esprit und Flair haben als die ihrer ausländischen Kollegen.

Diese Image-Defizite stellen die exportorientierten Architekten sowie ihre Verbände vor eine große Aufgabe. Als Reaktion auf die brachliegenden Exportpotentiale deutscher Architektur rief die Bundesarchitektenkammer zusammen mit den Architektenkammern der Länder Mitte 2002 das „Netzwerk Architekturexport" (NAX) ins Leben. Das Netzwerk hat es sich zum Ziel gesetzt, die Chancen deutscher Architekten im Ausland zu erhöhen und ausländische Investoren von der hohen Planungsqualität in Deutschland zu überzeugen. Um diese Ziele zu erreichen, arbeitet das „Netzwerk Architekturexport"der Bundesarchitektenkammer auf drei Ebenen:

Netzwerk
Das NAX bringt exporterfahrene Architekten zusammen und vermittelt Kontakte zwischen in- und ausländischen Kollegen, Bauherrn und Investoren. Zentrales Instrument von Informationsaustausch und Dialog ist eine Architektendatenbank, in die sich jeder exporterfahrene Architekt kostenlos eintragen kann. Seit Herbst 2004 ist sie in das zentrale Internetportal für Kooperationsgesuche der Bundesregierung, das „E-Trade-Center", eingebunden.

Mit dem Ziel, Bauherrn und Investoren weltweit einen schnellen und umfassenden Überblick über die herausragenden Leistungen deutscher Architekten, Ingenieure und Infrastrukturplaner zu geben, haben Bundesarchitektenkammer, Bundesingenieurkammer und der Verband Beratender Ingenieure im Herbst 2003 gemeinsam die englischsprachige Internetplattform www.planned-in-germany.de auf den Weg gebracht. Sie ist neben der Online-Version auch als Broschüre erhältlich.

Informationsebene

Das „Netzwerk Architekturexport" beschleunigt den Fluss von Tipps und Hintergrundwissen rund um den Export von Architektur und kooperiert mit den Institutionen der Außenwirtschaftsförderung. An dem kostenlosen Informationsdienst per E-Mail können alle interessierten Architekten teilnehmen. Er bietet Informationen zu Wettbewerben und Ausschreibungen im Ausland, sowie zu Veranstaltungen und Publikationen zum Thema. Der Informationsdienst übermittelt auch Kooperationswünsche und andere Anfragen aus dem Ausland. Auf der anderen Seite befragt er die teilnehmenden Architekten zu ihren Erfahrungen in bestimmten Ländern. Das NAX nutzt diese Informationen, um Politik und Diplomatie besser beraten zu können.

Auf den Informationsveranstaltungen des NAX werden Beispiele gelungener Architekturexporte vorgestellt, und auch die Voraussetzungen, die ein Büro für den Schritt über die Grenze mitbringen sollte, werden erläutert. Länderspezifische Informationen zu den Berufsausübungsbedingungen, Kontaktadressen und rechtliche Informationen werden vom NAX zusammengestellt und auf der Internetseite der Bundesarchitektenkammer (www.bak.de) sowie unter www.iXPOS.de veröffentlicht. Gemeinsam mit der Bundesagentur für Außenwirtschaft (bfai) wird derzeit eine Serie von Exportbroschüren für Architekten erstellt, die jedes Jahr um zwei Länder erweitert wird.

Marketing-Ebene

Das NAX will eine verbesserte Wahrnehmung deutscher Architektur im Ausland erreichen. Und es wird wahrgenommen. Eine wachsende Zahl von Anfragen aus dem Ausland mit Kooperationswünschen und Projektvorschlägen sowie Anfragen von in- und ausländischen Bauherrn und Investoren auf der Suche nach exporterfahrenen Architekten und Ingenieuren zeigen dies. Aber das NAX kann nur so gut sein wie das Engagement seiner Teilnehmer: Der Netzwerkgedanke füllt sich durch Architekten und Ingenieure, die bereit sind, über den Erfolg oder Misserfolg von Delegationsreisen und Auslandsakquisition zu berichten, mit Leben. Auch gelegentliche Kostenbeteiligung ist willkommen, denn das NAX finanziert sich durch Eigenbeiträge der Teilnehmer von Veranstaltungen und Publikationen sowie über Sponsoren. Weitere Informationen zum NAX erhalten Sie unter info@architekturexport.de.

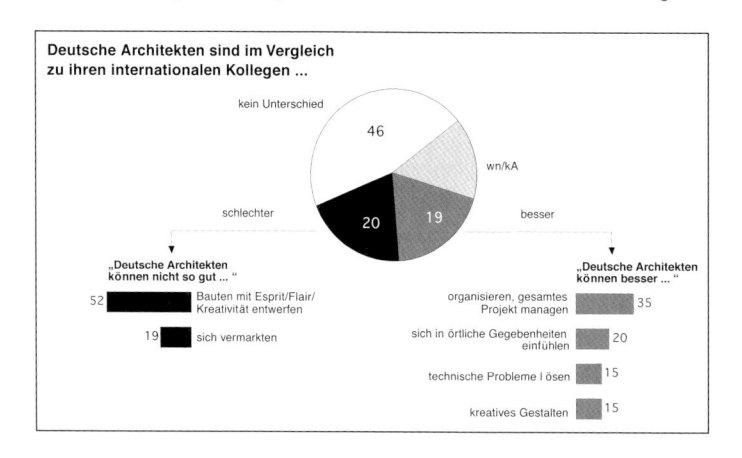

Deutsche Architekten sind im Vergleich zu ihren internationalen Kollegen ...

- kein Unterschied: 46
- wn/kA: 19
- schlechter: 20
- besser: (Rest)

„Deutsche Architekten können nicht so gut ... "
- Bauten mit Esprit/Flair/Kreativität entwerfen: 52
- sich vermarkten: 19

„Deutsche Architekten können besser ... "
- organisieren, gesamtes Projekt managen: 35
- sich in örtliche Gegebenheiten einfühlen: 20
- technische Probleme lösen: 15
- kreatives Gestalten: 15

Ergebnis der Forsa-Umfrage zum Image deutscher Architekten

Werbung und Berufsrecht

Was ist eigentlich noch übrig vom sogenannten „Werbeverbot" für Freiberufler, das es Architekten in der Bundesrepublik jahrzehntelang erschwerte, ihre Leistungen auch öffentlich zu präsentieren?
Bei Licht betrachtet nicht mehr sehr viel. Nachdem das Werbeverbot lange Zeit sehr restriktiv gehandhabt wurde, brachten mehrere Urteile des Bundesverfassungsgerichts entscheidende Lockerungen, so dass heute nur noch wenige Werbemaßnahmen ausdrücklich verboten sind. Als entscheidender Wendepunkt darf dabei das sogenannte „Apothekerurteil" des Bundesverfassungsgerichts aus dem Jahre 1996 gelten. Seine Kernaussage: Für den Bereich der freien Berufe stellt die Werbefreiheit die Regel dar. An dieser Stelle ist es angebracht, an die Argumente zu erinnern, die einst für das Werbeverbot ins Feld geführt worden sind.

Begründung des „Werbeverbots"
Begründet wurden die restriktiven Werberegeln mit der besonderen beruflichen Verantwortung und den gesellschaftlichen Erwartungen, die an die Seriosität und Kompetenz der freiberuflich Tätigen (Ärzte, Anwälte, Architekten, Apotheker) geknüpft sind. Dieser berufsethische Kodex besagt unter anderem, dass die Tätigkeit des Freiberuflers dem gesellschaftlichen Gemeinwohl nicht zuwiderlaufen dürfe, da er „Dienste höherer Art" leiste. Das Werbeverbot sollte nicht zuletzt einer rein geschäftsmäßigen Einstellung der betreffenden Berufsgruppen zu ihrer Tätigkeit entgegenwirken.
Über die Einhaltung dieses berufsethischen Reglements wacht die berufsständische Selbstverwaltung, die Architektenkammern der Länder. In den vergangenen Jahren wurden Verletzungen des Werbeverbots nur noch vereinzelt beanstandet und kaum noch geahndet.
Die aktuellen berufsrechtlichen Werberegeln der 16 Länderkammern gleichen sich inzwischen in den wesentlichen Aussagen, Unterschiede bestehen nur noch in Details. Es gilt der Grundsatz: Jeder Architekt darf über seine berufliche Tätigkeit und seine Person in Form und Inhalt sachlich informieren.
Das in dieser Formulierung enthaltene Sachlichkeitsgebot schließt das reklamehafte Anpreisen des eigenen Angebots aus und fordert, dass die Werbeaussagen von Architekten werkbezogen und (im Prinzip) nachprüfbar sein müssen. Außerdem sollte der Werbende als freiberuflicher Architekt erkennbar sein.
Das bedeutet, dass jeder Architekt mit den Bildern oder Zeichnungen bereits verwirklichter Bauten, mit seinen individuellen Qualifikationen und Spezialisierungen, mit der Nennung von Kooperationspartnern und Kunden sowie mit erhaltenen Auszeichnungen werben darf.

Uneingeschränkt erlaubt sind daher:

- die Darstellung des Werkes in Bild und Zeichnung
- die Verwendung von Logos, Symbolen, Signets u.ä.
- die Nennung von Titeln, Prämierungen und Auszeichnungen
- die Angabe von Tätigkeitsschwerpunkten
- redaktionelle Beiträge und Anzeigen informativer Art in Zeitungen oder Zeitschriften, regionalen Branchenverzeichnissen und sonstigen berufsbezogenen Veröffentlichungen
- Imagebroschüren, Werbepostkarten, Bürobroschüren in gedruckter Form oder als CD-ROM
- eine angemessene Hinweistafel am Büro und an Baustellen mit Namen, akademischem Grad, Verbandszugehörigkeit und Bürozeit. Auf dem Bauschild ist zusätzlich die Angabe der vom Architekten zu erbringenden Leistung möglich.
- bezahlte Anzeigen mit rein informativem Inhalt in Zeitungen und Zeitschriften
- sachliche Informationen im Internet
- Namensnennung des planenden und/oder bauleitenden Architekten bei Fertigstellung eines Bauwerks im Rahmen von Anzeigenseiten der beteiligten Planer und Bauunternehmen
- Hervorhebung des Namens und akademischen Grades durch Fettdruck als Suchhilfe im Telefon- und Branchenbuch und in anderen Medien
- Präsentation eigener Werke auf Fachmessen oder in Ausstellungen
- Bürodarstellung in Architektenverzeichnissen auf nationaler und internationaler Ebene

Information über Werk und Tätigkeit von Architekten in journalistischer Form darf grundsätzlich in allen Medien stattfinden. Mit Ausnahme von Zeitungsanzeigen und anderer Medienwerbung dürfen die vorstehend genannten Werbemittel jedoch nicht zur ungezielten Massenwerbung eingesetzt werden – das Berufsrecht fordert, dass Angebote per E-Mail, Bürobroschüren etc. lediglich gezielt an bisherige oder potentielle neue Auftraggeber versandt werden dürfen.

Untersagt ist es die eigene Leistung reklamehaft anzupreisen, insbesondere dann, wenn dabei Werbeslogans oder Bilder Verwendung finden, die ohne unmittelbaren Bezug zu einem Referenzprojekt oder zu den Bestandteilen des Leistungsprofils stehen.

Der Hinweis auf besondere Spezialisierungen und berufliche Erfahrung hat also in jedem Fall sachlich zu erfolgen und nicht in der Art einer subjektiven Selbsteinschätzung („Spitzenleistungen in der Projektabwicklung, herausragend in der konstruktiven Verarbeitung"), die nicht objektiv nachprüfbar ist. Im Einzelnen sind untersagt:

- bezahlte Anzeigen in Zeitungen, Zeitschriften etc., in denen in reklamehafter Art und Weise Architektenleistungen angeboten werden oder um Aufträge geworben wird
- Werbebroschüren, Sonderdrucke, Präsentationen und Veröffentlichungen, die von Firmen finanziert oder mitfinanziert werden

- ▶ die Einwilligung in redaktionelle Beiträge, die ihrem Inhalt nach eine Umgehung des Verbotes unlauterer Werbung darstellen
- ▶ Empfehlung von Bauprodukten durch den Architekten in Werbeanzeigen

Besonders die letztgenannte Einschränkung wurde schon das eine oder andere Mal ungestraft unterlaufen.

Keine Werbung mit Selbstverständlichkeiten
Nicht gestattet ist ferner alles, was der Gesetzgeber als irreführende Werbung charakterisiert; das ist zum Beispiel die Werbung mit Selbstverständlichkeiten („Ausführung aller Arbeiten in bester Qualität"), Konkurrenten herabsetzende, vergleichende Werbung oder auch Werbeaussagen, die suggerieren, der Anbieter sei bereit, die Honorarsätze der HOAI zu unterschreiten. Es wird deutlich: Die Art von Werbeaussagen, die nicht gestattet sind, schränkt den werbenden Architekten nicht ernsthaft ein, da sie ohnehin nicht recht zum Charakter seiner Dienstleistung passen würde.
Neben bestimmten Inhalten richten sich die berufsständischen Werberegeln vor allem noch gegen bestimmte, für die ungezielte Breitenwerbung typische Werbeträger, nämlich im Einzelnen:

- ▶ Bandenwerbung in Sportstadien
- ▶ Werbeflächen an Bussen und Bahnen
- ▶ großflächige Plakatwände

Auch folgende besonders reklamehaften Verbreitungsformen für Werbung sind untersagt:

- ▶ Postwurfsendungen
- ▶ öffentliches Auslegen oder Verteilen von Werbematerial außerhalb eines architekturnahen Kontextes (das heißt: in der Architekturgalerie ja; in der Fußgängerzone nein)
- ▶ das massenhafte Schalten von Anzeigen sowie das massenhafte Aussenden von Werbebriefen per Fax oder E-Mail

Es ist nicht auszuschließen, dass die werberechtlichen Restriktionen in wenigen Jahren noch weiter zurückgenommen werden oder ganz fallen: Mit der für 2008 geplanten EU-einheitlichen Dienstleistungsrichtlinie sind Werbebeschränkungen für bestimmte Berufsgruppen in einzelnen Ländern der Union nicht mehr vereinbar.
Unterschiedliche Regeln gelten schon heute, etwa für in Deutschland tätige Architekten aus benachbarten EU-Ländern gegenüber ihren deutschen Kollegen. Sofern diese Architekten keiner deutschen Kammer zugehörig sind, sind sie auch nicht an deren Werbebeschränkungen gebunden. Die insofern drohenden ungleichen Wettbewerbsbedingungen dürften zu einer grundlegenden Diskussion über die Berechtigung der Werbeverbote auf Länderebene führen.

PRÄSENTIEREN UND ÜBERZEUGEN

Anders als eine Ware, die ein Käufer vor dem Erwerb in Augenschein nehmen kann, ist die Leistung des Architekten ein Versprechen auf eine erst noch zu verwirklichende Leistung. Ob sie zur Zufriedenheit des Kunden ausfällt, wird dieser erst viele Monate nach der Entscheidung zugunsten eines Architekten erfahren. Auf der Seite des Kunden bleibt in der Entscheidungsphase also immer ein nicht unerheblicher Rest Unwägbarkeit, der zerstreut werden will.

Das „Versprechen" sollte daher – in der Präsentation von Werk, Büro und Leistungsprofil – überzeugend formuliert sein.

Die Palette der Präsentationsmöglichkeiten hat sich inzwischen deutlich erweitert: Neben den seit langem üblichen Büroportfolios, in denen man zurückliegende Projekte und die Leistungsdaten seines Büros zusammenstellen kann, unterhalten fast alle Architekturbüros inzwischen eigene Internet-Auftritte. Mit der Lockerung der einst restriktiven Werberegeln sind auch Imagebroschüren und – in mehreren Bundesländern – Zeitungsanzeigen zu gängigen Mitteln der Außendarstellung geworden.

Neue Türme für die Skyline – Wolkenkratzer-Leporello
aus dem Büro Christoph Mäckler, Frankfurt/M.

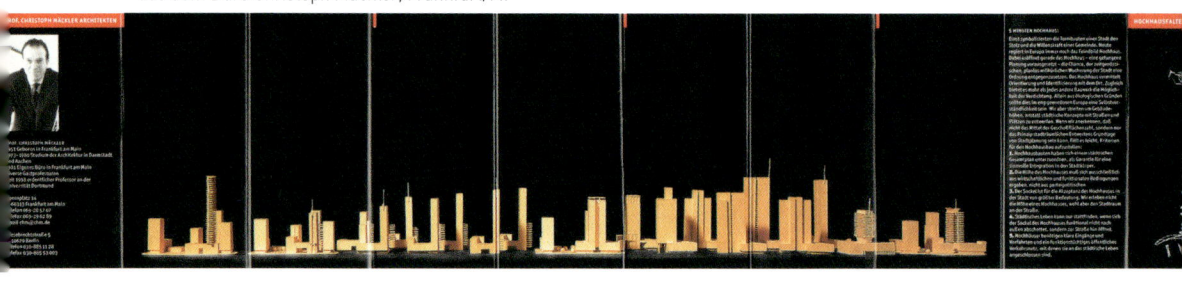

Marketing-Medien
Rolf Toyka

Der nachfolgende Überblick stellt alle im Rahmen praktischer Public-Relations-Aktivitäten bedeutsamen Marketing-Medien vor. Die Arbeit mit einem vielfältigen Repertoire – von der bescheidenen Postkarte bis hin zum aufwändig gestalteten Messestand – hat System: Jedes der Medien ist für bestimmte Anlässe oder eine bestimmte Phase von Akquisitionsaktivitäten gedacht und genau für diesen Zweck die beste Wahl.

Vorab-Informationen
Sie dienen der Unterstützung beim Einstieg in einen Kundenkontakt. Dieser Kontakt kann persönlich oder aber auch per Brief hergestellt werden. Dabei soll Aufmerksamkeit und vor allem der Wunsch nach weitergehenden Informationen geweckt werden. Da diese Situation (hoffentlich) häufig gegeben ist, sollte man die Medien der Vorab-Information – insbesondere Faltblätter („Flyer") und Postkarten bieten sich an – in vergleichsweise hoher Auflage herstellen. Das legt es nahe, eine preiswerte Lösung zu finden, die mit möglichst geringen Herstellungs-Stückkosten verbunden ist.

Schon aufgrund der geringen zur Verfügung stehenden Fläche liegt es nahe, dass sich Vorab-Informationen eines Architekturbüros auf eng begrenzte Kernaussagen beschränken, sie haben den Charakter eines Appetizers. Als zu vermittelnde Aussage bietet sich die schon erwähnte Corporate Mission eines Büros an. Es versteht sich von selbst, dass sie den Nutzen benennen muss, den ein potentieller Bauherr hat, wenn er Ihnen einen Auftrag erteilt. Bei der Gestaltung dürfen sowohl die technische als auch die kreative Seite im Beruf des Architekten zum Ausdruck kommen.

Es spricht nichts dagegen, neben den informativen Vorab-Informationen auch einmal Werbemittel zu erproben, die für das Marketing des Architekten bisher untypisch sind – beispielsweise mit der Büroadresse bedruckte Bleistifte, Zuckertüten (zum Beispiel mit Traubenzucker), Streichholzschachteln oder Zollstöcke.

Zielgruppen: Laien, Medien, potentielle Bauherrn, wirtschaftsnahe Multiplikatoren

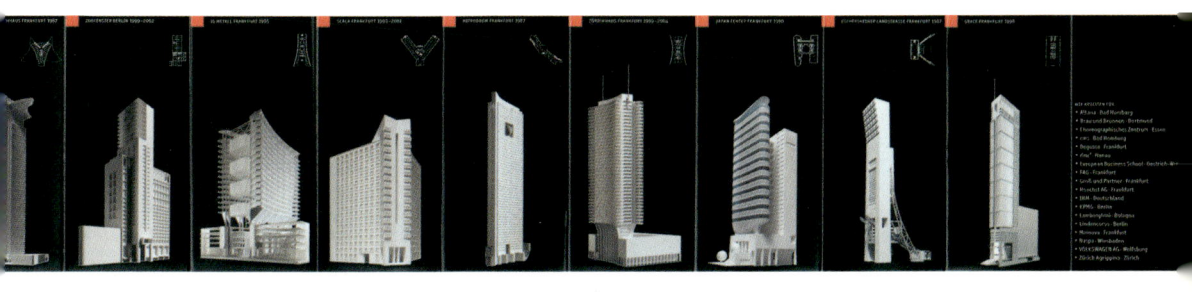

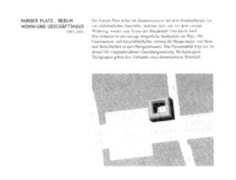

Geschäftshaus am Pariser Platz – Projektblatt des Büros Ortner & Ortner, Berlin

Die Imagebroschüre
Eine Imagebroschüre eröffnet die Möglichkeit, neben der minimalen Kernaussage zum Büro weitergehende Informationen sowohl zu seinen Kompetenzen als auch zur Verdeutlichung des Kundennutzens zu vermitteln. Da diese Medien sehr viel weniger breit gestreut werden, genügt hier eine geringere Auflage.

Folgende Instrumente kommen in Frage:
▶ **Loseblattsammlung im Schuber oder in einer Prospektmappe**
Der Vorzug einer solchen Addition von einzelnen Blättern liegt darin, dass man die entsprechenden Seiten je nach Adressat individuell zusammenstellen kann. Außerdem lassen sich solche Dokumentationen mit vergleichsweise geringem Aufwand aktualisieren. Der Schuber bzw. die Mappe sind prädestiniert, um grundsätzliche Informationen über ein Büro übersichtlich zusammenzufassen. Vor allem Tätigkeitsschwerpunke und detaillierte Aussagen zu den besonderen Kompetenzen sollten im Vordergrund stehen. Auch hier kommt es darauf an, die Bedeutung der einzelnen Aussagen für den

Klare Formen, großzügiges Layout – ein Haus von Tadao Ando in einem Katalog der Galerie Aedes

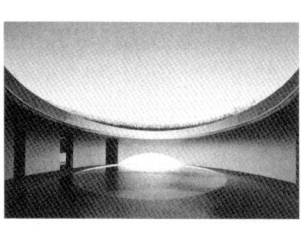

möglichen Auftraggeber herauszuarbeiten. Denn man sollte nicht vergessen, dass andere mit ähnlichen Unterlagen ebenfalls an die betreffenden Personen herantreten. Berücksichtigt man, dass viele Bauherrn architektonische Qualität nur begrenzt beurteilen können, so sind vor allem solche Aussagen wichtig, die auch dem Laien einleuchten.
Zielgruppen: potentielle Bauherrn, Fachöffentlichkeit, Medien

▶ Projektporträt
In Form von Büchern oder Booklets lassen sich beispielhafte Projekte einer breiteren Öffentlichkeit präsentieren. Architekturgalerien bieten die Produktion solcher Bücher häufig im Zusammenhang mit Ausstellungen an. Eine kurze Darstellung des Büros kann mit aufgenommen werden.

▶ Postkartensammlung in einer Hülle
Das Medium Postkarte bietet sich dafür an, Gebäude in Fotos oder Präsentations-Perspektive abzubilden und auf der Rückseite einige Fakten aufzuführen. Dazu gehört auch die Nennung des Bauherrn. Schließlich muss man davon ausgehen, dass ein potentieller Auftraggeber, der darüber nachdenkt, mit Ihnen zu bauen, eine Referenz einholen möchte. Wenn es einen Bauherrnvertreter gibt, der sich in besonderer Weise für dieses Vorhaben ein-

Teamporträt in der Bürobroschüre
von h.e.i.z.Haus-Architekten, Dresden

Architektenpostkarte

Inzwischen gibt es Postkartenverlage, die bei einer Beauftragung via Internet besonders günstige Angebote offerieren, zum Beispiel die Hans Käsbauer & Sohn KG: „Der schnelle Tausender": 1000 Postkarten, 4/1-farbig, inklusive Hochglanzlackierung; EUR 185,60 Bruttokosten wenn die Digitaldaten entsprechend übermittelt werden (Weiteres unter www.kaesbauer-postkarten.de).
Bei www.pinguindruck.com in Berlin kosten 1000 Postkarten in derselben Ausstattung EUR 162,– netto (alle Angaben Stand 10/04).

gesetzt hat, so sollte man diesen – sein Einverständnis vorausgesetzt – auch unbedingt benennen. Die Hülle für die Kartensammlung muss wiederum Kernaussagen zum Büro etc. enthalten. Der Vorteil einer solchen Postkartensammlung besteht darin, dass sie vergleichsweise preiswert in der Herstellung ist; außerdem lassen sich die Postkarten jederzeit austauschen oder ergänzen.

Zielgruppen: frühere und aktuelle Bauherrn, Fachöffentlichkeit, ausgewählte Pressevertreter, Internal Relations

▶ Büro-Broschüre

Viele Büros arbeiten mit Broschüren, in denen die wichtigsten Arbeiten dokumentiert sind und das Büroprofil dargestellt wird. Allerdings kommt man nicht umhin, sie in regelmäßigen Abständen zu aktualisieren, was mit nicht unerheblichen Kosten verbunden ist. Daher ist es empfehlenswert, lediglich eine dünne Broschüre zu entwickeln, die die Möglichkeit bietet, weitere individuelle und aktuelle Informationen in Form von Postkarten, losen Blättern etc. hinzuzufügen. Bürobroschüren sollten nicht zu einseitig von der Präsentation des bisherigen Werkes dominiert werden. Wie bei allen Büroveröffentlichungen ist es ratsam, Architekturlaien nach ihrer Meinung zu fragen. Schließlich kann es nicht genügen, wenn nur wir Architekten begeistert sind. Ein sehr gutes Zeichen ist es, wenn Bekannte, die um ihr ehrliches Urteil gebeten werden, mit den Aussagen und der „Optik" der Broschüre genau so viel anfangen können wie die Mitarbeiter des Büros. Was bei der Gestaltung von Bürounterlagen beachtenswert ist, verrät das nachfolgende Kapitel „Bürounterlagen und Corporate Identity" ausführlich.

Zielgruppen: derzeitige und potentielle Bauherrn, Kollegen, Medien (auf Anfrage)

▶ Präsentation auf einer CD-ROM

Es ist sehr beliebt geworden, Projekte auf CD-ROM zu präsentieren, häufig mit Hilfe von Power-Point oder ähnlichen Programmen. Ein Vorzug dieser Art von Präsentation ist, dass der Interessent sich eine große Zahl von Bildern komfortabel und in bester Auflösung auf dem Bildschirm anschauen kann. Viele Architekten versenden Bild- und Textdokumentationen zu Projekten auch per E-Mail. Ein Nachteil dieser Präsentationsform ist es, dass sie nur auf dem Umweg über den Computer zugänglich

Projektreferenz in der Bürobroschüre von
h.e.i.z.Haus-Architekten, Dresden

sind – was einen Redakteur der Architektur-Zeitschrift **db** zu dem Stoßseufzer veranlasste: „Wer soll sie denn alle einlegen, öffnen, sichten und archivieren – die 20 CDs mit Projektdokumentationen, die täglich in der Redaktion eingehen?" Für den Erstkontakt zu potentiellen Auftraggebern oder zur Presse sind CD-ROMs also eher ungeeignet. Werden Projektinformationen per E-Mail verschickt, nötigt man der anderen Seite den Zeitaufwand und die Kosten (Druckertinte) für das Ausdrucken auf. Gegenüber potentiellen Interessenten und Architekturjournalisten ist das wenig geschickt – man will beim anderen schließlich Neugier wecken, anstatt ihm Arbeit zu bereiten.

Zielgruppen: Fachöffentlichkeit, Kollegen, Fachmedien (nur nach Rücksprache)

► Ausführliche Imagebroschüre

Ein Marketing-Baustein, den sich erst wenige, vorwiegend größere Architekturbüros leisten – er stellt das Profil des Büros und dessen Architekturverständnis dar und bildet zugleich sein Leistungsspektrum ab oder dokumentiert im Stil einer Architekturmonografie einen Teil des Werks. Seine anspruchsvolle Gestaltung soll eine breitere Zielgruppe ansprechen. Relativ aufwändig in der Herstellung, individuell in der Bindung.

Zielgruppen: Bauherrn, Fachpublikum, Multiplikatoren aus der Wirtschaft

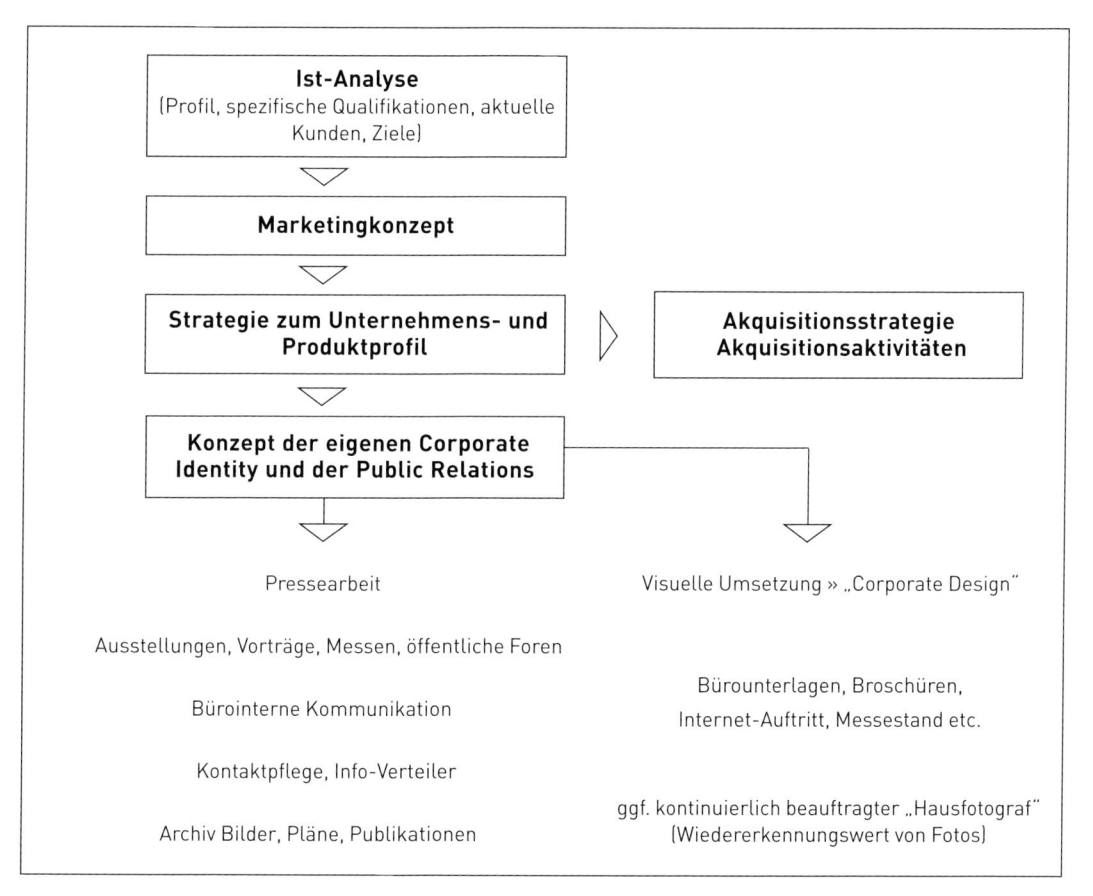

```
┌─────────────────────────────────────────────────────────────────────────┐
│                    ┌─────────────────────────────────┐                  │
│                    │         Ist-Analyse             │                  │
│                    │ (Profil, spezifische Qualifika- │                  │
│                    │  tionen, aktuelle Kunden, Ziele)│                  │
│                    └─────────────────────────────────┘                  │
│                                   ▽                                     │
│                    ┌─────────────────────────────────┐                  │
│                    │       Marketingkonzept          │                  │
│                    └─────────────────────────────────┘                  │
│                                   ▽                                     │
│        ┌─────────────────────────────────┐    ┌──────────────────────┐  │
│        │ Strategie zum Unternehmens- und │ ▷  │ Akquisitionsstrategie│  │
│        │       Produktprofil             │    │ Akquisitionsaktivi-  │  │
│        │                                 │    │ täten                │  │
│        └─────────────────────────────────┘    └──────────────────────┘  │
│                       ▽                                                 │
│        ┌─────────────────────────────────┐                              │
│        │ Konzept der eigenen Corporate   │──────────────────────┐       │
│        │ Identity und der Public Relations│                      │       │
│        └─────────────────────────────────┘                      │       │
│                    ▽                                             ▽      │
│              Pressearbeit              Visuelle Umsetzung » „Corporate Design"│
│                                                                         │
│   Ausstellungen, Vorträge, Messen, öffentliche Foren                    │
│                                                                         │
│   Bürointerne Kommunikation           Bürounterlagen, Broschüren,       │
│                                       Internet-Auftritt, Messestand etc.│
│                                                                         │
│   Kontaktpflege, Info-Verteiler                                         │
│                                       ggf. kontinuierlich beauftragter  │
│   Archiv Bilder, Pläne, Publikationen  „Hausfotograf"                   │
│                                       (Wiedererkennungswert von Fotos)  │
└─────────────────────────────────────────────────────────────────────────┘
```

▶ **Büroverzeichnisse der Architektenkammern**

Inzwischen unterhalten viele Länder-Architektenkammern Büroverzeichnisse. Sie sind als Internetpräsentation und zum Teil auch als Katalog verfügbar. Dort können die vorgestellten Büros Tätigkeitsschwerpunkte benennen. So haben potentielle Bauherrn die Möglichkeit, in ihrer Nähe für ein bestimmtes Projekt geeignet erscheinende Büros ausfindig zu machen. Diese Informationsquelle wird intensiv genutzt.

Je dezidierter die Schwerpunkte benannt werden, desto größer ist die Wahrscheinlichkeit, einen interessierten Anruf zu erhalten. Gleiches gilt für Listen, die einige Kammern zu Schwerpunkt-Qualifikationen führen (zum Beispiel Spezialisierungen wie Energieberatung, barrierefreies Bauen, Denkmalsanierung etc.).

Die Aufnahme in derartige Veröffentlichungen erfolgt nach unterschiedlichen Kriterien. Sinnvoll ist es, bei der zuständigen Architektenkammer nachzufragen bzw. auf der Homepage entsprechende Informationen einzuholen.

Zielgruppen: potentielle Bauherrn, Kollegen, Bauwirtschaft

Präsentationsmedien – Stärken und Schwächen

Zeitungsanzeige	Image-Prospekt	Büro- und Imagebroschüre	Eigene Website
▶ Namen und Logo des Büros kann einer breiten Öffentlichkeit präsentiert werden ▶ bei Wiederholung Wiedererkennungswert ▶ großer Radius ▶ geringer Zeitaufwand ▶ Chance, Kontakt zu völlig neuen Kunden herzustellen ▶ relativ teuer ▶ kaum inhaltliche Aussagen möglich ▶ unpersönliches Marketinginstrument ▶ erzeugt kaum Identifikationspotential	▶ an potentielle Interessenten versenden oder aushändigen ▶ enthält zur Profilierung eines Büros essentielle Daten, Aussagen und Projekte ▶ gutes Kosten-Nutzen-Verhältnis ▶ Interessent erhält erste Idee von Leistungen eines Büros ▶ besonderes Profil des Büros auf den Punkt bringen! ▶ Wichtig: Wer soll die Zielgruppe sein? ▶ schlecht gemachter Prospekt sieht nach Reklame aus	▶ Zielgruppe sind v.a. Interessenten nach dem ersten Kontakt ▶ bietet Raum für ein umfassendes Bild des Büros ▶ nicht nur Bilder alter Projekte aufreihen – den Platz nutzen, um das Gegenüber zu gewinnen ▶ auch Arbeitsweise und Selbstverständnis des Büros darstellen ▶ Antworten bieten auf die Frage: Weshalb gerade uns beauftragen? ▶ detaillierte Info über Leistungen und Ausstattung des Büros ▶ Bedeutung des visuell-haptischen Reizes ▶ „handfeste" Leistung ▶ Broschüre sollte flexibel erweiterbar sein	▶ Büroinfo wird extrem großem Publikum zugänglich - v.a. bei guter Verlinkung/Eintrag in Suchmaschinen ▶ Gutes Kosten-Nutzen-Verhältnis ▶ bitte entscheiden: Kurze Image-Präsentation oder umfassende Selbstdarstellung? ▶ nicht-lineare Fortbewegung des Lesers berücksichtigen ▶ mindestens halbjährlich überarbeiten ▶ Vorsicht mit komplizierten Animationen (Ladezeit) ▶ Druckaufwand wird auf Kundenseite verlagert ▶ ersetzt nur bedingt gedruckte Broschüren

► **Bauherrenbrief**

Eine Grundregel des Marketings besagt, dass ein Kontakt nicht nur hergestellt, sondern auch gepflegt werden muss, soll er dauerhaft erfolgreich sein. Deshalb haben sich einige Büros dazu entschlossen, ihre (auch potentiellen) Bauherrn mit einem sogenannten „Bauherrenbrief" regelmäßig anzusprechen. Er informiert nicht nur über Neuigkeiten aus dem Büro, sondern sollte auch Mehrwert in Form von nützlichen Sachinformationen (Informationen zum Thema Nachhaltigkeit, Bewirtschaftungskosten etc.) enthalten.

Damit signalisiert man, dass man nicht nur Bauambitionen hat, sondern bereit ist, dem Bauherrn über den gesamten Lebenszyklus eines Gebäudes zur Seite zu stehen.

Zielgruppen: frühere, aktuelle und potentielle Bauherrn, Fachöffentlichkeit

Gestaltung und Produktion von Broschüren

Die meisten Architekten präsentieren ihr Leistungsprofil und ihre Referenzen in Broschüren die sie im Büro selbst drucken und binden. Dadurch können die Unterlagen je nach Adressat individuell zusammengestellt werden. Vor allem größere Büros nehmen für ihre Broschüren immer häufiger die Dienste von Grafikern in Anspruch.

Beide Wege haben ihre Vor- und Nachteile: Die fest gebundene Broschüre vermittelt das Bild eines professionellen Dienstleisters und erzeugt schon haptisch den Eindruck von Solidität. Auf der anderen Seite wirkt sie zwangsläufig weniger individuell und persönlich; zudem kann sie nicht durch aktuelle Inhalte ergänzt werden.

Die bei der „Eigenproduktion" gerne verwendeten Spiral- oder Thermobindungen erwecken im ungünstigen Fall den Eindruck des Provisorischen. Dieser ist vor allem

Bürobroschüre – stellt Leistung und Profil dar

Die Dokumentation zurückliegender Wettbewerbserfolge sollte keinen zu großen Raum einnehmen – und ist am besten im Anhang aufgehoben.

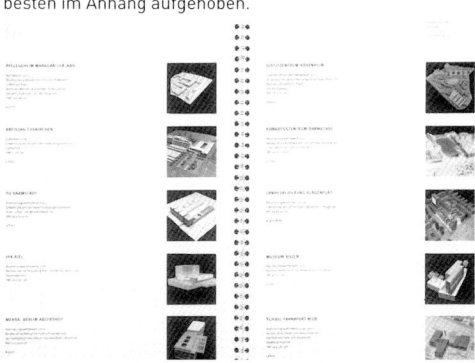

dann gegeben, wenn Layout und Inhalt kein klares Konzept erkennen lassen. Wer es vorzieht, seine Broschüren selbst anzufertigen, sollte daher Wert auf ein einheitliches, stringentes Layout legen. Wenn die Aufmachung insgesamt überzeugt, schmälert eine einfache Bindung den Gesamteindruck nicht.

Wozu dienen Bürobroschüren?
Büro- und Imagebroschüren sind ideal eingesetzt als akquisitionsbegleitendes Marketing-Instrument – also beispielsweise als ergänzende Unterlagen bei persönlichen Gesprächen und Präsentationen. Dagegen ist es eher unwahrscheinlich, als Architekt durch das unaufgeforderte Versenden von Portfolios an Aufträge zu gelangen. Dieser Weg kann dann erfolgreich sein, wenn ein Architekt Broschüren gezielt an Familien versendet, die sich mit Bauplänen tragen. Will man jedoch mit größeren Unternehmen ins Gespräch kommen, so verspricht die „Initiativbewerbung" mit einem Portfolio der eigenen Arbeit nur ausnahmsweise Erfolg, weil es höchstwahrscheinlich als eines unter vielen auf einem großen Stapel landen wird.

Der Chef der Bauabteilung eines großen Unternehmens berichtet, dass man zahlreiche Büroportfolios von Architekten zugesandt bekomme. Sie wanderten, meist ungelesen, in eine Ablage und würden von Zeit zu Zeit entsorgt. Als Mittel der „Kaltakquisition" ist also

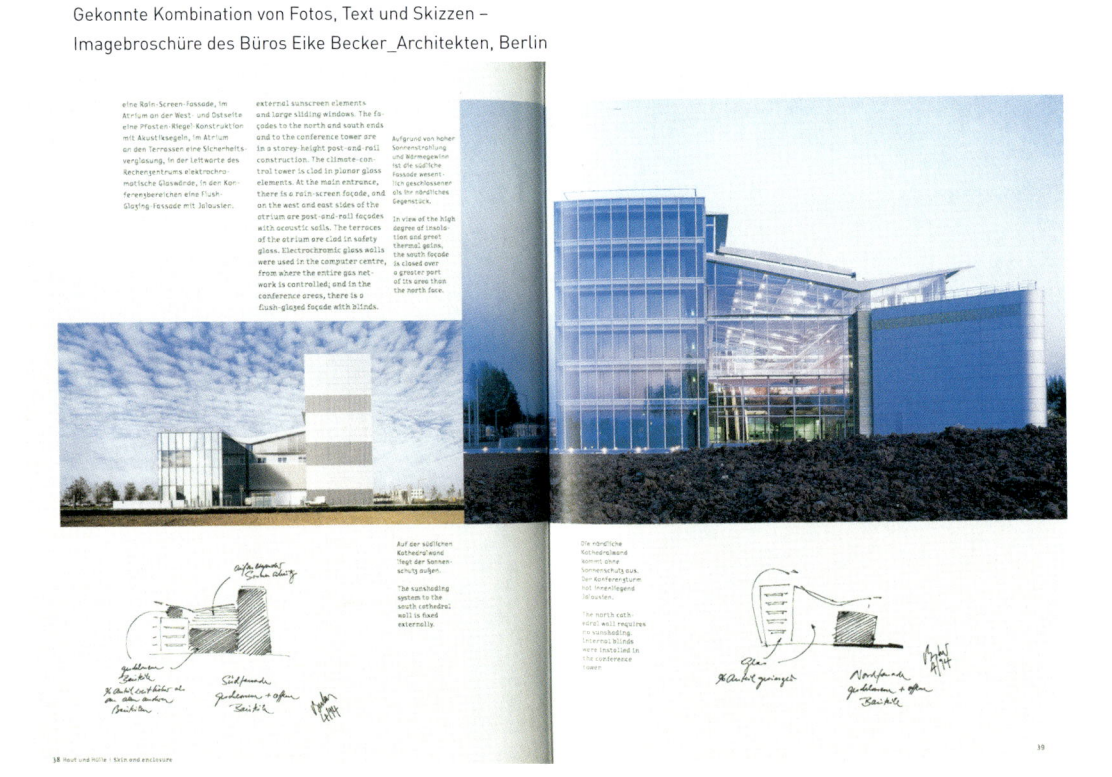

Gekonnte Kombination von Fotos, Text und Skizzen –
Imagebroschüre des Büros Eike Becker_Architekten, Berlin

auch die gelungenste Marketingbroschüre wenig geeignet. Ihre Stunde ist dann gekommen, wenn ein erster persönlicher Kontakt zum potentiellen Bauherrn schon hergestellt ist. Jedoch empfiehlt es sich nicht, mit der Präsentation der Broschüre in das Gespräch einzusteigen – es sei denn, Ihr Gesprächspartner verlangt ausdrücklich danach! Beim Einstieg in ein Gespräch überzeugen Sie durch Ihre Worte und Ihre Persönlichkeit. Erst wenn Ihr Gegenüber nach Beispielen Ihrer Arbeit fragt, ist es Zeit für die Broschüre. Ein Versand per Post ist dann sinnvoll, wenn der Empfänger zuvor schon Interesse an Ihren Leistungen bekundet hat.

Eine Bürobroschüre und andere Arten der Projektdokumentation dienen also dazu, die flankierenden Fakten und Bilder zu Ihrer Akquisitionsarbeit zu liefern. Der Interessent kann sich ein Bild von Ihrer Arbeit machen, nach dem Gespräch Eckdaten zum Büro noch einmal nachschlagen und so seinen Eindruck von Ihrem Angebot abrunden. Eine Bürobroschüre untermauert die Wirkung Ihres persönlichen Auftritts durch übersichtlich aufbereitete Informationen, die richtigen Worte und überzeugende Bilder.

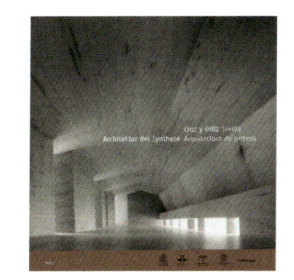

Architektur schwarzweiß – eine Bahnhofshalle der spanischen Architekten Cruz y Ortiz vor bronzefarbenem Hintergrund (Katalog der Galerie Aedes, Berlin)

Bilder in Broschüren – die wichtigsten Hinweise

- ▶ Es zahlt sich aus, für Veröffentlichungen Bilder professioneller Architekturfotografen zu verwenden – zum einen wegen der handwerklichen Qualität, zum anderen, weil Aufnahmen aus Kleinbild- oder Digitalkameras meist mit starken Verzerrungen behaftet sind.
- ▶ Auch Porträts der Büroinhaber/des Teams sollte man vom Fachmann professionell anfertigen lassen. Wem das zu teuer ist, der sollte jedenfalls keine Bilder im Passbildformat verwenden. Ein gepflegtes Erscheinungsbild ist dem „Casual Look" vorzuziehen – was nicht heißt, dass Sie sich verkleiden müssen. Die Bilder sollen Persönlichkeit und Integrität vermitteln.
- ▶ Treffen Sie bitte eine kritische Auswahl unter den Bildern. Ausschlaggebendes Kriterium ist die fotografische Qualität. Wichtiger als eine möglichst große Zahl von Bildern sind ausdrucksvolle Motive, die Neugier wecken.
- ▶ Nicht in jedem Fall sind Bildunterschriften notwendig. Fast immer jedoch erhöhen sie den Informationswert der Abbildungen. Bitte nicht vergessen: Die Struktur und Lage von Gebäuden sind dem Außenstehenden nicht bekannt.
- ▶ Maßstäblichkeit in der Abbildung und Logik der Bildanordnung: Im Normalfall sollten Details (zum Beispiel Türklinken, Handläufe etc.) eines Gebäudes nicht in einem größeren Format dargestellt werden als die Gesamtansicht des Gebäudes. Ein Bild von der Dachetage darf im Layout nicht unterhalb des Bildes vom Parterre stehen.
- ▶ Fügt man die Bilder in ein Spaltenraster ein, lässt sich die Aufteilung von Bild und Text sicher strukturieren. Ergebnis ist ein geordnetes, allerdings wenig ausdrucksvolles Layout. Seiten werden abwechslungsreicher, indem man unterschiedliche Formate kombiniert – dann muss zwischen den Bildern eine klare Hierarchie hergestellt werden, etwa indem man zwei kleinen Motiven ein deutlich größeres gegenüberstellt.
- ▶ Die Akzeptanz bei Laien ist gewiss deutlich größer, wenn die Architekturaufnahmen nicht zu abstrakt und „steril" ausfallen. Damit signalisiert man zugleich, dass man Architektur nicht als Selbstzweck interpretiert, sondern nutzerorientiert plant.

Weil nur ein Teil des Gebäudes zu sehen ist, kommt es am stärksten zur Geltung – Seitenbeispiel und Umschlag der Imagebroschüre von Christoph Mäckler, Frankfurt/M.

Inhalt und Aufmachung

Damit rückt die Frage in den Vordergrund, wie sie denn aussieht, die Büropräsentation, die ihren Zweck ideal erfüllt. Soviel lässt sich vorwegnehmen: Ihre Wirkung hängt nicht in erster Linie davon ab, wie aufwändig sie hergestellt wurde und wie viele hochauflösende Fotos sie enthält. Der Zweck jeder Broschüre ist es, den Dialog mit potentiellen Kunden zu unterstützen. Deshalb sollte sie auch dialoghaft angelegt sein – was bedeutet, dass die Selbstdarstellung so aufgebaut ist, dass sie jene Fragen beantwortet, die einen potentiellen Bauherrn bei der Wahl des geeigneten Architekten beschäftigen. Fragen also der Art: Welche Erfahrungen kann ein Büro mit bestimmten Bauaufgaben vorweisen? Hat es eine Spezialisierung? Wie ist seine Leistungsfähigkeit? Wie gestalten die Architekten den Dialog mit den Auftraggebern? Inwieweit konnten sie in der Vergangenheit Budgets und Kostenrahmen einhalten? Hinzu kommt die Ausstrahlung, die von den Fotos der Mitarbeiter ausgeht.

Jedes Bild ein Statement

Starke Bilder sind unverzichtbarer Bestandteil einer überzeugenden Selbstdarstellung. Jeder Fotograf prägt das Bild von Architektur durch seine individuelle Sichtweise. Dem Auftraggeber bleibt die Qual der Wahl, welchem Lichtbildner er den „richtigen" Blick auf seine Bauten zutraut.

In Anbetracht der oft austauschbaren Ästhetik dreidimensionaler Architektursimulationen zählt hier Geschmackssicherheit ebenso viel wie die Beherrschung der Programme. Jedes Bild sollte für einen bestimmten Aspekt Ihrer Arbeit stehen. Bilder, deren „Message" in diesem Sinn nicht klar bestimmt werden kann, sortiert man besser aus.

Wählen Sie deshalb die besten Bilder jener Projekte aus, die Ihnen wirklich wichtig erscheinen! Auch verblassende Meriten – viele Jahre zurückliegende Wettbewerbsankäufe, Projekte aus der Frühzeit usw. – sollten auf den Prüfstein: Steht ihnen der Platz noch zu, der ihnen gegenwärtig eingeräumt wird?

Katalog einer Ausstellung über Shigeru Ban –
Umschlag und Doppelseite des Aedes-Katalogs

Ebenso wie Computersimulationen setzen auch Fotos von Modellen erprobte Sehgewohnheiten voraus. Wer kein Architekturstudium absolviert oder sonst mit Bauprojekten zu tun hat, dem fällt es schwer, anhand von Modellfotos eine Idee von der tatsächlichen Architektur zu gewinnen. Allerdings können Architekten heute unter einer Vielzahl zum Teil sehr realitätsnaher und verfeinerter Visualisierungstechniken wählen. Liegen jedoch schon Fotografien eines neuen Gebäudes vor, sind sie den Bildern aus der Rechnergrafik aus den oben genannten Gründen vorzuziehen.

Professionelle Industrie- und Gebrauchsfotografen arbeiten mit Groß- und Mittelformatkameras. Dadurch wird eine Brillanz und Bildauflösung erzielt, die Kleinbildfilme nicht bieten können. Eine beachtliche Zahl der professionellen Lichtbildner hat sich auf Architektur spezialisiert. Fast alle unterhalten Internet-Seiten, auf denen man Proben ihrer Arbeit anschauen kann (✋ Kap. „Architektur zweidimensional").

Was bieten wir – die richtigen Worte
Was im Mittelpunkt eigener Texte steht, hängt davon ab, welchen Gesichtspunkten der eigenen Arbeit man selbst besonderes Gewicht beimisst. Verbreitet ist es, ein stichwortartiges Leistungsprofil oder die Lebensläufe der Gesellschafter an den Beginn einer Broschüre zu stellen. Doch ist das ein idealer Start? Vorzuziehen ist eine persönliche Begrüßung des Lesers. Das kann in der Form geschehen, dass man das eigene Selbstverständnis als Architekt umreißt oder Aussagen darüber trifft, welche besonderen Leistungen man vom Architekten erwarten darf. Der Leser sollte eine Idee vom Profil des Büros und seiner Arbeitsweise gewinnen. Die ersten Seiten einer Broschüre sind auch der Ort, um die leitenden Mitarbeiter des Büros in Kurzporträts vorzustellen – in möglichst zwangloser Form. Das wirkt souveräner und selbstbewusster als tabellarische Lebensläufe – schließlich bewirbt man sich nicht auf eine Stelle, sondern stellt sich als Unternehmen vor.

Im Abschnitt der Referenzen ist es sinnvoll, die vorgestellten Projekte kurz zu erläutern. Aussagekräftige Bildunterschriften erleichtern den Zugang zu den Projekten. Auf keinen Fall sollte man darauf verzichten, die eigene Leistungspalette in Kurztexten zu erläutern.

RICHTSCHNUR

Wie viel Text ist sinnvoll? Die Mehrzahl der Architekten neigt dazu, Texte in Broschüren allzu sparsam einzusetzen. Aussagen zur Bürophilosophie und zum Profil beschränken sich auf wenige Sätze oder fehlen ganz. Die Präsentation von Projekten wird meist nur von wenigen Eckdaten begleitet. Wer in seiner Broschüre verwirklichte Bauten zeigt, sollte durch erläuternde Bildtexte nachvollziehbar machen, was auf den Fotos zu sehen ist. Noch besser sind assoziative Bildtexte, die die Atmosphäre der Architektur verstärken. Es sei nachdrücklich zu mehr und mutigeren Texten ermuntert. Man kann Architektur auch erzählen, sie als Element im Leben ihrer Nutzer beschreiben.

Der Wettbewerb

Frau Krägenow und Herr Versen haben den Stadtbaustein in einer Veröffentlichung gesehen. Sie vereinbarten einen Termin mit uns, sprachen über ihre Ansprüche und teilten uns mit, dass noch zwei andere Büros die Aufgabe bearbeiten.
Die gemeinsam verbrachte Zeit bei den Besprechungen der Varianten, die Offenheit und das Vertrauen der Bauherren gegenüber den Vorschlägen der Architekten, waren wesentliche Voraussetzungen für die Entwicklung des Hauses.

Die Geschichte des eigenen Hauses, erzählt aus Sicht des Bauherrn – in ihrem Booklet zur Ausstellung in der Berliner Galerie framework stellen die Architekten Clarke und Kuhn Freie Architekten geschickt die Kundenperspektive in den Mittelpunkt.

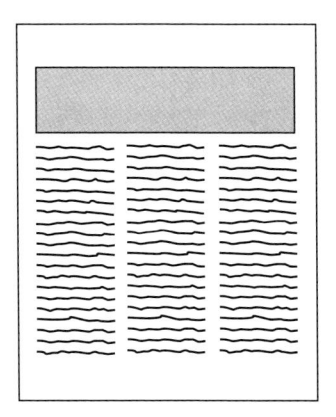

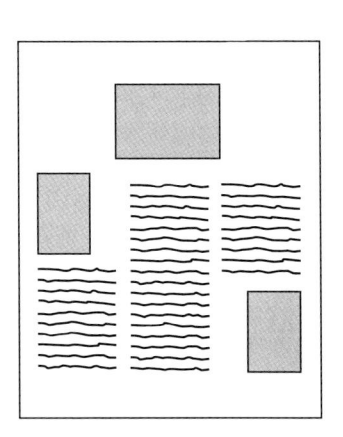

Bilder frei im Layout anzuordnen, erfordert kompositorisches Gespür, eine wiederkehrende Rasterstruktur bewährt sich als Ordnungsmuster.

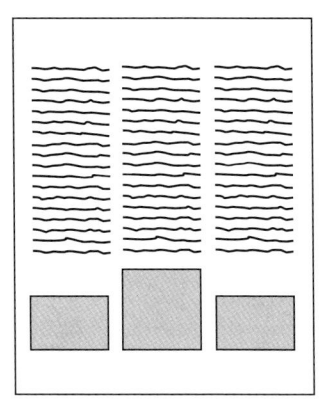

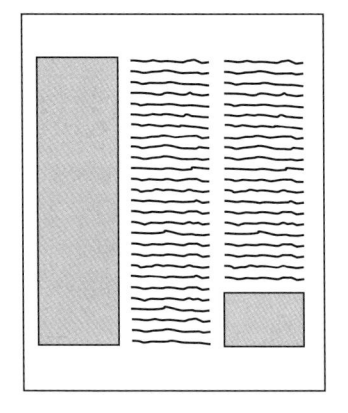

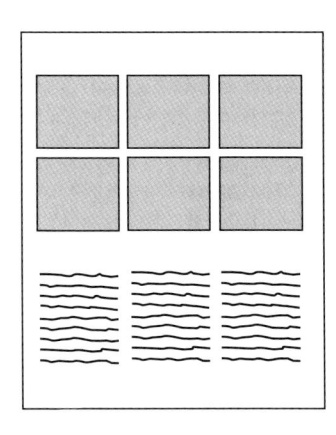

Umsetzung der Corporate Identity

Selbst gestalten oder Grafik-Designer beauftragen?
Viele Architekten verstehen sich als gestalterische Allrounder und entwerfen ihre Bürounterlagen – vom Portfolio bis zum Briefpapier – selbst. Doch bedenken Sie: Grafiker absolvieren nicht umsonst eine mehrjährige Ausbildung, bevor sie ihre Leistungen am Markt anbieten. Auch wenn die selbst entworfenen Bürounterlagen auf den ersten Blick überzeugen, entlarven meist die Feinheiten den ehrgeizigen Dilettanten: Laufweite und Höhe der Buchstaben harmonieren nicht, es werden Schriften kombiniert, die nicht zusammen passen und vieles mehr.

Für die Gestaltung von Büroausstattungen sollte man deshalb Profis beauftragen. Grafiker, die ihr Handwerk verstehen, entwickeln von selbst assoziativ den Auftritt, der Ihrer Arbeit und Ihrem Selbstverständnis entspricht. Natürlich können Sie auch die selbst entwickelten Entwürfe für Ihre Corporate Identity mit Grafikern besprechen und von diesen weiterentwickeln lassen. Doch profitieren Sie davon, wenn Sie für Alternativen aufgeschlossen bleiben!

Im Büroalltag ist es kaum praktikabel, für jedes Projektprofil oder jede Pressemitteilung, die das Büro verlässt, die Dienste eines Grafikers in Anspruch zu nehmen. Zweckmäßiger und billiger ist es, die Gestalter Bausteine und Standards entwerfen zu lassen, die dann je nach Anlass von den Büromitarbeitern mit Bildern und Texten gefüllt werden.

Bei der Arbeit mit diesen Modulen kommt man – vor allem, wenn kurzfristig reagiert werden muss (Wettbewerbsbeteiligungen etc.) – nicht ohne ein gewisses grafisches Verständnis aus. Daher sind auf den folgenden Seiten das grafische Basiswissen sowie Entscheidungshilfen für wesentliche gestalterische Fragen zusammengestellt.

Konservativ oder progressiv?
Der Schriftduktus als Ausdrucksmittel der Büroidentität

Architekturbüro
Petra Schmidt
Christian Schmidt

Die Spezialisten für
den Bau von individuellen
Wohnhäusern

Beratung, Planung,
Finanzierung, Bauaufsicht

Telefon 0 12 34 – 56 78 90
Fax 0 12 34 – 56 90 78
schmidt@netsurf.de

Architekturbüro
Petra Schmidt
Christian Schmidt

Die Spezialisten für
den Bau von individuellen
Wohnhäusern

Beratung, Planung,
Finanzierung, Bauaufsicht

Telefon 0 12 34 – 56 78 90
Fax 0 12 34 – 56 90 78
schmidt@netsurf.de

**Architekturbüro
Petra Schmidt
Christian Schmidt**

Die Spezialisten für
den Bau von individuellen
Wohnhäusern

Beratung, Planung,
Finanzierung, Bauaufsicht

Telefon 0 12 34 – 56 78 90
Fax 0 12 34 – 56 90 78
schmidt@netsurf.de

Wer Broschüren gestaltet und produziert

In jeder Stadt bieten zahlreiche Agenturen für Grafik und Visuelle Kommunikation ihre Dienste an. Empfehlenswerter als eine etablierte Werbeagentur sind kleinere Agenturen, die Erfahrung mit der Entwicklung von Corporate Identitys (CIs) für Freiberufler haben. Man findet sie im Branchenbuch und ebenso gut über Suchmaschinen im Internet, wenn man die entsprechenden Stichworte eingibt. Auf den Internetseiten der Agenturen findet man Arbeitsproben. So gewinnt man eine Idee, ob der Stil der Grafiker den eigenen Vorstellungen entspricht.

Der Grafikerverband Allianz deutscher Designer (AGD) (www.agd.de) hat verbindliche Sätze für grafische Leistungen und die Überlassung der Rechte festgeschrieben. Diese Honorarsätze setzen sich aus einem Betrag für die Arbeitsleistung sowie einem Honorar für die Überlassung der Nutzungsrechte am Produkt zusammen. In der Praxis haben die Tarife des Berufsverbandes eher Empfehlungscharakter. Die Preise für Grafik- und PR-Leistungen variieren von Anbieter zu Anbieter und auch regional erheblich. Generell gilt:

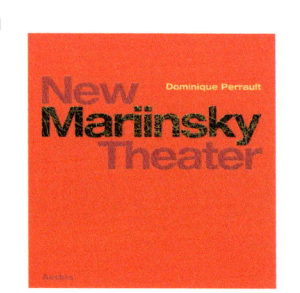

Ein neues Theater für Moskau:
Dominique Perraults Entwurfsskizzen im
Katalog einer Aedes-Ausstellung zu dem Projekt

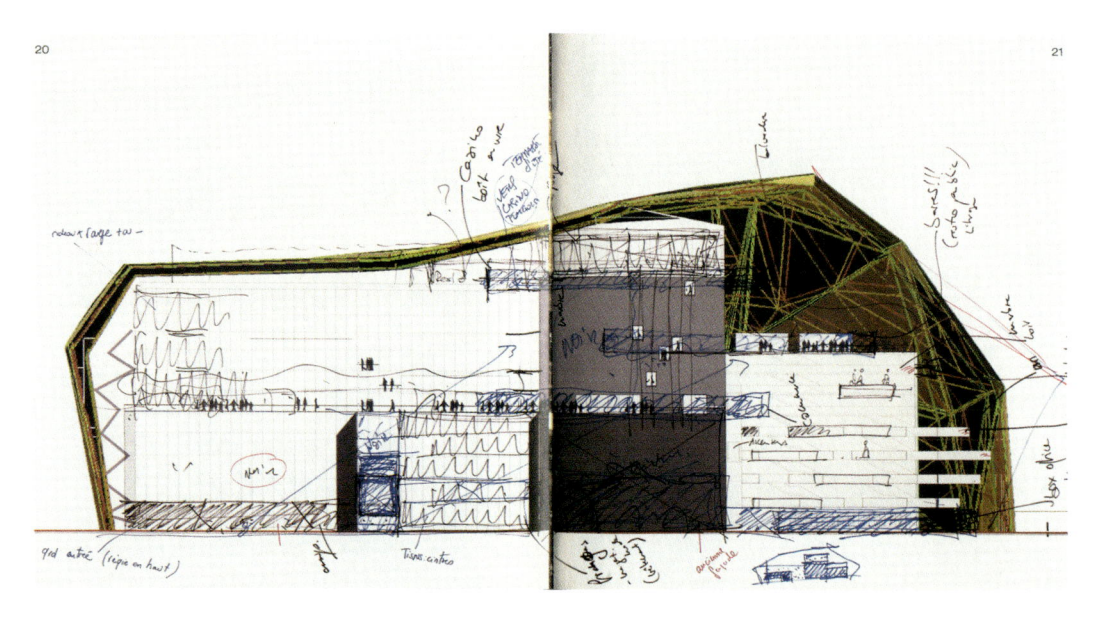

Preise sind Verhandlungssache. Lassen Sie sich deshalb mindestens zwei Angebote machen. Legen sie Wert darauf, dass das Grafikbüro die Produktion bis zur Drucklegung betreut.
Man kann Broschüren auch als Baustein eines umfassenden PR-Pakets von einer PR-Agentur herstellen lassen. Diese sollte jedoch Erfahrungen im Bau- und Architektursektor haben.

Layout, Typografie und Ausstattung – die wichtigen Entscheidungen
Wenn Sie die Gestaltung von Broschüren, Projektdokumentationen und Ähnlichem planen, sind im Vorfeld einige grundlegende Entscheidungen zu treffen. Sie dienen dazu, die Form der Broschüre aus Zweck und Anspruch abzuleiten, die mit der Publikation verfolgt werden sollen. Das kommunikative Konzept wird dabei zum Ausgangspunkt für die Entscheidung über Duktus, Layout und Ausstattung.

Basis-Entscheidungen
- Beabsichtigter Zweck der Broschüre? Wer soll Ihre Zielgruppe sein? Häufig ist es einfacher zu bestimmen, wer nicht die Zielgruppe sein soll.
- Hoch- oder Querformat? Wahl eines gängigen oder unkonventionellen Formats? Verlangt der geplante Inhalt, also etwa Größe und Format der Bilder, ein bestimmtes Format?
- Zweisprachiger Text?

Duktus
Der Duktus von Büchern, Internetseiten oder Visitenkarten leitet sich aus dem Zusammenspiel zahlreicher Elemente ab: der Hintergrundfarben, dem Stil der Grafiken und aus der Typografie, also der Art und Verteilung der Schrift im Layout.
Der mit diesen Mitteln erzielte Duktus ist äußerlicher Ausdruck des Images, das Sie kommunizieren möchten. Das Profil eines Architekturbüros wird durch sein Corporate Design dann gut vermittelt, wenn es mit der Architektur korrespondiert: Ein eher bodenständiges, konservatives Bauverständnis korrespondiert mit einem traditionellen, ruhigen Duktus, demonstrative Modernität findet ihren Ausdruck idealerweise in einem dynamischen Layout und modernen Schriften.

Zu entscheiden sind unter anderem folgende Fragen:
- Zielt die Publikation auf die sachliche Darstellung einer Dienstleistung oder verlangt sie nach der anspruchsvollen Aufmachung eines Bildbandes?
- Welche Art von Modernität will man in den Unterlagen signalisieren?
- Welche Elemente der bisherigen Bürounterlagen sollen übernommen werden, welche nicht? Die Büroinhaber sollten sich mit der Außendarstellung voll identifizieren können.

Layout
Das Layout bestimmt die Anordnung von Bildern und Texten auf einer Seite. Im Normalfall lässt sich eine Seite als Rasterstruktur auffassen. Das Raster, das – sichtbar oder im Hintergrund – dieser Ordnung zugrunde liegt, ist mit architektonischen Achsen vergleichbar.

Innerhalb der verfügbaren Fläche sind bestimmte Felder dem Text und andere den Kopf- oder Fußzeilen, Bildern, Marginalien etc. vorbehalten. Der Satz bestimmt die Weise, wie die Schrift auf einer Seite verteilt ist, beispielsweise als Block oder im Flattersatz.
Die wichtigsten Grundmuster sind:

- ▶ Einspaltig mit oder ohne Marginalie
- ▶ Mehrspaltiger Satz: Er bietet komfortablere Lesbarkeit, weil die Zeilen relativ kurz sind
- ▶ Anordnung von Texten und Bildern in einem festgelegten Rastersystem oder frei komponiert und variabel?
- ▶ Art des Satzes: Blocksatz oder Flattersatz?

Typografie

Die Typografie betrifft sämtliche Gesichtspunkte des Gestaltens mit Schrift. Auch die Schrift hat einen Duktus, der ihren Ausdruck und ihre Wirkung bestimmt. Durch langjährige Gewöhnung an die Anlässe, bei denen Schriften Verwendung finden, sind mit bestimmten Schriften je unterschiedliche Assoziationen verknüpft. Frakturschrift steht zum Beispiel für die „gute alte Zeit", zugleich wirkt sie gemütlich bis bieder.

Sogenannte serifenlose (schnörkellose) und groteske Schriften wirken schlicht und dynamisch. Doch nicht nur die Schriftart selbst, sondern auch die Buchstabengröße, die Abstände zwischen den Zeilen, die Laufweite der Buchstaben und das gewählte Papier beeinflussen die Wirkung der Typografie. Die Kombination mehrere Schriftarten setzt eine Sensibilität dafür voraus, ob sie miteinander harmonieren, was wiederum von zahlreichen Faktoren abhängt.

Zu entscheiden ist unter anderem über:

- ▶ Den gewünschten Schrifttypus und die Schriftgröße – ausschlaggebend sollten dabei nicht nur der angestrebte Duktus, sondern auch die Leseeigenschaften der Schrift sein
- ▶ Standardschriften oder modifizierte Typografie (erhöhte Laufweite, schmalere Laufweite, „light"-Schriften)
- ▶ Verwendung fetter oder kursiver Schriften
- ▶ Enger oder weiter Zeilenabstand, Breite des Satzes

RICHTSCHNUR

Gekonnte Typografie erfordert viel Erfahrung im grafischen Metier. Wer nicht über entsprechende Vorkenntnisse verfügt, tut gut daran, mit wenigen, unkomplizierten Schriften innerhalb eines klaren Ordnungsmusters zu hantieren. Eine ausgezeichnete Einführung in die Grundlagen typografischer Gestaltung bietet folgender Titel: Hans Peter Willberg, Friedrich Forssman: Erste Hilfe in Typografie, Mainz 2000; www.typografie.de.

Ausstattung

Die Ausstattung von Publikationen ist abhängig von der Frage, zu welchem Anlass sie hergestellt werden, wer ihr Adressat ist und ob eine erweiterbare Form beabsichtigt ist. Nicht zuletzt spielt auch das verfügbare Budget eine Rolle. Wesentlich sind folgende Faktoren:

- ▶ Gewünschte Art der Bindung/Heftung
- ▶ Fortlaufend erweiterbar oder nicht (hat ebenfalls Einfluss auf die Art der Bindung)?
- ▶ Abheftbar oder nicht?
- ▶ Verwendetes Papier und seine Stärke
- ▶ Material der Einbandoberfläche (haptische Wirkung)
- ▶ Präsentation aus variabel kombinierbaren und erweiterbaren Bausteinen (beispielsweise in Form einer Basismappe, in die variierbare Module eingefügt werden)?
- ▶ Soll eine Leitfarbe zum Einsatz kommen?
- ▶ Vierfarbiger oder einfarbiger Druck?

RICHTSCHNUR

Achtung Tippfehler! Schade um die teure Broschüre, wenn sie aus der Druckerei kommt und ihre Texte voller Fehler sind! Bevor Sie Broschüren, Postkarten etc. in Produktion geben, setzen Sie sich mit den ausgedruckten Texten ohne Zeitdruck in eine stille Ecke und gehen Sie diese Satz für Satz durch. Besonders ergiebige Fehlerquellen sind Adressangaben, die Schreibweise von Namen, Internetadressen und Ähnliches. Wenn die Texte durch mehrere Hände gehen (Co-Autoren, Grafiker etc.), erhöht das die Fehlerwahrscheinlichkeit deutlich.

Regeln für gelungene Büroexposés und Imagebroschüren

- ▶ Handlich und strapazierfähig
- ▶ Inhalte sind schnell und leicht erfassbar
- ▶ Problemlos erweiterbar und aktualisierbar
- ▶ Profil zeigen: Es geht darum, die Arbeit des Büros als spezifische, nicht austauschbare Leistung darzustellen.
- ▶ Bei der Konzeptentwicklung eine klar definierte Zielgruppe ins Auge fassen
  Bitte beachten
- ▶ Unkommentierte Auflistungen von Wettbewerbserfolgen, Projekten etc. sind dem Dialog mit dem Adressaten Ihrer Unterlagen abträglich.
- ▶ Das Layout muss ein spannungsvolles, aber übersichtliches Zusammenspiel von Bildern und Texten ermöglichen.
- ▶ Texte laienverständlich gestalten
- ▶ Bitte auf formale und sprachliche Grundregeln achten (Rechtschreibung, Überschriftenhierarchie, Einzüge, siehe dazu → Baustelle Text)
- ▶ Knappe Daten zur Büroausstattung sind wünschenswert

Corporate Design

Während der Begriff der Corporate Identity das Selbstverständnis, die „Identität" meint, die ein Unternehmen zum Leitthema seiner Marketing-Aktivitäten macht, so ist das Corporate Design die äußere Form, die das Image transportiert und in der die Corporate Identity ihren Ausdruck findet. Demzufolge sollte auch jedes Element des Corporate Designs als Ausdruck der Büroidentität begründbar sein. Zum Corporate Design gehören die bei der Gestaltung von Flyern, Geschäftspapier, Büroportfolios und Visitenkarten sowie bei Internet-Auftritten eingesetzten Farben, Schriften und schließlich das Layout, mit dem die einzelnen Elemente zusammengeführt werden. Zweckmäßigkeit und Originalität sind dabei Trumpf.

Häufig kommt der Farbe eine Schlüsselstellung zu – als „Leitfarbe" ist sie das wiederkehrende Element in allen Veröffentlichungen eines Unternehmens. In abgeschwächter Form gilt das auch für die Schrift. Viele Architekturbüros verwenden nicht nur für ihren Namenszug, sondern auch für Unterlagen, die das Haus verlassen, eine oder zwei festgelegte Schriften: die Büroschrift.

Bei großen Unternehmen schon seit Ende des 19. Jahrhunderts gebräuchlich, sind Logos im Feld der Architektur – insbesondere bei kleineren Büros – jedoch meist nur rudimentär ausgeprägt: Ein charakteristischer Schriftzug, meist der Firmenname, ergänzt durch bestimmte Farben und grafische Elemente. Beispiel für ein einfaches Logo, im Werbedeutsch „Wort-Bild-Marke" genannt, ist der in einer festgelegten Schrift gedruckte Namenszug. Häufig wird er zur Hervorhebung durchgehend in Versalien (Großbuchstaben) geschrieben, z.B. BÖTZOW & BIBER ARCHITEKTEN UND PLANER oder in Kleinbuchstaben, ein Einfall der „Bauhäusler", etwa jäger + wolf architekten.

Ein Corporate Design ist dann geglückt, wenn seine Elemente harmonieren und es im Duktus zum Büro und dessen Arbeit passt. Die folgenden Beispiele stehen exemplarisch für die Bandbreite der gestalterischen Möglichkeiten, Profil und individuelle Handschrift von Architekten mit Mitteln des Corporate Designs zu kommunizieren. Sie sollten aber nicht als Patentlösungen verstanden werden, die ohne Weiteres übertragbar sind. Jedes Architekturbüro muss die Präsentationsmedien, die Farbe und die Schrift herausfinden, die am besten zur eigenen Arbeit passen; erst nach einiger Zeit des Tüftelns, Probierens und Verwerfens gelangt man zu einem überzeugenden Ergebnis.

Klaus Theo Brenner, Berlin

Corporate Design: Prof. Klaus Theo Brenner, Architekten;
Dirk Biermann, Grafiker; Harald Weller, Typograf
Internet-Auftritt: Büro Klaus Theo Brenner

Klaus Theo Brenner sieht sich einem rationalistischen Architekturverständnis verpflichtet. Seine Vorliebe gilt einer elementaren Architektur aus homogenen, geschlossenen Körpern und wohl verteilten Öffnungen. Diese Ästhetik der Reduktion versteht er als zeitgemäßes Anknüpfen an den architektonischen „rationalismo" norditalienischer Prägung. Dennoch sind seine Bauten in ihrer ästhetisch überhöhten Kargheit jedem Traditionalismus fern. Seine Bücher zur Stadtarchitektur und seine Collagen begleiten Klaus Theo Brenners Arbeit als Architekt.

Korrespondierend zum Brennerschen Architekturverständnis ging es darum, zu einem Corporate Design zu finden, das Modernität mit einer konservativen Note verbindet – wobei das Konservative für Brenners Skepsis gegenüber dem demonstrativ Modernistischen und Modischen steht.

Das Corporate Design entwickelte das Büro Klaus Theo Brenner selbst, in punktueller Zusammenarbeit mit einem Grafiker und einem Typografen.

Wie in der Architektur war Brenner an einer einfachen, grafisch zugleich exklusiven Schrift gelegen. Er fand sie in der Akzidenz Grotesk, einer 1898 entwickelten serifenlosen Linear-Antiqua, die auf den ersten Blick der Helvetica ähnelt. Allerdings verleiht ihr der Ursprung als Serifenschrift mehr Individualität, die sich sehr gut mit der klassischen Strenge einer Antiqua-Schrift verbindet.

Klaus Theo Brenner geht bei der Gestaltung seiner Bücher, Bürounterlagen und Visitenkarten von einem einfachen Prinzip aus: Ausgangspunkt jeden Layouts ist die leere Fläche. Das Layout ergibt sich alleine aus der Anordnung von Schrift oder Bildern auf dieser Fläche, auf weitere grafische Elemente wird verzichtet. Das Logo bildet der Schriftzug KLAUS THEO BRENNER - unter bewusstem Verzicht auf das Wort Architekt und Brenners Professorentitel. Die sorgfältig gestalteten – und anfangs noch auf mechanischen Buchdruckmaschinen gesetzten – Broschüren und Bücher bilden typografisch die Entsprechung zu Brenners Wertschätzung einer zugleich handwerklichen und künstlerischen Arbeitsweise.

Die Internetseite des Büros (www.klaustheobrenner.de) ist ruhig und nüchtern, der Architekt ließ sie betont übersichtlich als langrechteckiges Fenster gestalten. Die HTML-Präsentation ist nur durch wenige Flash-Elemente ergänzt, damit nichts vom Inhalt, den Texten und Architekturbeispielen ablenkt. Dabei wird die Gelegenheit genutzt, den grafischen Anspruch des Büros an ausgewählten Beispielen zu demonstrieren.

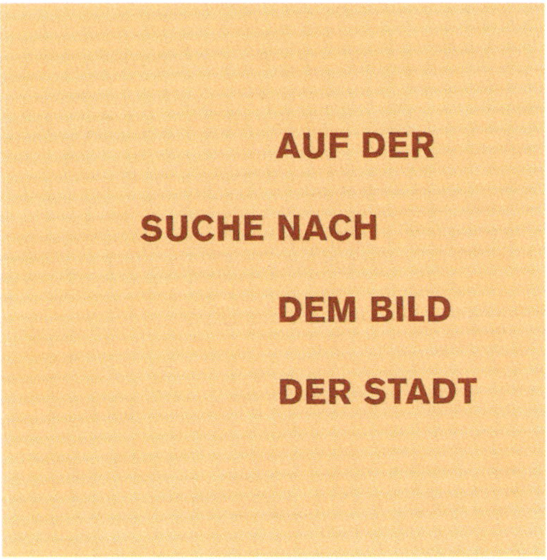

AUF DER SUCHE NACH DEM BILD DER STADT

Der Block

Eine Visitenkarte, eine Postkarte und thematische Veröffentlichungen des Büros Klaus Theo Brenner – der zeitlose Duktus der Akzidenz Grotesk, gedruckt auf farbigem Karton, bestimmt das Erscheinungsbild des Büros.
Unten: Doppelseite aus **Der Block**
rechte Seite: Das rationalistische Architekturverständnis Brenners findet Entsprechung in minimalistischen Illustrationen vor farbigen Hintergründen.

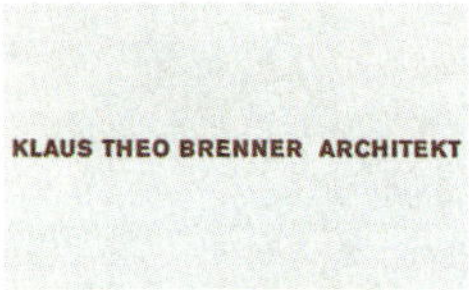

Städtisches Wohnpalais

Passagenhäuser am Niederwall   Perspektive

schneider+schumacher, Frankfurt am Main

Corporate Design: Thomas Feicht, Agentur Trust, Frankfurt/M.
Internet-Auftritt: Quandl Design und Kommunikation, Frankfurt/M.

Mitte der neunziger Jahre waren die beiden Frankfurter Architekten Till Schneider (Foto rechts) und Michael Schumacher die Entdeckung der jungen deutschen Architekturszene: Sie beeindruckten durch eine geradlinige, unkonventionelle Architektur von konstruktiver Raffinesse. Internationale Bekanntheit und den wirtschaftlichen Durchbruch brachte dem Büro schneider+schumacher 1996 die sogenannte „Info-Box", ein temporärer Informationspavillon auf dem Leipziger Platz: ein knallroter, langrechteckiger Kubus auf Stelzen, in dem sich Berliner und Touristen über die Pläne für den neuen Potsdamer Platz informieren konnten.
Die Info-Box ist längst verschwunden, schneider+schumacher haben sich inzwischen zum Großbüro mit zeitweilig mehr als 50 Mitarbeitern entwickelt. Der Erfolg mit der Info-Box veranlasste die Architekten, ihr bekanntestes Gebäude zum Ausgangspunkt ihres Corporate Designs zu machen. Die RAL-Farbe 30/20, mit der die Außenhaut der Info-Box lackiert war, wurde zur Leitfarbe erkoren. Sie bildet die leuchtende Basisfarbe von Visitenkarten und Imagebroschüren und bestimmt auch die Internet-Präsentation des Büros. Sogar der Empfangstresen des Frankfurter Büros ist eine Miniatur-Ausgabe des schwebenden Kubus vom Leipziger Platz.
Bei dem Schriftzug „schneider+schumacher" verzichtete man auf Großbuchstaben. Die Kleinschreibung, erklärt Michael Schumacher, solle den Logo-Charakter stärken und signalisieren, dass die Namen in erster Linie für das Team und seine Leistungen stehen, nicht so sehr für die Gesellschafter als Personen.
Die Architekten sind bekannt für eine konstruktiv ausgeklügelte, dabei zugleich ausdrucksvolle architektonische Modernität. Sie findet auf der Internet-Seite www.schneider-schumacher.de ihre Entsprechung: Bei aller Originalität hat die Seite hohe ästhetische Qualitäten, und ihre inhaltlichen Aussagen gehen zwischen den sich öffnenden und schließenden Info-Fenstern nicht verloren.

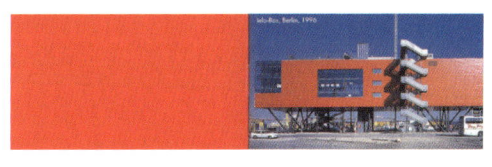

Die Imagebroschüre des Büros schneider+schumacher (oben links) ist kaum größer als eine Visitenkarte. Das Rot der Info-Box am Potsdamer Platz wurde zur Leitfarbe für Visitenkarten, Postkarten und Broschüren des Büros. In der Mitte: Themenheft der Zeitschrift **Build** zum Büro schneider+schumacher

Ihre Werke dokumentieren Hild und K auf farbigen Leporellos, für die ein fester Karton Verwendung findet. Das übrige Corporate Design des Büros wird von schwarzer und grauer Schrift auf weißem Grund bestimmt. Rechts: Bücher zu Projekten des Büros, rechts Mitte: das Briefpapier.

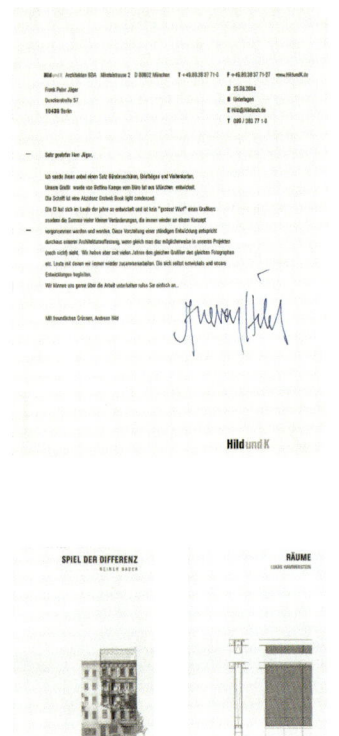

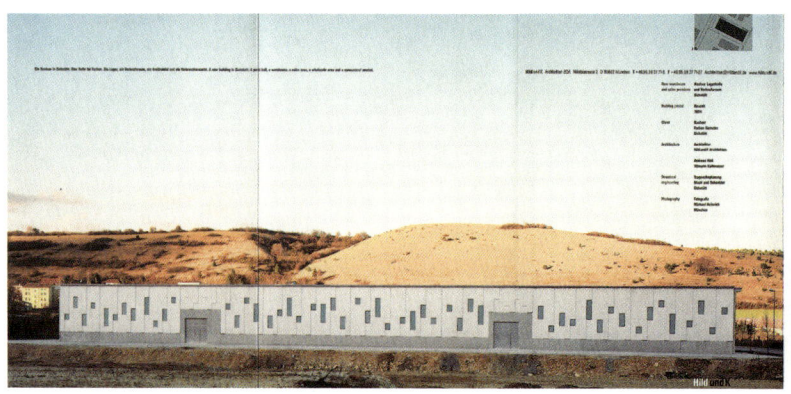

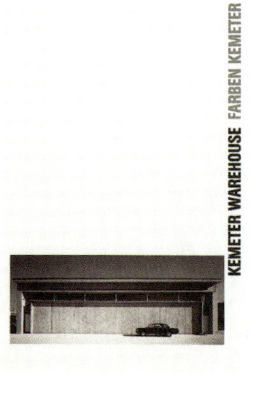

Hild und K Architekten, München

Corporate Design: Bettina Kampe, Büro T.A.F./Hild und K, MünchenInternet-Auftritt: Andreas Kretzer, München

Im Jahre 1992 gründeten Andreas Hild und Tilmann Kaltwasser in München das Architekturbüro Hild und Kaltwasser. Es dauerte nicht lange, bis die Werke der Architekten – zunächst kleinere Umbauten, ein ländliches Wohnhaus und ein Farbenlager – in der Fachpresse begeisterte Anerkennung fanden. Das Duo galt schnell als experimentierfreudige Avantgarde unter den süddeutschen Architekten – vor allem durch seinen unkonventionellen Umgang mit Materialien, Licht und Ornament.

Nach dem Tod des Partners Tilmann Kaltwasser im Jahr 1998 begann Andreas Hild behutsam, das bisherige Corporate Design umzugestalten. Als neue Büroschrift wählte er, wie Klaus Theo Brenner, die Akzidenz Grotesk, allerdings in der Version light condensed. Aus Hild und Kaltwasser wurde „Hild und K" – wobei „Hild" schwarz gedruckt ist „und K" in hellgrau. Der Schriftzug ist zugleich das neue Logo des Büros. Seit 1999 ist Dionys Ottl Partner von Andreas Hild.

Das bisherige Werk des Büros wird bestimmt von einer klaren und effektvollen Formensprache, einer Architektur, die bei aller Sachlichkeit nie dogmatisch wirkt. Zu dieser architektonischen Haltung passt ein Corporate Design, das nüchtern ist, auf den Punkt kommt, zugleich aber Spielräume gewährt für Raffinesse im Detail.

„Die CI hat sich im Laufe der Jahre entwickelt (...) und ist die Summe vieler kleiner Veränderungen, die immer wieder am Konzept vorgenommen wurden und werden", meint Andreas Hild.

Das Design des Büros bezieht seine Wirkung aus formaler Stringenz und einer Eleganz, die nicht zuletzt in den verwendeten hochwertigen Materialien ihren Ausdruck findet. Die fertig gestellten Projekte dokumentiert man, kombiniert mit kurzen Texten, auf vierfarbigen, sorgfältig layouteten Leporellos im Format DIN A4. Die Basisinformationen zum Büro (Viten der Inhaber, Projekte, Mitarbeiter, Ausstattung etc.) sind übersichtlich in einem Datenheft zusammengefasst. Werden mehrere Projektportfolios versandt, findet dafür eine edle stahlgraue Mappe Verwendung. Auf ihrer Innenklappe tritt der Schriftzug „Hild und K" als Monogramm aus dem Karton.

Visitenkarten, Briefbögen und Kurzmitteilungen werden auf altweißes, festes Papier gedruckt. Die Architekten produzieren im Eigenverlag und mit wechselnden Autoren von Zeit zu Zeit fast bibliophil ausgestattete Taschenbücher zu ausgewählten Projekten.

Der Internet-Auftritt www.hildundk.de wird von den drei Farben grau, weiß und schwarz beherrscht und ist übersichtlich strukturiert. Die Internetseite (Stand November 2004) wartet im Übrigen mit einer interaktiven Flash-Animation auf, die bei unvorsichtigen Mausbewegungen des Besuchers eine rasante grafisch-räumliche Dynamik entfaltet.

Architektur und Internet

Das Web als Werbemedium
Nach wie vor ist es strittig, welche tatsächlichen Möglichkeiten ein Internet-Auftritt für Architekten im Rahmen von Marketing und Akquisition bietet. Zwar ist die Meinung verbreitet, eine eigene Internetseite sei als Medium unternehmerischer Selbstdarstellung und Büropräsentation heute Standard. Nicht wenige Architekten, die eine eigene Seite ins Web gestellt haben, beklagen jedoch (oft hinter vorgehaltener Hand), der Webauftritt sei eine vertane Investition, da auf diesem Weg keine potentiellen Kunden, sondern lediglich Kollegen auf Jobsuche oder Firmen auf das Büro aufmerksam würden, die ihrerseits ein Produkt verkaufen wollten. Zudem müsse man Internetauftritte häufig aktualisieren.
Diese Einwände lassen sich nicht ohne weiteres abtun. Allerdings wird auf den zweiten Blick deutlich, dass jedes Argument gegen das Internet auch eine positive Kehrseite hat oder sich zumindest entkräften lässt: Der Zwang zur Aktualisierung wandelt sich leicht in einen Vorzug – weil er dazu zwingt, die eigenen Bürounterlagen diszipliniert und kontinuierlich zu überprüfen; dadurch ist man auch „offline" immer auf dem neuesten Stand.
Zweifellos steht jedoch außer Frage, dass das Internet als Akquisitionsmedium praktisch ohne Bedeutung ist. Es dient im Zusammenhang mit der Akquise vielmehr als digitales Büroportfolio, das für Kunden und Partner parallel zu persönlichen Kontakten mit dem Architekten jederzeit abrufbar ist.
Das Internet ist ein junges Medium – und es blieb nicht aus, dass in den Jahren des Booms sehr viele Fehler bei seiner Verwendung unterliefen. Im Kern besteht der Schwachpunkt von wirkungslosen (weil belanglosen oder verwirrenden) Internet-Seiten meist darin, dass sie zwar technisch einwandfrei laufen, der Eigengesetzlichkeit des Mediums aber nicht ausreichend Rechnung tragen. Es fängt damit an, dass Internet-Nutzer ungeduldiger sind als die Konsumenten anderer Medien: Sie sind nur durch leicht erfassbare, übersichtliche Informationen – am besten mit unmittelbarem Nutzwert – bei Laune und auf einer Seite zu halten.

Projektreferenz auf der Internet-Seite von Hild und K – Innenansicht eines Parkhauses

Dabei liegen die Vorzüge einer Internet-Seite – auch gegenüber traditionellen Werbemedien wie Flyern, Imagebroschüren usw. – auf der Hand:
- Sie bietet die Möglichkeit, zu jeder Zeit an jedem Ort gezielt Informationen abzurufen.
- Ein Webauftritt verursacht keinerlei Druck- und Versandkosten und ist mit geringem Aufwand aktualisierbar; die laufenden Betriebskosten sind gering.
- Internet-Seiten sind flexibel erweiterbar und beliebig mit anderen Seiten verlinkbar.
- Bei einer Internet-Seite ist es im Gegensatz zu anderen Medien allgemein akzeptiert und üblich, mit Mitteln der Suggestion zu arbeiten – eine solche Gestaltungsweise hat deswegen auch nicht den Beigeschmack von Aufdringlichkeit. Man darf den „Besucher" mit Charme überrumpeln und mit visuellen Effekten begeistern – ein effektvoller und gewinnender Internet-Auftritt erlaubt es, potentielle Kunden auf der emotionalen Ebene anzusprechen.
- Eine Internetseite ist ideal dazu geeignet, eine große Menge an Informationen und Daten öffentlich zugänglich zu machen.
- Durch die Möglichkeit, über Links und Suchmaschinen auf Ihre Seite zu gelangen, können sich Kontakte ergeben, die sich über Ihren persönlichen Kontaktradius wahrscheinlich nie ergeben hätten.
- Interessenten können sich „unbemerkt" ein Bild von Ihnen und Ihrem Angebot machen, fühlen sich nicht unter Zugzwang.
- Mit Hilfe von Mailing-Aktionen können potentielle Kunden auf die Seite gelotst werden.

Im Gespräch: Barbara Schlei und Sebastian Hebler, koelnarchitektur.de

Im Jahre 2000 gegründet, hat sich das Kölner Internetportal koelnarchitektur.de mittlerweile zur hochfrequentierten Kommunikationsplattform entwickelt, die aus der rheinischen Architekturszene nicht mehr wegzudenken ist. Die Seite informiert über Themen, Termine und Veranstaltungen aus der regionalen Architekturszene. Daneben dokumentiert die Redaktion aktuelle Architekturdiskurse und bietet umfassende Informationen zur Architektur und Stadtplanung in Köln.

Ist das Internet eigentlich ein architekturadäquates Medium?

BS: In jedem Fall. Internet und Architektur passen bestens zusammen. Beides sind ja visuelle Medien. Zwar kann man Architektur nicht haptisch erfahrbar machen – ihre räumliche Wirkung im Prinzip aber schon.

SH: Der Einsatz dreidimensionaler digitaler Techniken ist grundsätzlich möglich. Allerdings wird das Internet zurzeit zu 90 Prozent nur zweidimensional genutzt. Die Darstellung von Text kombiniert mit Bildern in Form von „digitalen Broschüren" ist der Standard – aus rein pragmatischen Gründen: Zum einen, weil die Herstellung von Text-Bild-Seiten mit weniger Aufwand und Kosten verbunden ist. Zum anderen sind die Datenmengen dreidimensionaler Dateien immer noch eine Überforderung der Internetleitungen.

Was sind die größten Fehler, die Architekten bei der Gestaltung ihrer Internet-Auftritte machen können?

SH: Vor allem in der Konzeptionsphase fehlt häufig der Blick für die Ziele einer Website – unter anderem, weil das Bild der anvisierten Zielgruppen noch zu diffus ist. Bevor hier keine Klarheit besteht, braucht man mit der Gestaltung gar nicht anzufangen. Ist das Projekt erst einmal online, scheitern viele am eigenen Aktualisierungsanspruch. Websites müssen gepflegt werden und dafür muss Arbeitszeit eingeplant werden. Deshalb ist eine gute Konzeption und Planung das A und O.

Was unterscheidet Architekten von anderen Betreibern von Internetseiten?

SH: Architekten fällt der Rollenwechsel vom Auftragnehmer zum Auftraggeber sehr schwer. Sie wollen am liebsten alles selbst machen, und deshalb fällt es ihnen schwer, Entscheidungskompetenzen an die Web-Designer abzugeben oder sich intensiv mit den Gesetzmäßigkeiten des Mediums auseinander zu setzen. Doch das Internet setzt strukturelle und gestalterische Rahmenbedingungen, die es zu beachten gilt. Wer sie ignoriert, läuft Gefahr, das Thema zu verfehlen.

Was nervt euch an schlecht gemachten Internet-Seiten?

BS: Wenn sie nicht nutzerfreundlich sind, wenn die Seiten zu verspielt sind, wenn ich fliegenden Bildern hinterher rennen und Menüpunkte erst einfangen muss und nicht das finde, was ich suche – obwohl ich weiß, dass es irgendwo versteckt ist. Aber das ist meine Sicht der Dinge, oder wie wir hier in Köln sagen würden: „Jeder Jeck is' anders". Je nach gewünschter Zielgruppe darf eine Website so oder so sein. Grundsätzlich bleibt es aber dabei: Sie sollte die gewünschte Wirkung beim Nutzer erzielen und nicht Selbstzweck sein, also vor allem jenen gefallen, die sie entwickelt haben.

Gehören Flash-Animationen heute einfach dazu? Oder geht es auch ohne?

SH: Flash oder nicht Flash? Das ist eigentlich nicht die Frage. Natürlich kann man eine Website komplett auf der Basis von Flash produzieren, oder diese Technik gezielt nur dort einsetzen, wo man mit statischen Gestaltungselementen nicht mehr weiter kommt. Man kann aber auch ganz darauf verzichten. In der Abwägung für den einen oder anderen Ansatz sollte man gemeinsam mit Leuten vom Fach prüfen, was man mit seiner Internet-Seite erreichen will. Im Kern geht es um die Fragen: Wie will ich gesehen werden? Wen will ich erreichen? Wen vielleicht ganz bewusst nicht? Welches Budget steht mir zur Verfügung? Am Ende eines solchen Abwägungsprozesses kann man zu dem Schluss kommen, dass man eine flashbasierte Website macht – oder aber zum Beispiel eine auf einem Content Management System aufbauende Technologie nutzt.

In welchen Abständen sollte eine Internet-Seite aktualisiert werden?

BS: Wenn es keine aktuellen Nachrichten zu verwalten gibt, mindestens alle sechs Monate, noch besser aber in dreimonatigem Abstand. Ein offensichtlich veralteter Internet-Auftritt wirkt schlimmer als gar keiner.

Wann lohnt sich die Anschaffung eines Content Management Systems?

BS: Mit einem Content Management System verwaltet man Inhalte. Wer nur ein- bis zweimal im Jahr seine Website aktualisiert, braucht womöglich gar kein solches System. Für koelnarchitektur.de nutzen wir ein Content Management System, weil wir regelmäßig Termine, Texte und allerhand andere Daten verwalten müssen. Bei kleineren und mittleren Projekten – und das trifft sicher für viele Architekten-Websites zu – reicht der Einsatz eines einfachen Systems mit wenigen Funktionen aus. Ohnehin ist es wichtiger, Kräfte und Ressourcen in eine ideenreiche Konzeption zu investieren. Die Technik sollte zum Konzept passen, nicht umgekehrt!

Was sind sinnvolle Inhalte eines Web-Auftritts von Architekten?

BS: Die Darstellung des Leistungsspektrums, der gebauten und geplanten Projekte, Veröffentlichungen, ein „FactSheet" mit Adressdaten, Anfahrtsskizzen und Telefonnummern würde ich zur grundlegenden Online-Geschäftsausstattung zählen. Darüber hinaus ist es wichtig, dass der Architekt auch persönlich seinen Kopf hinhält, also in Text und Bild greifbar ist. Die Branche ist doch stark von Personen abhängig. Ein Foto und die Vita des Architekten sagen mindestens genauso viel über das Büro und seine Haltung aus wie die Leistungsschau gebauter Häuser. Denn: Ein Bauherr will wissen, mit wem er es zu tun hat.

Wie ist das Internet als Instrument der Akquisition einzuschätzen?

SH: Sicher wird kein Bauherr nach einem ersten Besuch einer Website einen Auftrag per E-Mail erteilen. Für das Produkt „Architektenleistung" kann die Website nur ein Faktor unter mehreren sein. Die Hauptchancen, Aufträge zu erhalten, bleiben immer noch der persönliche Kontakt, die Überzeugungskraft in Präsentationen und Planungsterminen, der Preis etc. Wichtig wird eine Website dann, wenn man potentielle Kunden vor oder nach einem ersten persönlichen Kontakt darauf verweisen kann. Die problemlose Verfügbarkeit von Vorinformationen macht Gespräche immer leichter.

Wann trägt eine Seite den Interessen ihrer Besucher bestmöglich Rechnung?

SH: Ein Leitbegriff der Internet-Szene ist ja nach wie vor die „Usability", was meint, dass die Seite absolut mit Blick auf ihre Nutzerfreundlichkeit hin konzipiert und gestaltet werden sollte. Einfachheit und Klarheit in der Gestaltung, Verständlichkeit und Prägnanz in den Texten und übersichtliche Menüs sind dafür der sichtbare Ausdruck. Denn man muss sich immer wieder klar machen: Ein Nutzer, der nicht zurechtkommt oder dem die Seite Rätsel aufgibt, ist schnell wieder verschwunden. Die Wirkung einer Website ist dann gleich Null.

RICHTSCHNUR

Der Gestaltung oder Überarbeitung des eigenen Internet-Auftritts sollte eine begründete Entscheidung vorausgehen, was das Ziel der Website ist, wozu sie dienen soll. Die konzeptionellen Weichen müssen ganz am Anfang gestellt werden. Dabei tauchen immer die gleichen Fragen auf: Wie sehe ich mich? Wie will ich gesehen werden? Wen will ich erreichen? Wen vielleicht ganz bewusst nicht? Welches Budget steht mir zur Verfügung?
In der Abwägung für den einen oder anderen Ansatz sollte man gemeinsam mit einem Webgestalter genau prüfen, was man mit einer Website erreichen will.

Websites
Uwe Morell

Nichts liegt näher, als eine Homepage als Alternative oder Parallelmedium zu einem Büroportfolio zu nutzen. Der einzig beachtenswerte Unterschied zwischen der inhaltlichen Gestaltung von Broschüren und Internetseiten ist die Tatsache, dass eine Homepage noch schneller als eine Broschüre durchgeblättert wird und demzufolge noch mehr Informationen enthalten muss, die zwischen zwei Klicks in wenigen Zehntelsekunden erkannt und aufgenommen werden. Das zwingt dazu, verstärkt auf grafische Mittel zu setzen und prägnant und sparsam zu texten.

Orientieren Sie sich nicht an der Mehrzahl von Homepages anderer Kollegen. Was die Konkurrenz fast durchweg vermissen lässt, ist – einmal mehr – wirkliche Kundenorientierung. Fast alle mir bekannten Homepages von Architekten dienen ausschließlich deren Selbstdarstellung.

Sachliche Informationen zu bestimmten Bauthemen oder gar Kundennutzen in Form von interaktiven Informationsangeboten oder einer umfassenden Darstellung der eigenen Leistung aus Kundensicht heraus („….das tun wir für Sie…") finden sich dagegen nur äußerst selten. Warum hebe ich diese Tatsache so deutlich hervor? Ganz einfach: Eine Seite, die nur der Selbstdarstellung dient, ist für Ihr Marketing wenig wert. Niemand, der Ihr Büro nicht zuvor bereits auf anderem Wege kennen gelernt hat, wird auf die Idee kommen, nach Ihrer Seite zu suchen. Sobald Ihre Seite dagegen Kundennutzen (beispielsweise kundenorientierte Informationen) aufweist, haben Sie die Möglichkeit, PR für Ihre Seite zu machen und damit über das Internet auf Ihr Büro aufmerksam zu machen. Zudem wird die Seite auch für Betreiber anderer Internet-Seiten als Linkangebot attraktiv.

Ein Weg, attraktiven Informationswert zu schaffen, besteht darin, Links auf interessante Seiten anderer Anbieter zu legen. Ihre Seite kann dann für Informationssuchende ein „Tor" zum Thema „Bau" oder „Architektur" bilden.

> ► Sie könnten auf Ihrer Homepage Links zu Verordnungs- und Gesetzestexten, zu den baubezogenen Daten des statistischen Bundesamtes, zu Vergleichsseiten zum Thema „Baufinanzierung" und zu vielen anderen Seiten legen. Über Ihre Homepage könnte direkt auf eine große Menge sonst schwer auffindbarer Informationen zugegriffen werden.

Der Vorteil eines solchen Informationsangebotes besteht darin, dass Sie über die zur Verfügung gestellten Informationen Kompetenz ausstrahlen, ganz nach dem Motto „Wenn er schon die Arbeitsstättenverordnung auf seiner Homepage hat, dann wird er sich in Bauvorschriften ja ganz gut auskennen." Sie schmücken sich, was im Internet ja gar nicht selten ist, mit den Federn anderer.

Eine weitere Möglichkeit: Sie stellen selbst Daten bereit, die an keiner anderen Stelle im Netz zu finden und für den Kunden von hohem Wert sind. Das macht ihre Seite einzigartig.

Versuchen Sie aber nicht, Ihr Wissen in sogenannten „geschützten Bereichen" exklusiv für Nutzer bereit zu stellen, die sich vorab anmelden müssen. Kein Mensch meldet sich im Internet freiwillig an, nur um ein paar gute Informationen zu erhalten. Veröffentlichen Sie vielmehr die gesammelte Erfahrung Ihres Büros, um beim Kunden einen kompetenten Eindruck zu hinterlassen.

In der Informationsgesellschaft gilt der Satz „Kannibalisiere Dich selbst, bevor es ein anderer tut!". Beurteilen Sie selbst, ob andere Büros Ihr veröffentlichtes Wissen und Ihre Kompetenz tatsächlich weiterführend anwenden könnten.

Fast alle Kollegen vergessen, dass nicht jeder Auftraggeber eines Architekten vor Beauftragung weiß, was dieser alles für ihn tun kann, wie breit das Leistungsspektrum eines Architekten ist. Scheuen Sie sich daher nicht, auch im Internet sowohl Ihr Basisangebot (Grundleistungen nach HOAI) als auch Ihr spezielles Dienstleistungsangebot vorzustellen.

- ▶ Sie könnten auf Ihrer Seite einen interaktiven Fragenkatalog für einen bestimmten Gebäudetyp (Einfamilienhaus, Industriehalle...) installieren, in dem Sie über Erfahrung und Kostensicherheit verfügen. Durch die Eingabe bzw. Auswahl einiger Parameter und die Angabe der gewünschten Objektgröße ließen sich Lösungsmöglichkeiten für den Entwurf und sonstige Tipps (beispielsweise Baustoffauswahl) für potentielle Bauherrn erhalten.

Mögliche Informationsinhalte Ihrer Homepage:
- ▶ „Thema des Tages", Inhalte aus der Arbeit des Büros, die von allgemeinem Nutzen sein können, gespeist aus einer vorher angelegten Datenbank
- ▶ Downloadmöglichkeiten für Verordnungen, Gesetze, Grundrissbeispiele, eigene Fachartikel, Kostendatenbanken...
- ▶ Interaktiver Baukostenrechner auf der Grundlage des Raumprogramms/Flächenbedarfs
- ▶ Online-Grundstücksangebote (von Drittanbietern)
- ▶ Grundstücks-Preisdatenbank
- ▶ Leitfaden/Workshop für „werdende Bauherrn"
- ▶ Angebot von architektengeführten Rundgängen durch Altstädte, Bürogebäude, örtliche Baudenkmäler ...
- ▶ Kalender mit Ankündigung aktueller Bürotermine (Bürofrühstück, Tag der offenen Tür u.a.) und allgemeiner Termine (architektur- bzw. branchenspezifisch)

Bauen Sie den Inhalt und die textliche Gestaltung Ihrer Homepage aus der Sicht Ihres potentiellen Kunden auf und bedenken Sie dabei, dass Ihr Auftraggeber von morgen heute noch überhaupt nichts über Sie und Ihr Büro weiß, während er sich Ihre Homepage ansieht. Vergegenwärtigen Sie sich die Fragen, die der Interessent sehr wahrscheinlich hat und beantworten Sie diese Fragen auf Ihrer Homepage.

Was ein potentieller Auftraggeber (wahrscheinlich) über sie wissen will:
- ▶ Sind diese Architekten/Planer für meine Aufgabe überhaupt kompetent?
- ▶ Können sie Kosten und Termine einhalten?
- ▶ Wer sagt mir, dass sich dieses Büro meiner Aufgabe engagiert annimmt?
- ▶ Ist das Büro vertrauenswürdig – oder kungelt es hinter meinem Rücken mit Baufirmen oder Lieferanten?
- ▶ Was haben diese Architekten bisher gemacht, welche Referenzen nennen sie?
- ▶ Sind sie eher „Techniker" oder verstehen sie sich vor allem als Baukünstler?
- ▶ Wo kann ich sie erreichen?

Mit den Aussagen auf Ihren Seiten sollten Sie nach Möglichkeit auf alle wichtigen Fragen des potentiellen Auftraggebers eine Antwort geben.

Besucher kommen wieder – wenn es Neuigkeiten gibt
Sollen Besucher nochmals oder gar regelmäßig zu Ihrer Seite zurückkehren, gilt es, kontinuierlich neue Inhalte zu bieten. Die fortlaufende Aktualisierung einer Homepage ist jedoch

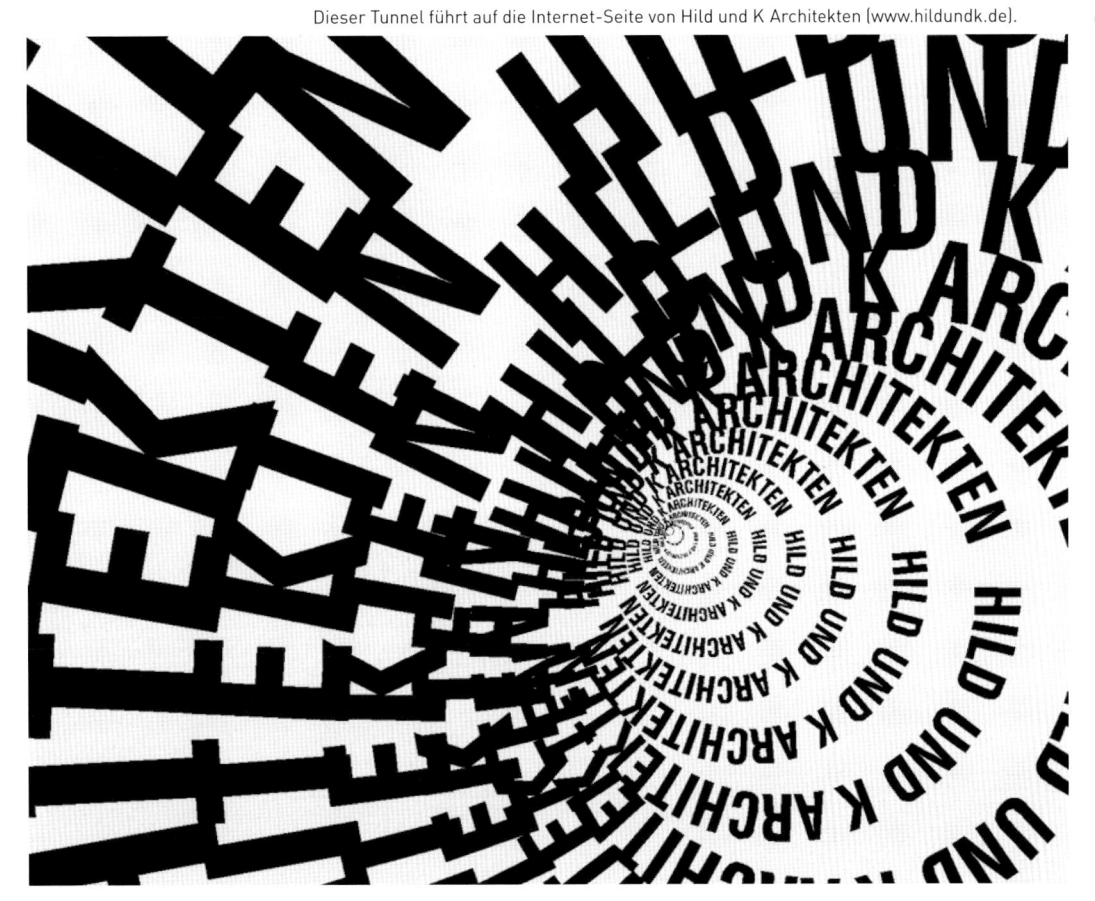

Dieser Tunnel führt auf die Internet-Seite von Hild und K Architekten (www.hildundk.de).

mit hohem Aufwand verbunden. Um diesen Aufwand zu minimieren, können Sie mit zwei einfachen, aber wirksamen Tricks arbeiten: Stellen Sie aktuelle Inhalte Dritter auf ihre Seite, oder aber blenden Sie – täglich oder wöchentlich wechselnd – einen Tipp oder ein Motto aus einer vorher abgelegten Datenbank beim Start Ihrer Seite ein („Baukostenoptimierung: Aktuelle Tipps und Trends"). Wenn die Tipps wirklich gut sind, werden interessierte Nutzer Ihre Seite regelmäßig besuchen und sie beschert ihnen damit hervorragende Chancen zum Aufbau neuer Kundenbeziehungen.

Die Gestaltung von Internetseiten
Bei der Gestaltung Ihrer Seiten eröffnen sich nahezu unbegrenzte kreative Freiräume. Dennoch gibt es ein paar gestalterische Grundregeln, die man unter allen Umständen beachten sollte, um eine Seite so kundenfreundlich wie möglich zu gestalten. Professionelle Web-Gestalter kennen diese Regeln. Das gestalterische Basiswissen sollte auch Ihnen als Auftraggeber vertraut sein. Nachfolgend die wichtigsten Hinweise:

Internet-Auftritt von Hild und K Architekten, München:
Startseite, Sitemap (oben) und Projektporträts

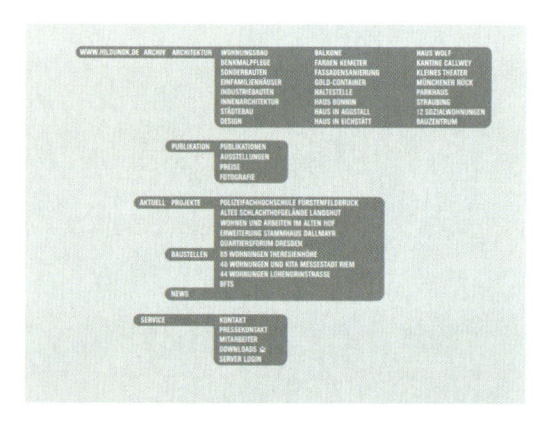

Orientierung und Struktur

Die Texte ihrer Seiten sollten komprimierte Information bieten und allgemein verständlich sein. Das Medium Internet wird mindestens ebenso schnell „durchgeblättert" wie eine Illustrierte. Demzufolge sollten Ihre Seiten nicht mit Texten überfrachtet sein. Alle Seiten sollten in einer Art Verzeichnisstruktur, die im linken oder oberen Fensterbereich angeordnet ist (**sidebar**) auf jeder einzelnen Seite Ihres Gesamtangebotes angezeigt werden. Der Nutzer sollte, beispielsweise durch eine andersfarbige Hinterlegung der Verzeichnisanzeige, stets erkennen können, wo er sich gerade in Ihrem Angebot befindet. Außerdem sollte auf jeder Seite an derselben Stelle eine Gelegenheit bestehen, wieder zur Startseite zurückzufinden („Home"-Button). Diese Funktion ist sinnvoll, wenn Ihr Nutzer sich einmal verirrt hat oder technische Probleme beim Seitenwechsel aufgetreten sind.

Bilder und Grafiken

Die Anforderungen an die grafische Qualität von Bildern auf Internet-Seiten sind sehr gering, Bilder mit einer Auflösung von 70 bis 120 dpi sind durchaus ausreichend.
Je größer Bilder sind und je größer ihre Auflösung (die Anzahl der Bildpunkte auf der Fläche, Maßeinheit dpi), desto größer werden die zu ladenden Dateien. Bedingt durch die relativ geringe Übertragungsgeschwindigkeit benötigen große Bilddateien eine vom Nutzer als quälend langsam empfundene Ladezeit. Ein Grund mehr, sich bei der Auswahl von Bildern – zum Beispiel von verwirklichten Projekten – auf wenige wirklich aussagekräftige Fotos zu beschränken: Für jedes zusätzliche Bild auf der Seite sollte es einen triftigen Grund geben. Achten Sie außerdem darauf, dass alle eingescannten Pläne, Logos usw. auch am Bildschirm deutlich und scharf sichtbar sind.

Geschwindigkeit

Eine der größten Schwierigkeiten bei der Gestaltung von Internetseiten liegt darin, dass sie einerseits grafisch aufwändig aufbereitet sein müssen, um ansprechend zu wirken, andererseits aber nach extrem kurzen Ladezeiten zur Verfügung stehen sollen.
Grafische Elemente benötigen – je nach Art der Gestaltung und der verwendeten Programme – sehr viel Speicherplatz, was sich in langen Ladezeiten beim Seitenaufbau niederschlägt.

Um die Geduld ihrer „Besucher" nicht übermäßig zu strapazieren und einen schnellen Seitenaufbau zu erreichen, gibt es folgende Möglichkeiten:
- ▶ Die Verwendung derselben Grafiken an mehreren Stellen
- ▶ einfarbige Hintergründe
- ▶ Bilder, die sich schnell, aber zunächst unscharf aufbauen
- ▶ Bilder, die sich aus mehreren nacheinander geladenen Teilbildern puzzleähnlich zusammensetzen
- ▶ gezielte Ladereihenfolge der zu übertragenden Informationen
- ▶ Reduzierung der Anzahl von Grafiken pro Seite
- ▶ Verzicht auf Klang und Animationen

RICHTSCHNUR

Der Aufbau einer Website sollte keinesfalls länger als 2,5 Sekunden dauern! Um dieses Ziel zu überprüfen, sorgen Sie dafür, dass der Gestalter Ihrer Website seine Zwischen-Arbeitsstände im Internet einstellt, damit Sie die Aufbaugeschwindigkeit der Seiten tatsächlich realistisch beurteilen können.

Die Startseite

Die Startseite, ihre Homepage, ist diejenige Seite, auf der ein Interessent landet, wenn er Ihre Internetadresse (URL, **uniform ressource locator**) eingibt. Diese Seite sollte eine Kurzbeschreibung oder zumindest assoziative Aussagen zu Ihrer Dienstleistung (gegebenenfalls auch Bilder) enthalten, damit jedermann sofort entscheiden kann, ob Ihr Angebot seinen Vorstellungen entspricht.

Auf Ihrer „Heimatseite" (Homepage) sollten alle folgenden Seitenangebote (mindestens der ersten Hierarchieebene), die Sie zur Verfügung stellen, als Auswahl erkennbar sein. In der Regel geschieht dies durch den bereits erwähnten **sidebar**, der die Seitenebene kenntlich macht, die der Startseite nachgeordnet ist.

Links

Sofern Sie Links zu Seiten anderer Anbieter legen, sollten Sie diese Seiten in einem neuen Browserfenster darstellen lassen, um den Nutzer nicht „auf Nimmerwiedersehen" an eine andere Seite zu verlieren.

Das sollten Sie bei der Gestaltung Ihrer Seiten beachten:

Seitendarstellung:	▶ Optimiert für 1024 x 768 Pixel
	▶ Möglichst nur soviel Information pro Seite, wie am Bildschirm sichtbar ist
Grafische Darstellung:	▶ optisch ansprechend
	▶ wenige, komprimierte Texte mit viel Kundennutzen
	▶ **sidebar** und Menüleiste für bessere Übersicht
	▶ „Home"- Button auf allen Seiten
Grafische Elemente:	▶ ausreichende Qualität (Schärfe) von Scans
Geschwindigkeit:	▶ schneller Seitenaufbau (höchstens 2,5 Sekunden)
Externe Links:	▶ nur in neuen Browserfenstern, da dem Surfer sonst der Kontakt zu Ihrer Seite verloren geht
Multimedia:	▶ besser nicht, wenn Sie nicht gerade Spezialist sind oder für die nächsten Monate eine echte Herausforderung suchen

RICHTSCHNUR

Beobachten Sie Ihr eigenes Verhalten, wenn Sie im Netz unterwegs sind. Finden Sie heraus, auf welchen Seiten Sie verweilen und welche Seiten Sie sofort wegklicken; versuchen Sie, die Gründe dafür festzustellen. Gehen Sie davon aus, dass viele andere Internetnutzer ganz ähnlich gestrickt sind wie Sie selbst und ähnliche Erwartungen hegen wie Sie.

Domainnamen und Webadressen

Eine bestimmte Adresse, unter der Informationen im Internet abgespeichert sind und die aus dem gesamten Netz unter derselben Kennung erreicht werden kann, wird als Domäne oder Domain bezeichnet.

Internetadressen sind von hinten nach vorne aufgebaut. Zunächst gibt die so genannte Top-Level-Domain an, um welches Land oder welche Organisation es sich bei einer Internetadresse handelt. Als Top-Level-Domain werden die zwei bis drei Buchstaben nach dem letzten Punkt bezeichnet. Die gebräuchlichsten Top-Level-Domains in Deutschland lauten .de, .com (für: „commercial", gewerblich) .org, (für: gemeinnützige Organisation) und neuerdings auch .tv oder .info.

Obwohl auch in Deutschland immer mehr Seiten unter der Endung .com oder .org firmieren, ist nach wie vor zu Länderkennungen zu raten, also .de, .at (Österreich) oder .ch (Schweiz), denn unter diesen Endungen wird man sie am ehesten suchen.

Der Teil des Domainnamens, der links vom letzten Punkt steht, also beispielsweise „dreiplus" bei www.dreiplus.de) wird als Second-Level-Domain bezeichnet. Dieser Teil des Namens ist im Prinzip frei wählbar, jedoch wird jede Kombination aus Second-Level- und Top-Level-Domainname weltweit nur einmal vergeben. Sie sind also gefordert, erster zu sein und sich Ihren Wunschnamen zu sichern, bevor das jemand anderes tut. Gemäß der Internet-Konvention sind andere Zeichen als Buchstaben, Ziffern und der Bindestrich in Domainnamen nicht zulässig.

Sofern die Schreibweise Ihres Namens nicht eindeutig ersichtlich ist, sollten Sie sich mehrere Domainnamen mit allen möglichen Schreibweisen sichern (in unserem Fall: www.dreiplus.de; www.3plus.de; www.3-plus.de; www.drei-plus.de).

Je länger Ihr Domainname, desto größer ist die Wahrscheinlichkeit von Tippfehlern bei der Eingabe, demzufolge sollte Ihr Domainname kurz, jedoch nicht kryptisch sein.

Ihr Domainname sollte die folgenden Anforderungen erfüllen:
- ▶ noch nicht vergeben
- ▶ einprägsam
- ▶ kurz
- ▶ assoziativ
- ▶ keine Sonderzeichen
- ▶ häufigste Schreibweise und möglichst mehrere Domains für alternative Schreibweisen

Sobald Sie Ihren Domainnamen erobert haben, sollten Sie dafür sorgen, dass Ihre Seite auch bei den großen Suchmaschinen angemeldet wird. Eine Seite im Netz ist immer nur so gut, wie die Chance, sie auch zu finden!

E-Mail-Adressen
Geläufige und leicht einprägsame Standard-Adressen sind beispielsweise contact@IhrBüro.de, info@IhrBüro.de, und webmaster@IhrBüro.de. Mindestens eine dieser Adressen sollte man im Sinne echter Kundenfreundlichkeit anbieten. Sorgen Sie außerdem dafür, dass jeder Mitarbeiter, der in Ihrem Büro Kontakte zur Außenwelt unterhält, auch eine eigene E-Mail-Adresse bekommt.

Was sollte Ihr Provider leisten?
Es ist empfehlenswert, die Vertragsbedingungen und Leistungsversprechen der einzelnen Provider genauer zu untersuchen. Lassen Sie sich Referenzkunden bezüglich der Geschwindigkeit und des Service verschiedener Provider benennen, bevor Sie sich vertraglich binden.
Ihr Provider sollte Ihnen die Domänenanmeldung sowie die Erstanmeldung und regelmäßige Überprüfung Ihrer Anmeldung bei allen großen und gängigen Suchmaschinen (wie beispielsweise google.de, yahoo.de, altavista.de) bieten. Weiterhin sollte er über eine qualifizierte Hotline verfügen, die Sie im Falle von Problemen oder Änderungen an Ihrer Homepage unkompliziert erreichen können.

Selbermachen oder delegieren?
Zur Beantwortung dieser Frage sei eine Gegenfrage gestattet: Was denken Sie über Häuser, die von Programmierern oder Webdesignern entworfen und geplant wurden?
Falls Sie nun zu dem Entschluss kommen, die Dienste eines Web-Gestalters in Anspruch zu nehmen: Im Folgenden sind die wichtigsten Fragen und Stichpunkte benannt, die Ihnen helfen können, sich von der Kompetenz Ihres Internetdienstleisters zu überzeugen.

Was Sie mit Ihrem zukünftigen Webdesigner besprechen sollten:
Kompetenz und Profil des Anbieters
- ▶ Was ist nach Aussage des Webdesigners das Hauptargument für seine Agentur? Was unterscheidet sie von anderen?
- ▶ Was ist die Spezialität des Bewerbers?
- ▶ Hat er bereits Dienstleister/andere Planungsbüros betreut?
- ▶ Inwieweit unterscheiden sich die verschiedenen Referenzprojekte? Steht zu erwarten, dass Ihre individuellen Wünsche umgesetzt werden?
- ▶ Bietet der Webgestalter selbst auch grafische Dienstleistungen (Kommunikationsdesign) an bzw. kooperiert er diesbezüglich mit anderen Agenturen?
- ▶ Arbeitet der Anbieter mit einem professionellen Texter zusammen? (Im Zweifelsfall sollten sie sich Referenztexte zeigen lassen)

Architektur schwarzweiß

Heute ist es fast gang und gäbe, Architektur farbig zu fotografieren. Schwarzweiß scheint nahezu ausgestorben zu sein. Und das, obwohl das Wesentliche eines Bauwerkes reduziert auf die feinen Nuancierungen der Grautöne – und ohne Ablenkung durch kitschig blauen Himmel und üppiges Grün – besonders subtil herausgearbeitet werden kann.

Aber es gibt durchaus noch veritable Vertreter dieses Genres. Gabriele Basilico, Hélène Binet, Martin Charles und Klaus Kinold werden vor allem mit ihrem Schwarzweiß-Œuvre in Verbindung gebracht – was nicht bedeutet, dass sie sich nie mit der Farbe auseinander gesetzt hätten. Das gleiche gilt für Franz Wimmer, der für seine Serie von der Kunstsammlung Goetz, München, beim Wettbewerb architekturbild 1997 eine Anerkennung erhielt.

Fragen zur Gestaltung an den Webdesigner
- ▶ Wie sollte eine Dienstleistung nach Ansicht des Webdesigners visualisiert werden?
- ▶ Was hält der Bewerber für wichtig, um eine Premium-Marke zu visualisieren?
- ▶ Welche formalen und inhaltlichen Elemente schlägt der Webdesigner vor, um mit einer Homepage bei den Besuchern Vertrauen zu stiften, ohne dass Referenzen existieren? (wichtig für Bürogründer!)

Welche Vor- bzw. Zuarbeit können Sie für den Webdesigner leisten?
- ▶ Corporate Design (sofern bereits vorhanden)
- ▶ Logos, Bilder und Grafiken gescannt zur Verwendung durch Webdesigner
- ▶ Stellen Sie die Texte bereit oder soll für Sie getextet werden?
- ▶ Können Sie den Umfang der gewünschten Seiten bereits festlegen?
- ▶ Vorgabe zu Struktur und Inhalt der einzelnen Seiten
- ▶ Haben Sie konkrete Gestaltungsvorschläge zur Umsetzung, die Sie beispielsweise als Papiercollage zur Verfügung stellen können?

Vertragsbestandteile und Auftragsvoraussetzungen
- ▶ Überlassung der Urheberrechte an der Gestaltung und des Rechts, das vom Auftragnehmer erstellte Design weiterzuentwickeln
- ▶ Klarer Zeitrahmen für die Fertigstellung
- ▶ Während der Entwicklung: Einstellen der Arbeitsstände zur Abstimmung ins Netz
- ▶ Mindestens drei Alternativen für das Design (wenn nicht von Ihnen vorgegeben)

Internet-Auftritt von Klaus Theo Brenner, Berlin: Biografie des Architekten

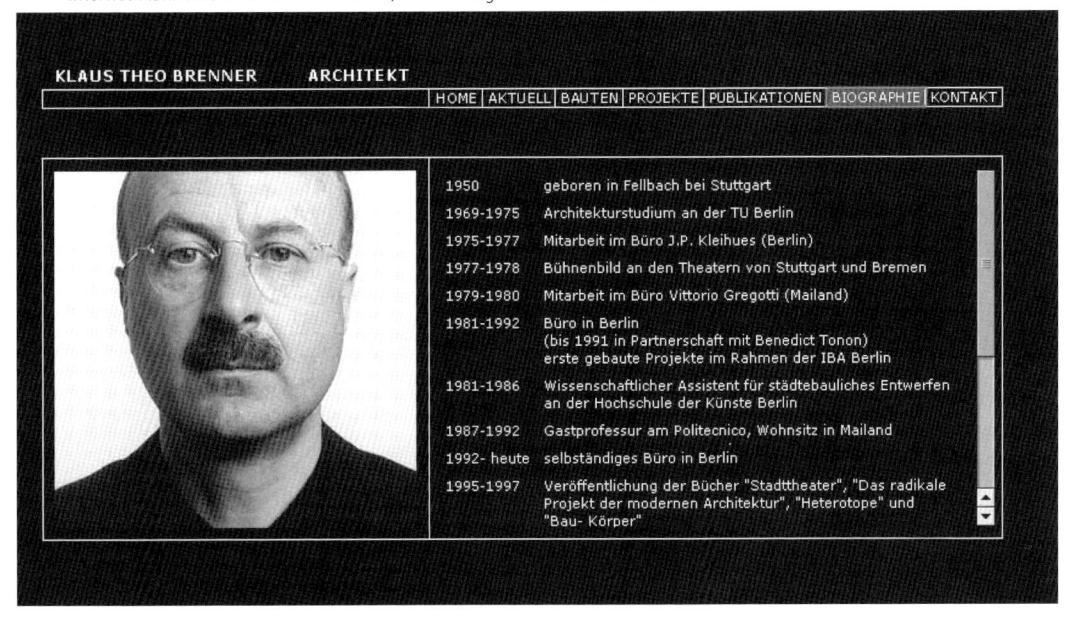

- Regelung der Nebenkosten (Was wird geltend gemacht, wie werden Nebenkosten vergütet?)
- Überlassung der kompletten Homepage auf CD, selbststartend zum Versand an Kunden ohne Webzugang und als Dokumentation für den Auftraggeber

RICHTSCHNUR

Was Sie gegen eine schlechte Besucherrate der eigenen Website tun können:

- Anmeldung bei sämtlichen bekannten Suchmaschinen mit den entsprechenden Suchbegriffen (vergessen Sie nicht Ihren Namen, Ihren Ort und alle (Spezial-) Begriffe, die mit Ihrer Tätigkeit in Verbindung gebracht werden können)
- Autoaufkleber mit Ihrer Internetadresse
- Erwähnen Ihrer Internet- und E-Mailadressen auf Briefbögen, Visitenkarten, Freistemplern usw.
- Ausdrückliche Erwähnung Ihrer Internetadresse zu Referenzzwecken in sämtlichen Akquisitionsbriefen und Angeboten
- Kleinanzeigen in Tageszeitung oder Branchenblättern ausschließlich mit Ihrer Internetadresse
- Links von anderen Homepages zu Ihrer Seite (geeignete Inhalte vorausgesetzt)
- Machen Sie die Tages- oder Fachpresse mit einer Pressemitteilung auf die Inhalte Ihrer Seiten aufmerksam (sofern Sie etwas inhaltlich Interessantes bieten; bei Tageszeitungen zum Beispiel die Seiten „Ratgeber Bauen" oder „Immobilien")

Internet-Auftritt von Klaus Theo Brenner: Projektporträt

Checkliste Internet

1. Mit Charme begrüßen
Wer Besucher höflich empfängt, nimmt ihnen erst einmal den Mantel ab, und bittet sie, Platz zu nehmen – anstatt sie gleich, nachdem sie zur Tür hereingekommen sind, ungefragt mit einer Unmenge von Informationen zu überschütten. Weshalb sollte diese Regel nicht auch für Internetseiten gelten? Der erste Eindruck ist der entscheidende. Machen Sie Ihren Besuchern den Weg durch Ihre Seite angenehm und stimulieren Sie ihre Neugier.

2. Zweck einer Seite
Welchen Zweck soll die Seite verfolgen? Soll sie lediglich eine bebilderte Visitenkarte im Netz sein, soll sie umfassend informieren oder gar den Charakter einer interaktiven Kommunikationsplattform haben? Jede Corporate Identity hat ein Leitmedium. Welchen Rang die Internetseite im Gesamtkonzept Ihrer Büropräsentation einnimmt, hängt neben anderem davon ab, ob Sie sie zu deren Leitmedium machen oder nicht. Abhängig von den Zwecken, die Sie mit der Seite verfolgen, gilt es, eine klare Entscheidung für eine kleine, mittlere oder ganz große Lösung zu treffen.

3. Im Dialog: Was habe ich davon? (WHID?)
Ein bei Internetseiten von Architekten verbreiteter Schwachpunkt ist, dass sie Selbstdarstellung zum Selbstzweck machen (Botschaft: „Wie wir uns sehen") und dabei das Heraus-

Der Web-Auftritt von schneider+schumacher Architekten, Frankfurt/M. – Team und Projektporträt

arbeiten des möglichen Kundennutzen (Botschaft: „Was wir Ihnen bieten können") zu kurz kommt oder ganz unterbleibt.

Wer Internetseiten besucht, ist auf der Suche nach ganz bestimmten Informationen, Daten oder Bildern – oder nach Unterhaltung. Seine Suchbewegung wird bestimmt von der unausgesprochenen Frage: „Was habe ich davon?" Anstatt die eigenen Erfolge herauszustellen, gilt es, die immer wiederkehrenden Fragen des Users klar und überzeugend zu beantworten: Um was geht es auf dieser Seite? Weshalb sollte ich sie mir näher anschauen? Was unterscheidet den Anbieter von seinen Mitwettbewerbern? Erfolgreiche Internetseiten machen sich die Interessen ihrer Besucher zu Eigen.

4. Inhalte kritisch auswählen

Bitte überfrachten Sie Ihre Seite nicht mit einem Wust von Bildern und Texten und auch nicht mit Eigenlob und irrelevanten Informationen: Eine Internetseite ist keine Materialsammlung, in die alles aufgenommen werden muss, was Sie jemals geleistet haben. Texte aus gedruckten Unterlagen sollten Sie keinesfalls unverändert ins Netz übernehmen, sondern auf ihre Quintessenz hin verdichten.

Fotos gehören nur dann ins Netz, wenn sie aussagekräftig und handwerklich gelungen sind. Für jedes einzelne Bild sollte begründet werden können, warum es unverzichtbar ist. Wer aus den verfügbaren Bildern kritisch auswählt, läuft auch nicht Gefahr, seine Besucher mit überlangen Ladezeiten zu nerven.

5. Mehrwert anbieten

Bieten Sie den Besuchern Ihrer Seite Mehrwert an, Mehrwert emotionaler oder praktischer Art. Es kann sich dabei um nützliche Informationen handeln, um eine kostenlose Bilderdatenbank oder eine Animation, die Freude macht. Ästhetisch fesselnde und informative Websites finden schnell Freunde und werden weiterempfohlen.

6. Aktualität

Eine veraltete Internetseite ist schlimmer als gar keine. Websites sollten im Idealfall alle drei Monate, mindestens aber halbjährlich aktualisiert werden – es sei denn, es ist wirklich überhaupt keine Veränderung eingetreten.

7. Links und Suchmaschinen

Letztlich entscheidet nicht die Zahl der Links über den Erfolg Ihrer Seite, sondern ob sie auch zu potentiellen Kunden führen. Wenn die Seite eines Architekturbüros mit einem Internetportal für Mediziner oder der Website eines Unternehmermagazins verlinkt ist, bringt das womöglich mehr als der Link zu einem Architekturportal. Allerdings sollte der Eintrag ins Verzeichnis der jeweiligen Architektenkammer (mit direktem Link zum Architekturbüro) selbstverständlich sein. Senden Sie den Betreibern von Suchmaschinen bei der Anmeldung Ihrer Seite Stichworte, die eng mit Ihrem Profil zusammenhängen (z.B. „Schwimmbadbau", „solares Bauen", „Dachgeschossausbau" usw.).

Im Dialog – Gesprächs- und Verhandlungsführung

Vertrauen und Sympathie wecken
Ungeachtet der Vielzahl möglicher Strategien für Akquisition und Kundenkommunikation lassen sich die Grundlagen erfolgreicher Kommunikation für die Anbieter freiberuflicher Leistungen auf eine überschaubare Zahl von Hinweisen eingrenzen. Die auf den folgenden Seiten zusammengestellten Thesen zu den Themen Präsentation, Rhetorik und informelle Kommunikation sind als Ermunterung zu verstehen, sich je nach Bedarf in eigener Regie vertiefend in die einzelnen Themen einzuarbeiten.
In Gesprächen zu überzeugen und Vertrauen zu wecken, gehört zu den soft skills („weiche Talente") des beruflichen Fortkommens, ohne die die „Hardware" von Marketing und PR – Broschüren, Internetseite, Pressearbeit, usw. wenig wert ist.

Präsentationen und Verhandlungen
Bei Präsentationen, Akquisitionsgesprächen und Verhandlungen steht häufig viel auf dem Spiel. Nicht alle Faktoren, die zu einer Entscheidung führen, lassen sich aktiv beeinflussen. Umso wichtiger ist es, dass Sie den Teil, den Sie in der Hand haben, optimal gestalten. Ausschlaggebend für den Erfolg von Gesprächen ist nicht alleine Ihre Kompetenz, sondern das, was davon auf der anderen Seite ankommt.
Das Vertrauen von unbekannten Menschen gewinnt man unter anderem, indem man ihnen aufmerksam zuhört. Statt ein Projekt vor einem Gremium zehn Minuten lang vorzustellen, kann man die Präsentation knapper fassen und stattdessen mehr Raum geben für Rückfragen.
Bei wichtigen Terminen ist es ratsam, ausreichende Zeitpolster einzuplanen – nicht zuletzt, weil das zwanglose Gespräch mit einzelnen Personen (zum Beispiel einem Mitglied des Bauausschusses) vor Beginn einer Sitzung Anhaltspunkte dafür liefern kann, womit man später in der großen Runde zu rechnen hat. Jedes Gespräch, das Sie mit einzelnen Gremiumsmitgliedern außerhalb der großen Runde führen, verbessert Ihre Position – weil Sie fortan für einen Teil Ihrer Gesprächspartner kein unbeschriebenes Blatt mehr sind.

Die wichtigsten Voraussetzungen für die erfolgreiche Wahrnehmung Ihrer Interessen in Akquisitionsgesprächen, Präsentationen und Verhandlungen lassen sich wie folgt zusammenfassen:

▶ **Ziele bestimmen, Ansprechpunkte notieren**
Vor jedem Termin empfiehlt es sich, Dinge, die man in diesem Gespräch klären möchte, aufzuschreiben. Auch das favorisierte Ergebnis sollte man zu Papier bringen, beispielsweise eine Honorar-Untergrenze. Bei Ihren Gesprächspartnern wird eine erkennbare Gesprächsvorbereitung den Eindruck von Professionalität hinterlassen.

▶ **Früh und ausgeruht ankommen**
Verhandlungs- und Präsentationstermine erfordern ein Maximum an Ruhe, Ausgeglichenheit und Konzentration: Man muss mit unerwarteter Kritik und Polemik rechnen und versuchen, sie schlagfertig zu parieren. Zugleich gilt es, alle Sinne auf das Verhalten der Gesprächspartner zu konzentrieren. So viel Präsenz verträgt sich nicht mit Stress und Hetze. Ein Zeitpuffer von 15 Minuten gewährleistet, dass Zeit bleibt, sich zu sammeln und dass zum Termin auch wirklich alle Pläne hängen.

Architekten mit klaren Konturen: Matthias Sauerbruch und Rem Koolhaas im Gespräch

▶ **Einstieg und Abstimmung**

Die ersten Minuten eines Gesprächs dienen dazu, sich auf sein Gegenüber einzustimmen und eine Idee von seiner momentanen Verfassung zu gewinnen: Abhängig davon, ob der/die andere gelöst und locker wirkt oder eher angespannt, gilt es, ihm die notwendige Zeit zu geben, im Gespräch anzukommen.

Wenn man sich zu Beginn über den zweckmäßigen Ablauf der Zusammenkunft verständigt, entsteht für beide Seiten eine effektive und partnerschaftliche Basis für das Gespräch.

▶ **Aufmerksam zuhören und hinschauen**

Erfolgreiche Kommunikation lebt von Sensibilität. Ob Sie vor einem voll besetzen Saal am Rednerpult stehen oder mit einem Auftraggeber im Restaurant sitzen: Das, was Sie zu sagen haben, darf Sie nicht daran hindern, die Stimmung der anderen Seite wahrzunehmen. Was spricht der Gesprächspartner an, woran liegt ihm? Hat mein Gegenüber noch ein Anliegen auf der Zunge, das er sich offenbar anzusprechen scheut?

▶ **Auftreten und Signale**

Auch wer gerade nichts sagt, kommuniziert fortwährend mit seiner Umgebung. Die nonverbalen Signale von Gestik, Mimik, Haltung und die gesamte Wirkung des persönlichen Auftritts sind nicht zu unterschätzen. Es gibt kein „richtiges" oder „falsches" Auftreten – wie Sie sich geben, ist schließlich Teil ihrer Persönlichkeit. Jedoch kann man bestimmte Eigenschaften je nach Anlass und Publikum stärker oder weniger stark hervortreten lassen.

▶ **Identifikationspotential anbieten**

Ein Akquisitionsgespräch gewinnt eine menschliche Note, wenn man zum passenden Zeitpunkt Dinge ins Spiel bringt, die Identifikationspotential emotionaler Art anbieten: Am Beginn oder in einer Pause kann man ein paar Worte über das eigene Kind verlieren, das gerade laufen lernt, oder über biografische Gemeinsamkeiten (Studium an derselben Uni o.ä.). Insbesondere Lokalkolorit und eine Dialektfärbung wirken Wunder beim Aufbau emotionaler Beziehungen.

▶ **Verständlichkeit**

Oft funktioniert Kommunikation ganz einfach deshalb nicht, weil der sachliche Inhalt Ihrer Botschaften nicht oder nur unvollständig angekommen ist. Auch eine Hypothek für die Beziehungsebene Ihres Dialogs: Kann Ihnen jemand nur eingeschränkt folgen, wächst die Frustration – woraufhin er/sie entweder abschaltet oder sich fachlich unterlegen fühlt. Beides ist Gift für den weiteren Gesprächsverlauf.

▶ **Umgang mit Kritik**

Begreifen Sie Kritik als willkommene Chance, Störfaktoren rechtzeitig zu erkennen. Scheuen Sie sich deshalb nicht, nach den Gründen für Einwände zu fragen und auch einmal nachzuhaken. Versuchen Sie zu allen an der Diskussion Beteiligten Blickkontakt zu halten und ihnen

Dialogbereitschaft zu signalisieren. Machen Sie es sich bitte immer wieder deutlich: Wenn jemand etwas an Ihrem Entwurf nicht passt, bedeutet das nicht automatisch, dass er etwas gegen Sie als Mensch hat oder Sie für einen schlechten Architekten hält!

▶ Ursachen für Vorbehalte klären
Wenn in Gremien für Sie nicht nachvollziehbare Kritik an Ihrem Projekt laut wird, kann sie auch sachferne Ursachen haben. In heterogenen Entscheidungsgremien (wie zum Beispiel Gemeindeausschüssen) werden häufig irrationale Stellvertretergefechte geführt: Was die eine Seite befürwortet, wird von der anderen prinzipiell abgelehnt. Wenn Sie ahnen, dass der Streit über Ihre Planung versteckte bzw. sachfremde Hintergründe hat, lautet die Strategie: Mit Nachdruck Sachargumente ins Spiel bringen und auf die Einwände Ihrer Kritiker eingehen.

Bei Akquisitionsgesprächen kommt den folgenden Gesichtspunkten besondere Bedeutung zu:

▶ Bedarfsermittlung
Das wichtigste Element von Akquisitionsgesprächen ist die Bedarfsermittlung: Aufmerksames Zuhören und gezielte Rückfragen sind der Weg, um ein klares und umfassendes Bild von den Wünschen des Auftraggebers zu erhalten. Ein Auftraggeber kann nur Vertrauen fassen, wenn er das Gefühl hat, dass Sie seine Wünsche und seine Situation verstanden haben.

▶ Büro-Präsentation
Die Präsentation des eigenen Büros ist nur ein Teil des Gespräches – in der Praxis wird sie oft viel zu weit ausgedehnt. Um das zu verhindern, sollte man ihr einen festen Rahmen geben, der Ihnen auch zeitliche Sicherheit gibt. Ein prägnanter Kurzvortrag von fünf Minuten beispielsweise ermöglicht Ihnen, sich umfassend darzustellen und trotzdem ausreichend Zeit für Fragen und Diskussionen zu lassen.

▶ Zeitdruck vermeiden
Verhandeln und Diskutieren unter Zeitdruck bringt Sie in die Defensive. Gelangen Sie zu dem Eindruck, Ihre Gesprächspartner versuchen künstlich Zeitdruck zu erzeugen, sollte Sie das misstrauisch stimmen. Wer „Torschluss-Panik" schürt, möchte den anderen zu einer übereilten und für ihn wahrscheinlich unvorteilhaften Entscheidung verleiten. Umso wichtiger ist es, dass Sie nicht Ihrerseits Zeitdruck erzeugen, indem Sie den Termin zu knapp planen.

Situation und Motive der Gesprächspartner in Erfahrung bringen
Wertvoll sind Informationen über Situation und Motive der anderen Seite, also beispielsweise die politischen (und faktischen) Machtverhältnisse in einer Kommune, in der man ein Gebäude verwirklichen will, oder die wirtschaftliche Situation eines potentiellen Bauherrn.

Wenn dessen Unternehmen beispielsweise so rasant expandiert, dass er eher gestern als heute eine neue Produktionshalle benötigt, haben Sie vergleichsweise gute Karten.

► Vereinbarungen treffen

Die Früchte Ihres Gesprächs sollten Sie und Ihre Gesprächspartner unbedingt ernten. „Wie wollen wir in diesem Punkt verbleiben?", lautet die Frage, deren Antwort eine für beide Seiten konsensfähige, klare Vereinbarung sein sollte. Sie kann von der Absicht zu einem weiteren Termin in einigen Monaten bis zur Unterzeichnung eines Vertrages gehen. Wie auch immer das Ergebnis aussieht, Sie sollten es deutlich ausgesprochen haben.

Der Kreative, der Pedant und der Macher – typusgerechte Kommunikation

Wer Temperament und Erwartungen seiner Gesprächspartner analysiert, versetzt sich dadurch in die Lage, bei Kundenkontakten die eigenen Aussagen und Verhaltensweisen möglichst gut auf die Persönlichkeit des Gegenübers abzustimmen.
Managementberater unterscheiden vier Verhaltenstypen. Indem Sie ihnen kommunikativ entgegen kommen, schaffen Sie die Grundlage für erfolgreiche Verhandlungen. Zu unterscheiden sind

Der dominante Typ: Er ist an schnellen Ergebnissen interessiert. Er ist extrovertiert und aufgabenorientiert (siehe Abbildung). D-Typen entscheiden gerne selbst und suchen Herausforderungen. Sie bevorzugen die direkte, klare Kommunikation. Mit Details halten sie sich nicht gerne auf. Opposition und Konkurrenz stellen für D-Typen eine willkommene Herausforderung dar.
Der initiative Typ: Er ist daran interessiert, Menschen zu begeistern und zusammenzubringen. Er ist extrovertiert und menschenorientiert. Damit I-Typen sich wohlfühlen, muss die Atmosphäre stimmen, und dazu tragen sie selbst maßgeblich bei. I-Typen helfen anderen gerne und sind sehr einfallsreich, dabei aber oft unstrukturiert. Beliebtheit und öffentliche Anerkennung sind für I-Typen sehr wichtig.
Der stetige Typ: Er ist an der Zusammenarbeit mit Menschen interessiert. Er ist introvertiert und menschenorientiert. S-Typen sind gute Zuhörer und sehr konzentriert bei der Arbeit. Um sich wohl zu fühlen, benötigen S-Typen die Sicherheit, dass bewährte Abläufe beibehalten werden. Wenn doch Änderungen eintreten, sollten sie nicht zu schnell erfolgen. S-Typen brauchen Anerkennung für geleistete Arbeit und klar geregelte Vorgehensweisen.
Der gewissenhafte Typ: Er ist an Genauigkeit und Qualität interessiert. Er ist introvertiert und aufgabenorientiert. G-Typen sind bereit und in der Lage, sehr präzise zu arbeiten. Entscheidungen treffen Sie jedoch erst dann, wenn die Faktenlage ihrer Ansicht nach umfassend ist. G-Typen fühlen sich wohl, wenn bewährte Verfahrensweisen beibehalten werden und die Qualität gesichert ist.

Typusgerechter Dialog

Vergegenwärtigen Sie sich Ihr bisheriges Verhalten im Umgang mit Kunden. Überlegen Sie sich daran anknüpfend, was Sie über Ihren Kunden und sein Verhalten wissen und notieren Sie sich seine Haupteigenschaften in Stichworten – und natürlich, welchem der vier genannten Typen er am ehesten entspricht. Vervollständigen oder korrigieren Sie die Einschätzung nach jedem weiteren Kontakt. Lassen Sie die auf den jeweiligen Kunden zugeschnittene Ansprache in den Brief- und E-Mailverkehr ebenso einfließen wie in Telefonate und persönliche Gespräche. Aufgrund der zu Gesprächsbeginn oder in früheren Gesprächen getroffenen Zuordnung eines Kunden ergeben sich die folgenden Handlungsoptionen:

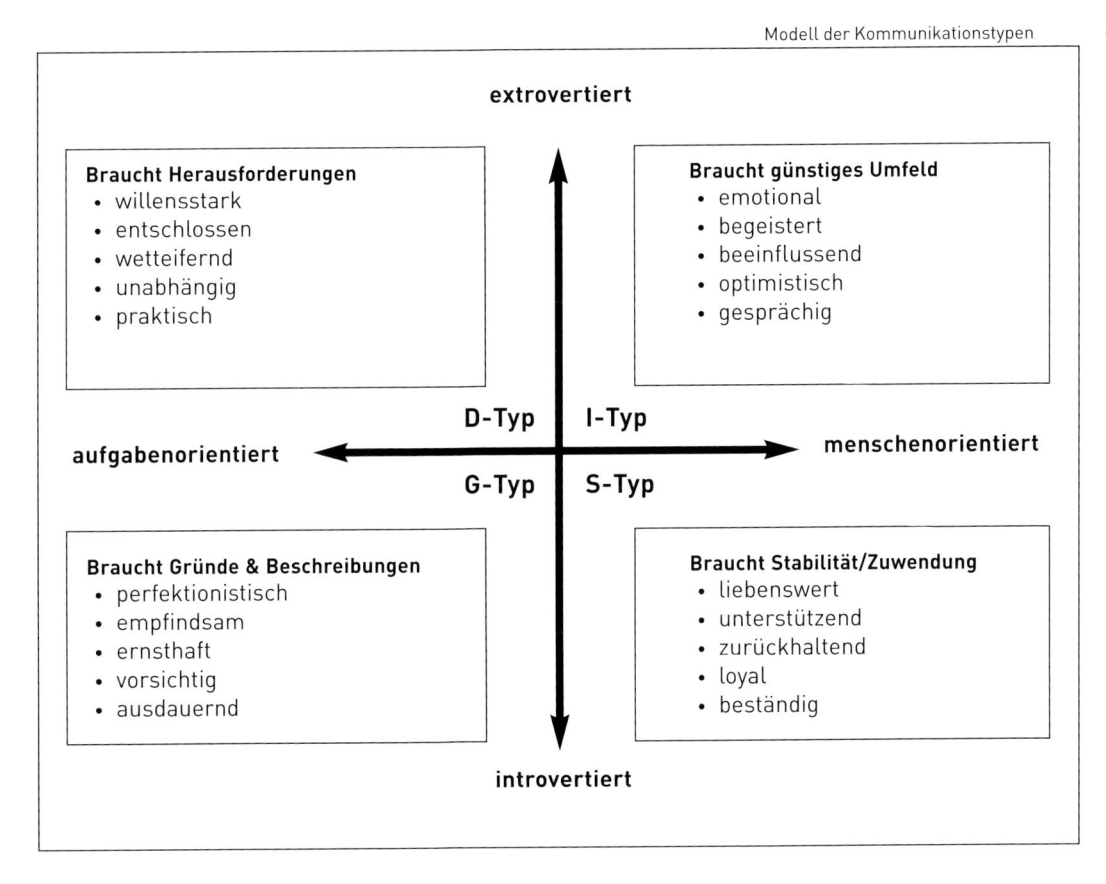

Modell der Kommunikationstypen

extrovertiert

Braucht Herausforderungen
- willensstark
- entschlossen
- wetteifernd
- unabhängig
- praktisch

Braucht günstiges Umfeld
- emotional
- begeistert
- beeinflussend
- optimistisch
- gesprächig

aufgabenorientiert ← D-Typ | I-Typ → **menschenorientiert**
G-Typ | S-Typ

Braucht Gründe & Beschreibungen
- perfektionistisch
- empfindsam
- ernsthaft
- vorsichtig
- ausdauernd

Braucht Stabilität/Zuwendung
- liebenswert
- unterstützend
- zurückhaltend
- loyal
- beständig

introvertiert

D-Typen

legen Wert darauf, dass andere direkt und geradeheraus sind und Verständnis für ihre Ergebnisorientiertheit zeigen.

Versuchen Sie,
- kurz und prägnant zu kommunizieren.
- Regeln und Erwartungen klar zu äußern.
- "D" die Initiative ergreifen zu lassen.
- Ihre Kompetenz zu zeigen.
- Zeitverschwendung zu vermeiden.

Machen Sie sich gefasst auf...
- die direkte und fordernde Art „D's".
- mangelndes Einfühlungsvermögen.
- wenig zwischenmenschliche Kontakte.

I-Typen

legen Wert darauf, dass andere freundlich und aufrichtig sind und ihre Beiträge anerkennen.

Versuchen Sie,
- zwanglos mit ihr/ihm umzugehen.
- "I" Gedanken und Gefühle ausdrücken zu lassen.
- Details schriftlich auszuhändigen.
- einzelne Leistungen öffentlich zu loben.

Machen Sie sich gefasst auf...
- Überzeugungs- und Beeinflussungsversuche.
- den Wunsch, im Rampenlicht zu stehen.
- die Überschätzung der eigenen Person oder auch anderer.
- empfindliche Reaktionen bei Ablehnung.

S-Typen

legen Wert darauf, dass andere entspannt und kooperativ sind und Anerkennung zeigen.

Versuchen Sie,
- logisch und systematisch zu handeln.
- "S" mitzuteilen, wie die Arbeit zu erledigen ist.
- echte Anerkennung zu zeigen.
- "S" seine/ihre Bedeutung für das Unternehmen zu zeigen.
- "S" Zeit zu geben, sich an Veränderungen zu gewöhnen.

Machen Sie sich gefasst auf...
- ▶ Skepsis gegenüber Veränderungen.
- ▶ bremsende Aktivitäten bei zu schnellen Veränderungen.
- ▶ den Wunsch nach besonderer Unterstützung bei der eigenen Umorientierung.

G-Typen

legen Wert darauf, dass andere so wenig geselligen Umgang pflegen wie möglich, Details zur Verfügung stellen und Genauigkeit schätzen.

Versuchen Sie,
- ▶ klare Erwartungen und Termine zu nennen.
- ▶ Verlässlichkeit und Loyalität zu zeigen.
- ▶ taktvoll und zurückhaltend zu sein.
- ▶ sich von Präzedenzfällen leiten zu lassen.
- ▶ genau und konzentriert zu sein.

Machen Sie sich gefasst auf...
- ▶ die Ablehnung vager oder zu allgemeiner Informationen.
- ▶ mehrfache und penible Überprüfung.
- ▶ einen ungeselligen Menschen.

(nach: **Marketing konkret**, Managementberatung der AK Hessen/Eisenschmidt Consult Crew GmbH, Wiesbaden/Kiel 2003)

Sich auf das Verhalten seiner Gesprächspartner einzustellen, bedeutet nicht, ihnen nach dem Mund zu reden. Vielmehr berücksichtigt man dadurch in der Kommunikation die Erwartungen, die unser Gegenüber bewusst oder unbewusst an uns hat.

Vorträge und Reden

Herzlichen Glückwunsch! Man hat Sie gebeten, in öffentlichem Rahmen einen Vortrag zu halten. Selbstverständlich sagen Sie zu – schließlich ist ein öffentlicher Vortrag eine hervorragende Gelegenheit, seine Kompetenz für ein bestimmtes Thema publik zu machen, er ist Marketing in Reinform. Eine sorgfältige Vorbereitung trägt dazu bei, dass Sie die Chance auch optimal nutzen – indem Sie dem Publikum durch einen strukturierten und in der Sache erhellenden Vortrag als kurzweiliger Redner in Erinnerung bleiben.

Architekten werden in ihrem Beruf in erster Linie mit zwei Formen von Reden konfrontiert, der sogenannten Informationsrede sowie der Präsentation. Eine dritte, vor allem in der Politik beheimatete Hauptform ist die Überzeugungsrede.

Wer Pläne und Projekte vor Gemeinderäten, Bauherrn, Unternehmensvorständen usw. vorstellt, muss mit den unterschiedlichsten Bedenken rechnen. Ein überzeugender Vortrag trägt viel dazu bei, anfänglicher Skepsis die Spitze zu nehmen. Der Erfolg ist gewiss, wenn es gelingt, die Zuhörer nicht nur auf der Sachebene, sondern auch emotional anzusprechen und ihnen dadurch die Identifikation mit dem eigenen Anliegen leicht zu machen.

Das Stichwortmanuskript

Ein gelungener Vortrag ist das Ergebnis guter Vorbereitung. Die notwendigen Wegmarken für einen freien Vortrag erhält man, indem man die wichtigsten Stichworte und die dazugehörigen Verben in einem Stichwortmanuskript zusammenstellt. Die Verben bleiben dabei in der Infinitivform, da der Versuch, ein konjugiertes Verb während des Redeflusses gedanklich einzuordnen, den Vortragenden ins Stolpern bringen würde. Die notierten Begriffe werden nicht abgelesen, sondern dienen während des Vortrags lediglich als Erinnerung an die – frei zu formulierenden – Einzelthemen und ihre Reihenfolge.

Die zu den jeweiligen Themen gehörenden Präsentationsbilder/Fotos (PowerPoint etc.) kann man direkt neben den Stichworten in chronologischer Reihenfolge angeben.

Noch übersichtlicher gliedert sein Material, wer die inhaltlichen Stichpunkte auf Karteikarten notiert und sie vom Beginn bis zum Ende des Vortrags durchnummeriert. Auch in diesem Fall gehören die Titel der dazugehörigen Bilder direkt auf die betreffende Karteikarte. Eine Hierarchie zwischen Themen und ihren Teilaspekten lässt sich herstellen, indem man die einzelnen Themen auf den Karteikarten in Hauptstichworte und Unterstichworte einteilt. Es ist ratsam, die Karteikarten nur einseitig und nicht zu klein zu beschriften.

Eine freie Rede zu halten ist viel leichter, als es sich viele vorstellen. Wer darin noch keine Erfahrung hat, sollte den Vortrag mit dem zugehörigen Bildmaterial zur Probe halten, am besten vor Freunden/Kollegen, von denen man ein ehrliches Urteil erwarten kann.

Bilder begleiten den Vortrag – nicht der Vortrag die Bilder

Ebenso viel Orientierung wie Stichworte bieten ihnen die begleitenden Bilder. Jedoch gefährden zu viele Bilder die Qualität eines Vortrags, weil sie dazu verleiten, sich in der Motiverläuterung zu verzetteln – was im ungünstigen Fall darauf hinausläuft, dass nicht die Bilder den Vortrag illustrieren, sondern der Vortrag zu einer bloßen Aneinanderreihung von Bilderläuterungen zerfasert und dadurch jede Stringenz verliert. Daher sollte man aus dem verfügbaren Bildmaterial kritisch auswählen: Berechtigung haben nur jene Bilder, die zum inhaltlichen Verständnis unentbehrlich sind.

Überlänge und zu viel Stoff schmälern die Wirkung jedes Vortrags, sei er inhaltlich noch so wertvoll. Die übliche Dauer eines Abendvortrags liegt bei 45 bis – maximal – 60 Minuten.

Ist ein Vortrag, beispielsweise auf Konferenzen, einer unter mehreren Beiträgen, ist eine Dauer zwischen 10 und 30 Minuten üblich. Den eigenen Vortrag zur Probe zu halten, ermöglicht es, seine tatsächliche Dauer zu ermitteln. Beim Vortragen zur Probe spürt man auch, welche Gedanken eher vom Hauptstrang ihres Themas wegführen. Dies sind Ansatzpunkte für Kürzungen, die Kernaussagen des Vortrags meist klarer hervortreten lassen.

Die klassische Struktur einer Präsentations- oder Informationsrede sieht eine Dreiteilung in Einleitung, Hauptteil und Schluss vor. Einleitung und Schluss umfassen jeweils 5–10 Prozent der Redezeit. Die verbleibenden 80–90 Prozent bilden den Hauptteil.

RICHTSCHNUR

An der Rhetorik arbeiten

Über die Qualität des eigenen Vortrags gibt ein Tonband-Mitschnitt, oder – für jene, die auch Ihre körperliche Präsenz überprüfen wollen – eine Video-Aufzeichnung untrüglich Auskunft. Fortbildungseinrichtungen bieten solche mediengestützten Rhetorikkurse an. Allerdings spürt man auch ohne solche Hilfsmittel ganz gut, ob ein Vortrag „rund" war oder zu wünschen übrig ließ. Bei der Beurteilung eines gehaltenen Vortrags helfen folgende Fragen:

- ▶ War die akustische Verständlichkeit gut und die Lautstärke ausreichend?
- ▶ Werden die Kerngedanken innerhalb des Gesamtvortrags deutlich?
- ▶ Wird der Vortrag von einem gedanklichen roten Faden und einer schlüssigen Struktur getragen?
- ▶ Werden die aufgeworfenen Fragen auch beantwortet?
- ▶ Gelang es dem Vortragenden, eine Beziehung zum Publikum aufzubauen?
- ▶ War der Vortrag zu lang oder inhaltlich überfrachtet?
- ▶ War das Sprechtempo angemessen? Ungeübte Redner sprechen oft aus Unsicherheit zu schnell, verhaspeln sich dabei und verschlucken halbe Wörter – was die Verständlichkeit stark beeinträchtigt.

Werkvorträge, die in Erinnerung bleiben

Bei Werkvorträgen geht es nicht nur darum, was Sie gebaut haben, sondern auch, was Sie sich dabei gedacht haben und was die Projekte verbindet. Wer einmal ganz ohne begleitende PowerPoint-Show spricht, wird feststellen, wie leicht es auf einmal fällt, sich auf den gedanklichen Kern seines Themas zu konzentrieren.

Erhalten Sie die Einladung zu einem Berufungsvortrag für eine Professur, interessiert die Berufungskommission nicht nur Ihr Werk. Erwartet wird auch, dass Sie planerische Leitbilder und gestalterische Herangehensweisen benennen können und in Form eines Lehrkonzepts nachvollziehbar machen, wie Sie die gesammelten Erfahrungen in der Lehre zu vermitteln gedenken.

Die Wirkung und Verständlichkeit eines Vortrags lässt sich erheblich steigern, wenn ...

- ▶ ein ausgewogenes Verhältnis zwischen Redezeit und Stoff besteht.
- ▶ Bilder und Beispiele zur Unterstützung der Kernaussagen verwendet werden.
- ▶ der Vortragende Blickkontakt zum Publikum hält – der Blickkontakt bildet die wichtigste emotionale Brücke zwischen Sprecher und Zuhörern.
- ▶ man Füllwörter und Verlegenheitslaute vermeidet.
- ▶ man auf eine deutliche Aussprache achtet und darauf, die Endsilben nicht zu verschlucken.

Gespräche im informellen Rahmen

Gespräche informellen Charakters, also beispielsweise auf privaten und öffentlichen Festen, Veranstaltungen und Ausstellungseröffnungen, am Rande von Kongressen oder Symposien haben für das Marketing in eigener Sache eine wesentliche Bedeutung. Zudem befriedigen sie selbstverständlich das soziale Bedürfnis nach Anregung und Austausch. Die Bedeutung von Smalltalk und Foyergesprächen wird gerne unterschätzt, wohl auch, weil sie als belanglos und oberflächlich gelten oder man sie für das Metier leutseliger Naturen hält. Das sind etwas klischeehafte Vorstellungen, bei dem einen oder anderen vielleicht verstärkt von der Vorstellung, selbst kein Konversationstalent zu sein. Oft kann aber der kleine Wortwechsel über ein unverfängliches Thema der Auftakt eines intensiven und sehr substanziellen Gesprächs sein.

Einmal davon abgesehen, dass kurzweilige Gespräche eine Art von Geselligkeit und Zerstreuung sind, die man auf Festen, Vernissagen oder beim abendlichen „Come Together" von Kongressen sucht, dienen sie ebenso sehr dem zwanglosen Informationsaustausch und bereichern durch die anregende Wirkung fremder Gedanken. Beispielsweise erfährt man Neuigkeiten aus der regionalen Architekturszene, aus der örtlichen Politik oder wird mit interessanten Geschäftsideen vertraut gemacht – und zwar fast immer, ohne ausdrücklich danach fragen zu müssen und dadurch sein Informationsbedürfnis zu offenbaren.

Im Gegenzug haben Sie die Möglichkeit, über Ihre eigenen Aktivitäten zu sprechen und dabei Informationen in Umlauf zu bringen. Der Vorzug informeller Kommunikation ist die (zumindest äußerliche) Beiläufigkeit, mit der sich Begegnungen und Austausch vollziehen. Eine solche Situation bietet für die Zwecke von Networking und Informationsaustausch in beruflichen Dingen die besten Bedingungen.

Wer sich auf Veranstaltungen der Bau- und Immobilienbranche, bei gesellschaftlichen oder kulturellen Ereignissen mit und ohne Architekturbezug sehen lässt, ruft sich bei den Anwesenden in Erinnerung – selbst dann, wenn sich gar kein Gespräch ergibt, sondern man nur dazu kommt, ihnen kurz die Hand zu schütteln oder zuzunicken.

Wenn bald darauf einmal die Notwendigkeit besteht, zu dem einen oder anderen Besucher in beruflicher Angelegenheit Kontakt aufzunehmen, erlebt man keinen Kaltstart, sondern kann das Telefonat mit den Worten beginnen lassen: „Wir haben uns das letzte Mal auf dem Sommerfest der IHK gesehen, falls Sie sich erinnern...".

Noch wirkungsvoller ist diese Art von Beziehungspflege, im Amerikanischen hübsch mit dem Begriff **face brushing** umschrieben, natürlich, wenn man wirklich ins Gespräch kommt. Bei einem Gespräch, das über ein paar Freundlichkeitsfloskeln hinausgeht, setzt das allerdings ein echtes Interesse am Gegenüber voraus – und sei es in seiner Rolle als Informant oder potentieller Auftraggeber.

Der große Vorzug dieser Art von Gesprächen liegt darin, dass man freigestellt ist von den Zwängen eines förmlichen Gesprächstermins und man problemlos und beinahe beiläufig sonst schwer erreichbare Leute ansprechen kann. Dabei sind beide Seiten weitgehend vor einem peinlichen Gesprächsverlauf gefeit. Denn auch wenn das eigene Anliegen ausdrücklich abschlägig beschieden wird, ihm Desinteresse entgegenschlägt oder Sie als jemand in

Erscheinung treten, der Unterstützung erbittet, laufen Sie nicht Gefahr, sich eine Blöße zu geben – die Spielregeln des Smalltalk verbieten allzu große Direktheit. Auf der anderen Seite darf man nicht damit rechnen, dass alles, was im Überschwang einer solchen Unterhaltung in Aussicht gestellt wurde, später im Licht des Alltags noch Bestand hat.

Informelle Gespräche dieser Art bieten die Möglichkeit, auf unkomplizierte und zwanglose Weise …
- Ideen und Neuigkeiten auszutauschen.
- festzustellen, ob es gemeinsame Interessen und die Möglichkeit geschäftlicher Zusammenarbeit gibt.
- die Reaktion auf ein von Ihnen angeschnittenes Thema zu testen, z.B. eine bestimmte Geschäftsidee; dem Gesprächspartner fallen womöglich interessante Ergänzungen zu den eigenen Überlegungen ein.
- zu prüfen, ob Ihr Gegenüber bereit ist, Sie in der einen oder anderen Weise zu unterstützen – etwa, indem er den Kontakt zu einer für Sie interessanten Person/Institution herstellt.
- zu erfahren, ob Sie selbst jemandem mit einem Tipp, praktischer Hilfe oder als Kontaktmittler weiterhelfen können.
- in Erfahrung zu bringen, ob Ihre Gesprächspartner potentielle Auftraggeber sind oder für Sie aus anderen Gründen einen interessanten Kontakt darstellen.

Grundsätzlich stehen die Aussichten gut, dass Ihr im informellen Kontext angebahnter Kontakt erfreulich verläuft. Die heitere und gelöste Stimmung solcher Anlässe

Am Messestand kommt man zwanglos ins Gespräch mit Kollegen, Unternehmern, Lobbyisten und der Presse.

bietet ideale Bedingungen, um mit einem Gesprächspartner „warm zu werden" und gemeinsame Interessen zu entdecken.
Parlieren statt dozieren oder verhandeln lautet dabei die Devise. Ein Gesprächspartner sollte sich also nie bedrängt fühlen, noch darf ein Gespräch in Fachsimpelei ausarten. Das Gelingen kultivierter Konversation steht und fällt damit, dass man sie nicht mit zu viel Vehemenz betreibt – selbst wenn aus der Plauderei unter der Oberfläche derweil doch ein Geschäftsgespräch geworden ist.
Gespräche im informellen Rahmen leben von ihrem spontanen und beiläufigen Charakter. Wer auf einem Fest auftaucht und bei seinen Gesprächspartnern den Eindruck erweckt, eine Agenda abzuarbeiten, gibt dadurch die Chancen dieser Art von Dialog preis.

Baustelle Text

Das Vorurteil, Architekten seien unbeholfen im Umgang mit Sprache, ist verbreitet, auch unter diesen selbst.

Das vermeintlich fehlende Sprachtalent entpuppt sich oft als mangelnde Bereitschaft, sich über den Kollegenkreis hinaus verständlich zu machen; gerade so, als versuche man, die künstlerische Autonomie des Entwurfs auf die Sprache zu übertragen. Diese stellt jedoch außerhalb der Literatur nicht die künstlerische Originalität in den Vordergrund, sondern die Kommunikation: Sprache richtet sich also stets an ein Publikum.

In der städtebaulichen Beschreibung eines innerstädtischen Wohnbauprojektes heißt es: „Zwischen den gewachsenen Blockstrukturen (...) und den angrenzenden linearen Hallenbauten sind collagenartig Solitärstrukturen angeordnet." Und weiter: „Das neue Quartier nimmt die lineare Struktur im Süden auf und formuliert entlang der Theresienwiese (...) einen Rahmen für die innenliegenden Solitärstrukturen."

Ganz abgesehen von den verwendeten Wortungetümen ergeben die gewählten Sprachbilder keinen Sinn: Ein Quartier ist kein Mensch und kann also auch nichts „formulieren". „Gewachsen" sind die Blockstrukturen ganz gewiss nicht, sie wurden irgendwann Stein auf Stein errichtet – und zwar als Blocks, nicht als Blockstrukturen. Schließlich die „collagenartigen Solitärstrukturen" – handelt es sich dabei womöglich um Gebäude?

Häufig beschränken sich Gebäudebeschreibungen auf die äußere Form und Struktur und sind dazu von schwerfälligen Passivkonstruktionen und dem „Nominalstil" substantivierter Verben bestimmt. Die mit dem Entwurf einhergegangenen konzeptionellen Überlegungen kommen dagegen oft nur rudimentär zur Sprache.

Wenn Architekten etwas über ihre Arbeit veröffentlichen, sollte ihnen daran gelegen sein, dem Außenstehenden den Zugang zum Gegenstand Architektur leicht zu machen. Es ist überheblich, zu glauben, dass die laienverständliche Beschreibung von Architektur die Vulgarisierung komplexer Sachverhalte nötig mache.

Der folgende Redigierleitfaden ist als Checkliste und Anregung bei der Formulierung von Texten in eigener Sache gedacht.

Ein Loch ist eine Stelle, an der etwas fehlt – und doch macht oft erst die Fehlstelle die Architektur vollkommen: kreisförmige Öffnung im Rohbau des Berliner Marie-Elisabeth-Lüders-Hauses von Stephan Braunfels ebenso wie ...

Texte redigieren

Das Redigieren ist die Bezeichnung für eine journalistische Arbeitstechnik: Die Überarbeitung vorhandener Texte mit dem Ziel, sie zu verdichten und stilistisch wie strukturell zu vervollkommnen. Es gilt, Rechtschreibfehler, inhaltliche Redundanz, umständliche Satzkonstruktionen und missverständliche Bezüge auszumachen und aus dem Text zu entfernen.

Zweckmäßigerweise geht das Redigieren mit dem Kürzen einher. Erst im Prozess des Redigierens reift ein erster Entwurf zum veröffentlichungsfähigen Text.

Wie man redigiert

Erfahrungsgemäß übersieht man am Bildschirm Fehler und Schwachstellen wie umständlich konstruierte Sätze, Holprigkeiten, Wiederholungen und missverständliche Bezüge sehr leicht. Zum Redigieren sollten Textentwürfe daher immer ausgedruckt werden. Die Korrekturen kann man dann in das Manuskript einarbeiten.

... am Anbau des Deutschen Historischen Museums Berlin von dem Architekten Ieoh Ming Pei.

Noch erfolgreicher lassen sich Texte überarbeiten, wenn man sie einen Tag lang liegen lässt und danach noch einmal in Ruhe durchliest. Geschieht dies laut, entdeckt man schnell umständliche und schwer zu lesende Sätze.

Die Kunst des Kürzens

Durch das Kürzen werden Texte dichter, denn es hat einen doppelten Effekt: Indem entbehrliche Aussagen, umständliche Formulierungen und Wiederholungen aus dem Text gestrichen werden, gewinnt er an Qualität, zugleich rücken die guten und aussagekräftigen Passagen enger zueinander. Diesem Gewinn an inhaltlicher Dichte steht bei geschicktem Kürzen nur ein geringer Informationsverlust gegenüber. Zweckmäßigerweise kürzt und redigiert man in einem Arbeitsschritt.

Oft ist es mühelos möglich, Aussagen, die sich über drei oder vier Sätze erstrecken, in zwei Sätzen zusammenzufassen – indem man Doppelungen herausstreicht und die Sätze enger aufeinander bezieht.

Büronamen und Rechtschreibregeln

Man sollte nicht damit rechnen, dass ein Büroname wie „schultze_schumacher_architekten" von Tageszeitungen in dieser Form übernommen wird. Eigennamen werden von Zeitungen gemäß der allgemeinen Rechtschreibung groß geschrieben, **blank**-Striche finden keine Verwendung. Auch eine durchgängige Großschreibung („Versalien") ist wenigen gebräuchlichen Abkürzungen vorbehalten. Was sich Architekten für ihre Büronamen an demonstrativen

Rechtschreibungsabweichungen einfallen lassen ist oft vor allem (alt)modisch und mätzchenhaft. Was spricht gegen normale Rechtschreibung? Ein kaufmännisches Und (&) oder ein + im Namen stellen meist kein Problem dar.

Sprachliche Formalia ernst nehmen
Fehler im geschäftlichen Schriftverkehr erwecken den Eindruck von Unprofessionalität und das scheinbar Selbstverständliche und Nebensächliche ist eine ergiebige Fehlerquelle. Im Folgenden eine Zusammenstellung häufiger formaler Fehler.

- Bitte den Gedankenstrich (–) nicht mit dem Bindestrich (-) verwechseln.
- Koppelstriche sparsam verwenden, im Zweifelsfall eher darauf verzichten. Bei Eigen- und Straßennamen etc. bitte darauf achten, ob Koppelstriche verwendet werden oder nicht.
- Kommas setzt man ohne Leerzeichen hinter das letzte vorangegangene Wort.
- Bitte alle Zahlen bis zwölf ausschreiben.
- Bitte in zur Veröffentlichung bestimmten Texten auch alle Maßeinheiten ausschreiben (Quadratmeter, Hektar etc.).
- Das Hervorheben von Worten durch Anführungsstriche ist nur in drei Fällen allgemein üblich: Wenn man sich von einem Begriff distanzieren will, wenn man ihn ironisch gebrauchte oder zur Hervorhebung eines Begriffs oder Eigennamens.
- Bitte die kursive Schreibweise und andere Arten der Hervorhebung nur sparsam anwenden und vor allem: in einheitlicher Weise für den ganzen Text.
- Alle Begriffe bitte einmal ausschreiben, bevor man sie abkürzt. Nur wenige Abkürzungen (SPD, DGB, ZDF) sind so eingebürgert, dass die volle Bezeichnung überflüssig ist.
- Vor allem bei Texten, die an die Medien versandt werden, die Vornamen und Titel der genannten Personen nicht vergessen.
- Bei Zweifeln an der Schreibweise eines Fremdwortes bitte den Duden konsultieren.
- Vor Veröffentlichung eines Textes bitte sorgfältig prüfen, ob die verwendeten Eigennamen korrekt geschrieben sind. Das betrifft auch die Art und Weise, wie mehrteilige Namen gekoppelt werden. Akademische Grade, Berufsbezeichnungen und Titel (Staatssekretär, Ministerin, Abgeordnete/r) sind ebenfalls präzise wiederzugeben.

Die Leserschaft im Blick
Texte sind nie Selbstzweck, sie dienen fast immer der Kommunikation mit anderen. Zumeist richtet sich der Verfasser an ein mehr oder weniger klar umrissenes Publikum. Es liegt daher nahe, die potentielle Zielgruppe bereits beim Schreiben eines Textes im Hinterkopf zu haben und einige Fragen und Gesichtspunkte zu berücksichtigen:

- Welche Vorkenntnisse zum Thema können vorausgesetzt werden?
- Will man Laien Entwurfsaspekte oder technische Einzelheiten erläutern, ist es oft geboten, Fachbegriffe und Abkürzungen zu „übersetzen".

Möglicherweise ist eine Einführung ins Thema notwendig. Sie sollte so knapp wie möglich ausfallen.
▶ Wird das, was ausgedrückt werden soll, im Text wirklich verständlich? Ist man schwer Beschreibbarem durch ungenaues Drumherum-Formulieren ausgewichen?
▶ Sind die verwendeten Begriffe (z.B. Fremdwörter) wirklich passend und sachlich richtig?

Sprache aktiv gestalten
Eine aktive Sprache zieht den Leser in den Text. Am leichtesten entsteht sie durch aktive Verben (z.B. planen, wollen, suchen, bauen, vorbereiten) die möglichst weit vorne im Satz auftauchen. Sätze kann man sich als einen langen Zug vorstellen: Die Verben sind die Loks, die Substantive und Adjektive die Waggons. Je mehr Loks vorne ziehen, desto besser kommt der Zug in Fahrt. Deshalb die Passivkonstruktionen und Substantivierungen des akademischen und bürokratischen Jargons nach Möglichkeit meiden, weil sie Texte schwer und hölzern machen. Die Substantivierung von Verben lässt sich umgehen, wenn man lange Sätze teilt.

▶ Beispiel (aus einer Baubeschreibung)
„Daher interessiert uns die Zugehörigkeit der einzelnen Wohnfunktionen und ihre Wandelbarkeit und die Schaffung individueller Atmosphären durch räumliche Manipulationen."
Aufgeteilt in zwei Sätze
„Daher interessierte uns, wie sich die Beziehung zwischen den Wohnfunktionen wandeln lässt. Ziel war es, durch räumliche Manipulation individuelle Atmosphären zu schaffen."

Adjektive sparsam verwenden
Adjektive sollen beschreiben, doch sie können dem Autor nicht die Mühe abnehmen, eine Sache anschaulich zu schildern. Die besten Adjektive sind solche, deren Information eindeutig erfassbar ist: hell, dunkel, rund, rechteckig, konkav, horizontal, etc.
Mit Adjektiven abstrakten Bedeutungsgehalts sollte man geizen (transparente Fassade, intimer Innenhof, minimalistisches Konzept), denn worin die „Transparenz" oder „Intimität" besteht, kann im konkreten Fall sehr unterschiedlich aussehen. Verwendet man sie dennoch, sollte man sich auch einmal die Mühe machen, in einem Nebensatz zu beschreiben, wie sich diese Eigenschaften konkret ausdrücken. Das geht am besten mit vielen aktiven Verben.

▶ Beispiel (aus einem Pressebericht)
„Bei ihrem neuen Gebäude setzen die Architekten auf die Wirkung räumlicher Kontraste: das gebäudehohe, zur Straße nur von einer Glasmembran begrenzte Foyer scheint den Vorplatz ins Innere zu verlängern, erst die ein paar Meter vor seiner Rückwand frei in der Halle stehenden Aufzugstürme markieren den Eintritt ins eigentliche Gebäude. Wer zwischen den Türmen hindurchgeht,

gelangt nach ein paar Schritten in einen stillen Innenhof: Seinen Mittelpunkt bildet ein Bassin mit Seerosen. Auf dem Wasser spiegelt sich der einzige Baum, eine japanische Kirsche. Diesen minimalistischen Garten entwarf die Landschaftsarchitektin Walburga Wiese."

In diesem Beispiel stehen den zehn Verben nur fünf Adjektive gegenüber, die kaum mehr entbehrlich sind. Das im letzten Satz verwendete abstrakte Adjektiv gewinnt durch die vorangegangene Beschreibung Farbe.

Interpunktion kennt nicht nur Punkte

Das Interpunktionsrepertoire beschränkt sich nicht auf Punkt und Komma. Wer mit Gedankenstrichen, Semikolon und Doppelpunkten arbeitet, gliedert Texte lebendig und macht sie flüssiger und lesbarer. Einschübe sind allerdings nur in kurzen, einfachen Sätzen gut aufgehoben. Fremdsprachige Begriffe oder Fachausdrücke können zur Hervorhebung in Anführungsstriche gesetzt oder kursiviert werden.

Je konkreter, desto besser

An Universitäten und in Ämtern werden abstrahierende Formulierungen gepflegt. Sie gehören regelrecht zum guten Ton, weil sie alles wissenschaftlicher bzw. amtlicher klingen lassen. Statt Huhn oder Küken sagt man „Geflügel". Das Abstrakte ist aber immer blasser als das Konkrete. Im Schriftverkehr mit Behörden mag man wie diese von „hofseitigen Grünbereichen" sprechen. Den Bauherrn wird es dagegen schon interessieren, wie der hofseitige Garten einmal aussehen soll.

Oft genügt es zu schreiben, was man gemacht hat. Was man nicht beabsichtigt oder verwirklicht hat, braucht man nur dann zur Sprache zu bringen, wenn es von wesentlicher Bedeutung ist.

Stil und Stilisierung

Nicht jeder Erläuterungsbericht muss zum ästhetischen Essay ausufern. Durch einen Text, der von gedrechselten Formulierungen und architekturtheoretischen Versatzstücken strotzt, ist noch kein Entwurf besser geworden. Wer wirklich etwas zu sagen hat, braucht dafür nicht viele Worte und ist bemüht, Allgemeinverständlichkeit anzustreben. Doch spricht nichts dagegen, ein paar Sätze zum Entwurfsprozess und den eigenen Leitideen zu Papier zu bringen.

▶ Beispiel (aus einem Architektenporträt)

„In diesem Zusammenhang wird der Verweis darauf wichtig, dass sich bereits von draußen erkennen lässt, dass jede Etage unverkennbar auf die Funktionen abgestimmt sein muss, die der jeweilige Bewohner seiner unmittelbaren Umgebung beigemessen hat."

Dass der Verweis im Zusammenhang mit der betreffenden Architektur steht, versteht sich von selbst und kann deshalb entfallen. Das „unverkennbar" hat an

dieser Stelle Füllwort-Charakter. Klarer wäre es daher, zu schreiben:
„Bereits von draußen lässt sich erkennen, dass jede Etage auf die Funktionen abgestimmt ist, die der jeweilige Bewohner seiner unmittelbaren Umgebung beimisst."

Behördendeutsch meiden

Übernimmt man Behördentexte zum Zweck der Veröffentlichung, sollte man versuchen, die Wort-Ungetüme der Beamten aus ihnen zu tilgen – und alles andere so klar wie möglich auszudrücken. Ausgenommen davon sind natürlich Gesetzestexte oder Leitsätze städtebaulicher Programme.
Bei den Lieblingsvokabeln der Bürokraten, zum Beispiel Begriffen wie Vollzugsmaßnahmen, Straßenbegleitgrün oder Nutzungsüberlagerung handelt es sich um Wörter „ohne Mark und Knochen", wie es der Sprach-Papst Wolf Schneider ausdrückt.

Sprachbilder mit Bedacht verwenden

Die Verwendung sprachlicher Bilder und Metaphern erfordert ein Gespür dafür, ob sie an der betreffenden Stelle auch stimmig sind. Richtig eingesetzt, geben sie Texten mehr Farbe und Lebendigkeit, allerdings nur dann, wenn tatsächlich die passenden Formulierungen gewählt wurden und es sich nicht um abgedroschene Wendungen handelt.

▶ Beispiel (aus einem Erläuterungsbericht)
„Das historisch belastete Feld stellt nicht die Frage nach sich selbst zelebrierender Architektur (...)"; „Das Gebäude versucht (...), herkömmliche Architektursprachen zu vermeiden, es nimmt sich selbst zurück, ohne zu verschwinden."
Kommentar: Sprachen vermeidet man nicht, man spricht sie. Und weder ein Feld noch ein Gebäude können Fragen stellen oder sich zurücknehmen, weil es sich um tote Dinge handelt.
„Schaut man zur Decke, stechen die auffällig gestalteten Deckenträger ins Auge", wirkt als Beschreibung für die plastische Wirkung einer Dachkonstruktion unfreiwillig komisch.

RICHTSCHNUR

Die meisten Texte gewinnen an Prägnanz und Klarheit, wenn man sie kürzt. Prüfen sie deshalb bei allen zur Veröffentlichung vorgesehenen Texten, ob ihr Inhalt noch stärker auf den Punkt gebracht werden kann. Das Kürzen hat einen doppelten positiven Effekt: Indem umständliche Formulierungen und Wiederholungen aus dem Text gestrichen werden, gewinnt er an Qualität, zugleich rücken die guten und aussagekräftigen Passagen enger zueinander.

Architektur zweidimensional
Wilfried Dechau

Architektur ist immobil, steht unbeweglich an ihrem Platz, lässt sich aber mit Hilfe der Fotografie begrenzt mobil machen. Man kann sie sich mit der Post ins Haus tragen lassen; dabei muss man sich allerdings darüber im Klaren sein, dass eine Zeitschrift die Unmittelbarkeit eigenen Erlebens nicht ersetzen kann. Die im Foto auf zwei Dimensionen geschrumpfte Architektur kann nur einen Abglanz der Wirklichkeit erzeugen.

Was können Bilder transportieren?
Wie groß die Divergenz zwischen gedrucktem Schein und eigenem Erleben sein kann, habe ich bei Zumthors Felsenbad registriert. Ich kam kurz nach seiner Eröffnung gerade aus Vals zurück und stieß bei der Lektüre einer Architekturzeitschrift auf Fotos, auf denen ich das unvergleichlich schöne Felsenbad nicht wiedererkennen konnte. Die Natursteine wirkten wie stumpfer Beton, die Farben verfälscht und die mit den Fotos transportierte Lichtstimmung war völlig misslungen. Extreme Lichtverhältnisse und die nur über den Tastsinn zu erfassenden Eigenschaften der Steinoberflächen sperren sich der Kamera. Wie soll man das Glatte, aber nicht Gleitende oder gar Glitschige der Böden mit der Kamera einfangen? Das teilt sich nur den Zehen, den Fingern, den Handflächen und der Fußsohle mit – und lässt sich in der Fülle aller Sinneswahrnehmungen wohl in Worte fassen, aber nur unzulänglich über das Medium Fotografie darstellen.

Das Beispiel Vals mag ungewöhnlich sein. Aber am extremen Beispiel wird deutlich, dass der Druck auf den Auslöser keineswegs automatisch das Wesen einer Sache einfängt. Nicht allein deshalb, weil beim Foto die Fülle sinnlicher Eindrücke auf das visuell mitteilbare Maß beschnitten wird. Ein falscher Standpunkt und eine unglücklich gewählte Blickrichtung können die durch das Foto vermittelten Raumeindrücke so sehr verfälschen, dass sich der Betrachter des Bildes eine von der realen Situation völlig abweichende Raumvorstellung machen kann. Auf die Interpretation der Bildinhalte kann man sich nämlich nur verlassen, wenn Raumtypus und Maßstab, Strukturen, Materialien und Oberflächen durch Referenzobjekte, das heißt durch vergleichbare Vor-Bilder geklärt sind.

Architektur ist auch: Licht, Farbe und Zwischenraum. Bürohaus in Hamburg-Neumühlen (Foto: Werner Huthmacher)

Das Weitwinkel-Dilemma

Der vom menschlichen Auge erzeugte Raumeindruck entsteht nicht durch einen Augen-Blick, sondern durch ein ganzes Patchwork von unendlich vielen Einzelwahrnehmungen, denn das Auge kann jeweils nur ein extrem kleines, spotartiges Blickfeld scharf erfassen. Mit der Kamera kann – je nach Brennweite – mit einer einzigen Aufnahme sehr viel mehr gezeigt werden. Das fällt besonders bei Weitwinkelobjektiven auf. Tatsächlich bekommt man zwar »mehr drauf«, je weitwinkliger man fotografiert. Aber es ist wie verhext: Je mehr ein Foto abbildet, um so weniger erschließt sich der Raum bisweilen dem Betrachter. Bestes Beispiel: Die Beengtheit einer Sozialbau-Küche lässt sich mit der alles erfassenden Superweitwinkel-Aufnahme einfach nicht vermitteln, auch oder gerade wenn alles zu sehen ist. Dieses Weitwinkel-Dilemma in den Griff zu bekommen, ist nicht leicht. Auch professionelle Fotografen vergreifen sich dabei hin und wieder in der Wahl der Mittel. Dass man dadurch in eine Falle gerät, merkt man in der Regel erst an der Reaktion unvoreingenommener Betrachter.

In solche Fallen, die der vermittelnden Wirkung eines Fotos entgegenstehen können, gerät man aber nicht nur bei der Objektivwahl. Die Wahl des Aufnahmestandpunkts, Ausrichtung der Kamera, Art der Kamera, Filter, Film, Licht und Schatten, Beleuchtung, Belichtung usw. können den durch Fotos vermittelten Eindruck einer Sache ebenfalls ganz entscheidend beeinflussen, verfremden oder verfälschen. Deshalb im Folgenden die wichtigsten Konventionen für die dokumentarische Architekturfotografie. Sie tragen dazu bei, Irritationen bei der Kommunikation über das Medium Foto möglichst gering zu halten:

▶ Architekturfotos werden aus normaler Augenhöhe aufgenommen. Extreme Standpunkte könnten zu einer – als unzulässig empfundenen – Dramatisierung oder auch Verfälschung führen.

▶ Stürzende Linien sind verpönt. Aufnahmen werden beinahe grundsätzlich mit genau horizontierter Kamera gemacht. Extreme Blickwinkel – sei es aufwärts oder abwärts –

Schule am Berliner Stadtrand von Grüntuch/Ernst Architekten (Foto: Werner Huthmacher)

gelten als unüblich, ungewöhnlich oder gar sträflich. Um dennoch (meist nach oben hin) alles zu erfassen, arbeitet der Profi mit der Fachkamera, bei der mit Hilfe der Standarte – durch Verschieben des Objektivs – beliebige Ausschnitte gewählt werden können, ohne dabei die Perspektive zu verändern. Der ernsthafte Amateur behilft sich mit dem Shift-Objektiv. Es bietet in begrenztem Umfang ebenfalls die Möglichkeit, Ausschnitte so zu wählen, dass einerseits stürzende Linien und andererseits überflüssige, im Bild tot wirkende Vordergrundflächen vermieden werden.

► Tonnen- oder kissenförmige Verzeichnungen dürfen auf Architekturfotos nicht sichtbar in Erscheinung treten. Damit scheiden einige – gerade im Amateursektor gängige – Kameras und Objektive als Aufnahmegeräte aus. Spiegelreflexkameras sind zwar wegen der zuverlässigen Übereinstimmung von schnell zu erfassendem Mattscheibenbild und tatsächlichem Foto außerordentlich beliebt, aber die bei Weitwinkel- und vor allem Weitwinkel-Zoom-Objektiven auftretenden, oft sehr starken Verzeichnungen sind systembedingt und lassen sich technisch nicht vermeiden. Architekturfotografen arbeiten (u. a. deshalb) mit Fachkameras. Deren symmetrisch konstruierte Objektive weisen praktisch keine sichtbaren Verzeichnungsfehler auf.

Es gibt wenig plausible Gründe, Bauwerke menschenleer abzubilden – Wohnhaus für einen Industriellen, entworfen von John Pawson (Foto: Werner Huthmacher, Berlin)

- Systembedingte Verzeichnungen lassen sich zwar nicht vermeiden, man kann sie aber anschließend korrigieren – sofern man von vornherein mit der Digitalkamera (bzw. einer Fachkamera mit digitalem Rückteil) arbeitet. Es gibt verschiedene, mehr oder weniger ausgereifte Softwarelösungen, die sich des Problems annehmen. Gearbeitet habe ich bis jetzt mit „LLO", einem mittlerweile sehr ausgereiften Programm. „LLO" steht für „Lens & Light Optimizer" und wird von camdynamics produziert (siehe **Krumm und Schief. Rezept gegen Abbildungsfehler, db** 3/04, Seite 78). Das Programm wird mittlerweile unter dem Namen „Acolens" von der Firma Nurizon Software vertrieben (www.nurizon-software.de).
- Wer über solche Hilfsmittel nicht verfügt, sollte deshalb bei der Architekturfotografie unbedingt auf die Verwendung von Zoom-Objektiven verzichten – auch wenn sie sonst noch so praktisch sein mögen. Für Bücher oder Zeitschriften sind stark verzeichnete Fotos nicht brauchbar.
- Extreme Bildwinkel (Fischauge, Superweitwinkel) werden vermieden. Moderate Bildwinkel zwischen 40 und etwa 65 Grad sind die Regel (dem entsprechen beim Kleinbildformat etwa die Brennweiten zwischen 50mm Normal- und 28mm Weitwinkel).
- Farbfilme haben hinsichtlich der Farbwiedergabe unterschiedliche Charakteristika. Das gilt graduell von Marke zu Marke und erst recht bei verschiedenen Filmarten (Kunstlicht-, Tageslicht-, Infrarotfilm...). Möglichst neutrale, objektive Wiedergabe sollte für die Auswahl als einziges Kriterium gelten.
- Extrem lichtempfindliche Filme (und das damit einhergehende, grafisch ansprechende Korn) werden vermieden.
- Dokumentarische Architekturfotos haben selbstverständlich scharf zu sein. Damit scheidet von vornherein das – künstlerisch außerordentlich reizvolle – Spiel mit der Unschärfe aus.
- Extreme Schlagschatten werden vermieden (auch in Schattenbereichen sollte noch „Zeichnung" sein). Gerade an diesem Punkt lässt sich natürlich auch ablesen, dass die Konventionen auch modeabhängig sind. In den fünfziger und sechziger Jahren war es – beim klassischen Schwarzweißfoto – durchaus üblich, mit starken, dramatisch überhöhten Schatten zu arbeiten.

Düstere Zwischenräume: Der Spanier Aitor Ortiz erhielt 2003 eine Anerkennung beim Wettbewerb des Architekturbild e.V.

- Extreme Filterungen werden vermieden. Farbfilter oder Glitzer-, Glanz-, Sternchen- und sonstige Effektfilter sind verpönt. Aber auch hier lässt sich wieder die Modeabhängigkeit erkennen: Die in den fünfziger Jahren noch für das Nonplusultra gehaltene, mit Rotfiltern erzeugte starke Überzeichnung des Himmels ist völlig „out" (mit einem Rotfilter lässt sich der hierzulande eher bleiern graue Himmel in der Schwarzweißfotografie bis zu einer dramatischen Schwarzfärbung treiben).

- ▶ Mit dem Polarisationsfilter kann der als zu blass empfundene Himmel auch bei der Farbfotografie nachgedunkelt werden. Ob die dadurch erreichbare mediterrane Atmosphäre dem in Flensburg aufgenommenen Bild noch gut tut, darf angezweifelt werden. Zum Glück lässt sich die Wirkung des Polarisationsfilters graduell sehr fein steuern. Zurückhaltung ist angeraten. Übersteuern wirkt überzogen und ist daher nicht sachdienlich.
- ▶ Es gehört zu den Moden unserer Zeit, Gebäude zur „blauen Stunde", in der kurzen Zeit zwischen Tag und Traum, zwischen Dämmerung und Dunkelheit zu fotografieren. Der Ursprung dieser Mode ist leicht zu erklären: Lichtdurchflutet vor langsam dunkel werdendem Himmel wirkt jede Architektur ansprechend, anheimelnd – und sei sie bei Lichte besehen noch so banal. Das weiß aber mittlerweile auch jeder einigermaßen clevere Redakteur. Er lässt sich von derart geschönten Bildern nicht hinters Licht führen.
- ▶ Menschen im Bild werden (vom Auftrag gebenden Architekten und von den meisten Zeitschriften-Redaktionen) in der Regel als störend empfunden. Da es tatsächlich sehr schwer ist, den Menschen im Bild so zu integrieren, dass er die intendierte Aussage nicht nur nicht stört, sondern sogar fördert, kommen Fotografen den Wünschen ihrer Auftraggeber nur allzu gern entgegen. Ausnahmen bestätigen die Regel.
- ▶ Fotomontage wird als Darstellungsmittel nicht in Betracht gezogen (vielleicht deshalb, weil Montage a priori mit Manipulation gleichgesetzt wird), ebenso die Möglichkeit digitaler Bildbearbeitung – wohlgemerkt auch dann nicht, wenn diese gestalterischen Mittel der Verdeutlichung einer Aussage dienen könnten.
- ▶ Heute gilt es als quasi von vornherein ausgemacht, dass farbig fotografiert wird – obwohl doch gerade die der Schwarzweißfotografie innewohnenden Möglichkeiten der Reduktion in der Architekturfotografie zu den bedeutendsten und heute noch berühmtesten Architekturfotos geführt haben (von Ezra Stoller, Julius Shulman, Gabriele Basilico, Klaus Kinold, Sigrid Neubert, Gerald Zugmann etc.).

All diese Konventionen können einerseits bei der Interpretation der Bildinhalte recht hilfreich sein. Andererseits haben sie aber auch zu einer Erstarrung der Disziplin Architekturfotografie geführt, aus der sie sich kaum befreien kann – was insbesondere jene betrifft, die in Redaktionen professionell mit Fotos umgehen und aus Überzeugung oder aus Gewohnheit auf Einhaltung der Konventionen bedacht sind.

Überwindung der Konventionen
Wie stark ich selbst all diese Konventionen internalisiert hatte, wurde mir schlagartig bewusst, als 1996 die Einsendungen zu unserem ersten Architekturfotografie-Preis „db architekturbild" auf dem Tisch lagen. Im ersten Moment war ich darüber erschrocken, dass die meisten – und gerade die besten unter den Einsendungen – eben nicht den gängigen Konventionen und Sehgewohnheiten entsprachen und sich daher ganz und gar nicht nahtlos in die alltägliche Redaktionsarbeit integrieren ließen. Damit hatte ich nicht gerechnet. Doch der anfängliche Schock war heilsam. Machte er doch deutlich, dass wir als Redakteure von

rechts: Sealife-Halle in Konstanz, geplant von der Architektengruppe Überlingen, fotografiert von Jens Pfisterer

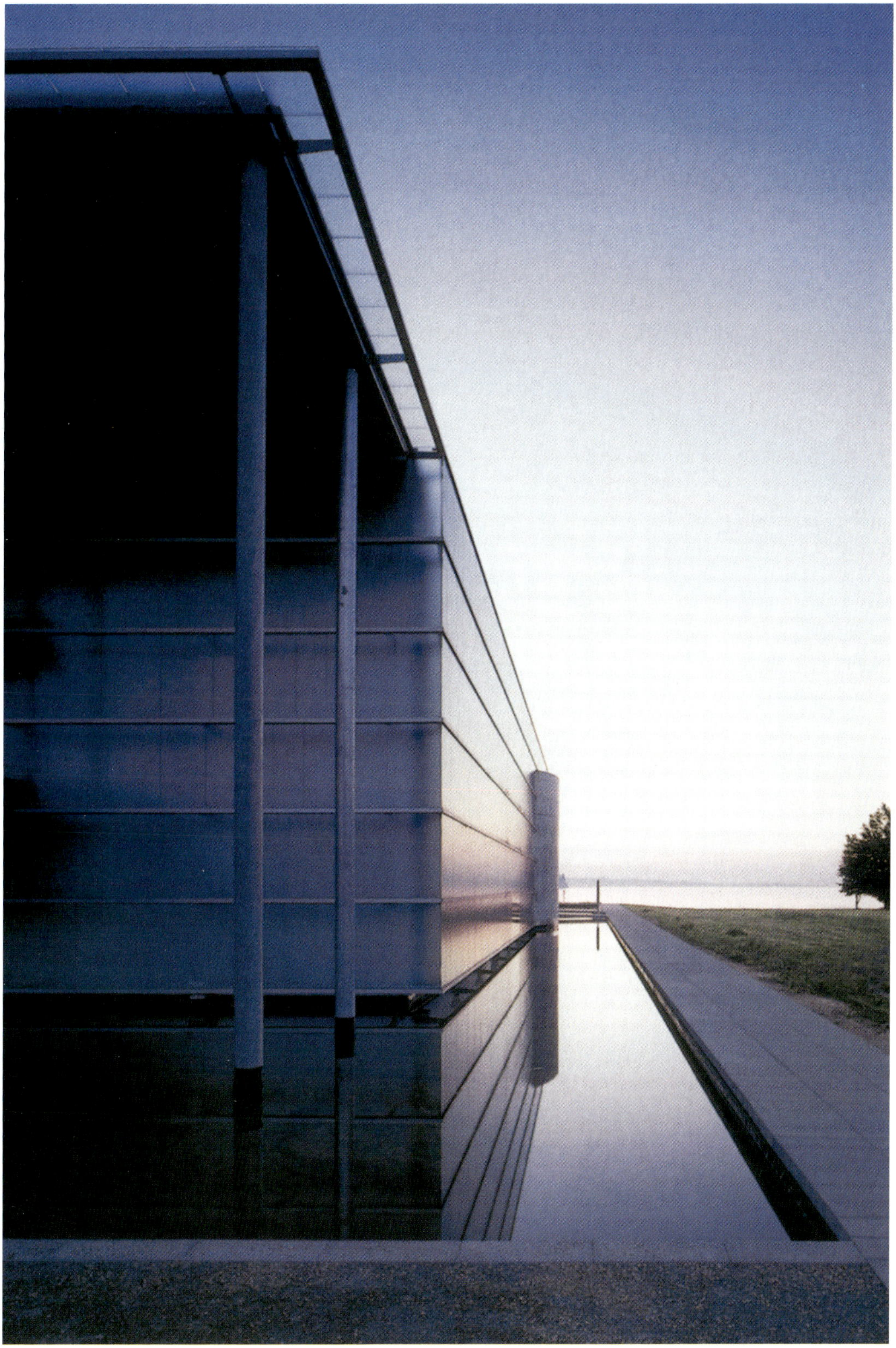

der großen Bandbreite der Möglichkeiten, Architektur ins Bild zu setzen, bislang nur einen verschwindend kleinen Teil nutzten.

Anfänglich hätte man noch annehmen können, der Effekt sei auf das schwierige Thema des ersten Preises zurückzuführen: Die Aufgabenstellung „Mensch und Architektur" gehört in der Architekturfotografie eher zu den Reizthemen. Doch auch beim nächsten Thema, das mit der Überschrift „Architektur schwarzweiß" eine eher klassische Domäne der Architekturfotografie ansprach, waren wir mit dem gleichen Phänomen konfrontiert: Die meisten und wiederum die besten unter den Einsendungen wichen deutlich von den üblichen Standards ab. Und spätestens ab diesem Zeitpunkt habe ich das Abweichen von den gängigen Konventionen, das sich bei den dann folgenden Themen wiederum auf die gleiche Weise einstellte, als erfrischend deutliche Absage an die kaum noch weiter zu perfektionierende, oft genug aber glatt und oberflächlich bleibende, gut vermarktbare Gebrauchsfotografie begrüßt. Die Ergebnisse des 2004 zum sechsten Mal ausgelobten Preises (jetzt unter dem Namen „architekturbild", unabhängig von der Zeitschrift **db**) werden kaum anders ausfallen. Alle Ergebnisse der bisherigen Preise können auf der Website des Vereins architekturbild e.V. angesehen werden: www.architekturbild-ev.de → award → Dokumentation → 1995 → 1997 → 1999…

An den hier gezeigten Beispielen sieht man sehr deutlich: Architekturfotografie kann – neben der reinen Dokumentation – auch anderes leisten. Architekturfotografie kann Sehgewohnheiten aufbrechen, kann sozialkritisch, auf subtile Art architekturkritisch, künstlerisch, ja selbst Kunst sein – immer mit dem gleichen Sujet. Zur Architekturfotografie gehört aber auch ein ganzes Feld pragmatischer, alltäglicher, oft genug banaler Aufgaben. Solange das Geschäft brummt, werden dem Immobilienmakler die mehr schlechten als rechten, grässlich verzeichneten und unscharfen Pixi-Fotos genügen. Dem Bausachverständigen wird nicht in den Sinn kommen, auf die typischen Bildchen mit einbelichtetem Datum zu verzichten – auch wenn sie noch so unansehnlich sind. In gewisser Weise hat er sogar Recht damit – denn warum sollten die Bilder hässlicher Baufehler ästhetisch reizvoll daherkommen? Ein Fotokünstler hingegen könnte durchaus auf die Idee kommen, das gleiche Sujet durch seine Aufnahmen zu galeriereifen Bildern zu veredeln.

Auch einem Bauleiter kann die ästhetische Dimension der Fotografie „gestohlen bleiben". Er braucht nüchterne Belege des Baufortschritts, keine Stimmungsbilder. Schade nur, dass auf diese Weise keine so brillanten Baustellen-Dokumentationen entstehen, wie sie seinerzeit Lewis Wickes Hine vom Bau des Empire State Buildings machte (der dafür allerdings auch ein ganzes Jahr vom Bauherrn bezahlt worden ist!).

Dass man das Medium Fotografie – neben all den eher banalen Alltagsaufgaben – dringend auch dafür gebrauchen kann, gebrauchen muss, seine Arbeit, seine Leistungen und Fähigkeiten publik zu machen, ist den meisten Architekten inzwischen schon in Fleisch und Blut übergegangen. Sie wissen, dass sie nur mit Leistung überzeugen können. Und sie wissen, dass sie ihre „immobilen" Leistungen nach wie vor durch das Medium Fotografie am besten mobil machen können. Bei Ingenieuren scheint diese Binsenweisheit noch nicht so ganz angekommen zu sein. Wie könnte es sonst passieren, dass sogar eine Wanderausstellung zum Thema Straßenbrücken teilweise mit Bildern der Kategorie „Bausachverständigenfoto" bestückt wurde. Solche Bilder lassen sich zwar dafür verwenden, zum Beispiel das Konzept einer Ausstellung zu entwickeln, aber nur, um dann entscheiden zu können, welche Fotos unbedingt nicht nur neu, sondern auch professionell in Auftrag gegeben werden sollten. Daraus folgt die an den ehrgeizigen Amateur gerichtete, vielleicht wichtigste Regel für die mediale Vermittlung von Architektur mit Hilfe der Fotografie: Man kann – je nach Kenntnisstand, Geschick und Routine – eine Menge selbst erledigen (wenngleich es nicht ganz so leicht ist, wie es die Kodak-Werbung einst glauben machen wollte: „You push the button, we do the rest"). Allerdings kann es fatal sein, wenn man nicht erkennt, wo die eigenen Grenzen liegen. Das hausgemachte, mehr gewollte als gekonnte Bild überzeugt niemanden, auch nicht den routinierten Redakteur, der selbst einem schlechten Bild noch die gute Botschaft entnehmen kann (oder könnte). Wenn mitleidiges Lächeln die erste Reaktion ist, dann muss die Architektur selbst schon verflixt gut sein, um die Hürde doch noch zu nehmen. Am schlimmsten sind untaugliche Bilder, die als Mail mit riesigem Attachment in eine Redaktion geschickt werden: Da muss der Redakteur erst einmal warten, bis die Bilder geladen sind, und ist geladen, wenn der ganze Aufwand zu nichts führt. Genau so schlimm sind die immer häufiger in den Redaktionen eintrudelnden CD-ROMs – jedenfalls dann, wenn nicht wenigstens ein Ausdruck mit **thumbnails** dabei ist.

Wenn man der CD nämlich überhaupt nicht ansieht, was drauf ist, sie einlegt, wartet und dann feststellt, dass es sich nicht gelohnt hat, dann ist damit – außer Verärgerung – nichts gewonnen. Lieber nur ein einziges, aber wohlüberlegt ausgesuchtes Bild ausdrucken und als Appetithäppchen servieren.

Hat man die Einsicht gewonnen, dass man spätestens bei der Anfertigung publikationstauglicher Fotos die natürliche Grenze der eigenen Fähigkeiten erreicht hat, ist der nächste Schritt klar: Man muss sich einen zu sich und zur eigenen Architektur passenden Fotografen suchen. Schon stößt man auf das nächste Problem: Zwar gibt es eine Menge Fotografen, aber den wirklich richtigen zu finden, kann trotzdem schwierig sein. Dabei leistet eine Datenbank der **db** (pardon, da muss ich mal Eigenwerbung machen) unschätzbare Dienste: www.db.bauzeitung.de → db recherche → fotografendatenbank. Oder als direkter Link: www.db.bauzeitung.de/sixcms/list.php?page_id=929

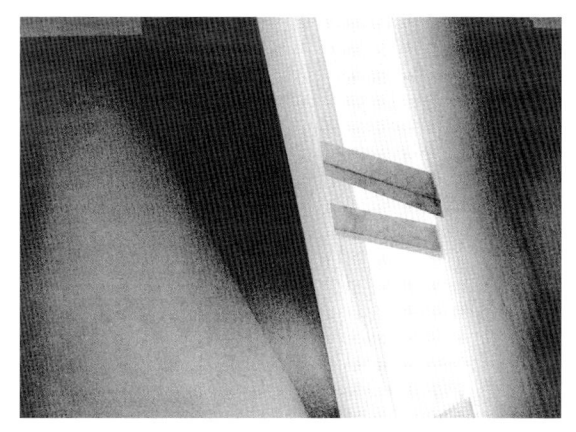

Treppenhaus des Jüdischen Museums Berlin in einer Aufnahme der Fotografin Judith Buss (Anerkennung beim Wettbewerb db-architekturbild 2001)

Mit Hilfe dieser Datenbank kann man sich – über die Suchbegriffe Ort, Postleitzahl, Name oder in der Volltextsuche – daran machen, seinen Wunschpartner in Sachen Fotografie zu suchen und sicher auch zu finden.

Der richtige Moment

Architekturfotografie wird – wie kaum eine andere Disziplin der Fotografie – von vornherein für authentisch gehalten – als quasi dokumentenechte, unverfälschte (und unverfälschbare) Wiedergabe der Wirklichkeit angesehen. Als ob es keine verführerischen Dämmerungsaufnahmen mit dem alles verzaubernden Licht zwischen Tag und Traum gäbe. Als ob man eine simple Hütte nicht allein mit geschickter Perspektive, günstigem Licht und grafisch reizvollem Schatten um Klassen „aufbessern" könnte. Die Serie, mit der Stefan Melchior beim Architekturfotografie-Preis architekturbild 1999 eine Anerkennung bekam, belegt – beinahe schulbuchmäßig – welche ungeheuer wichtige Rolle das Licht bei der Aufnahme spielt. Da kann man leicht der Versuchung erliegen, ein bisschen nachzuhelfen, um das zu fotografierende Bauwerk ins „rechte Licht zu rücken".

WEGE IN DIE MEDIEN

Die Klippen der Kommunikation

In einer Häufigkeit, als sei Ärger zwischen Presse und Architekten fast schon ein Naturgesetz, hört man Letztere lautstark über das Ergebnis der Berichterstattung wettern: „Die haben mich überhaupt nicht verstanden, dabei habe ich doch alles genau erklärt!" Der Artikel hebe die Schwachpunkte hervor und das eigene architektonische Konzept sei verballhornt worden. Ignorante Journalisten also allerorten?

Hie und da mag der Grund für „schlechte Presse" ein launischer oder oberflächlich arbeitender Redakteur sein. Fast immer liegt die Ursache aber darin, dass die Kommunikation mit den Medienvertretern nicht gut funktioniert hat.

Wie die Presse Architektur sieht

Das größte Konfliktpotential liegt in der zwischen Laien und Journalisten grundlegend unterschiedlichen Vorstellung, wie über eine Sache berichtet werden soll. Journalisten ordnen die Geschehnisse der Welt in ein gedankliches Schema ein, das Außenstehenden zunächst fremd ist: Entweder handelt es sich um Ereignisse von allgemeinem Interesse und hohem aktuellem Neuigkeitswert (politische Entscheidungen, Sportereignisse) oder um eine besonders erzählenswerte „Geschichte". Von einer „Geschichte" sprechen Journalisten, wenn ein Thema durch ein besonderes menschliches Schicksal, außergewöhnliche Begebenheiten oder spektakuläre Forschungsergebnisse von Interesse ist. Der Reiz liegt hier in erster Linie in der Dramatik, Originalität und erzählerischen Attraktivität des zu Berichtenden.

Ist ein Thema weder aktuell noch gibt es eine spannende Geschichte ab, dann suchen Journalisten nach dem geeigneten „Aufhänger", einem plausiblen Anlass zur Berichterstattung (↓Checkliste „Anlässe zur Berichterstattung" im folgenden Kapitel). Trifft keiner dieser Fälle zu, ist ein Sachverhalt journalistisch ohne Belang. Die geschilderten Voraussetzungen journalistischer Relevanz machen verständlich, warum es die Architektur als solche schwer hat, zum Thema der Berichterstattung zu werden. Im Folgenden sollen Wege aufgezeigt werden, wie man dennoch das Interesse der Medien am Gegenstand Architektur entfachen kann.

In der Lokalberichterstattung kommt Architektur leicht unter die Räder: Dieser Artikel aus der **Sächsischen Zeitung** zitiert Passanten, die den Neubau als „Kaninchenstall" bezeichnen und mokiert sich über die „futuristische" Architektur. Dafür versäumen es die Lokalreporter gerne, in ihren Artikeln den Namen des Erbauers zu nennen.

Wie Architektur zum Ereignis wird
Ein Ereignis mit hohem Nachrichtenwert ist das Richtfest oder die Fertigstellung eines neuen Gebäudes. Dass Architekten mit solchen, für die Präsentation ihrer Arbeit eigentlich idealen Anlässen oft wenig Glück haben, liegt daran, dass in der Logik journalistischer Berichterstattung die „harten" Fakten in den Vordergrund treten, also der Zweck eines Gebäudes, seine Kosten, die Bauherren und der Bürgermeister als Förderer des Projektes. Der Blick durch die politische Brille drängt die Architektur selbst an den Rand – sofern man ihr nicht aktiv Geltung verschafft, beispielsweise, indem der Architekt seine Pressearbeit frühzeitig mit der des Bauherrn abstimmt und alles unternimmt, um auf der Rednerliste der Pressekonferenz aufzutauchen.
Idealerweise führt er die Presse einige Wochen vor der Eröffnung des Gebäudes über die Baustelle – und kann so relativ sicher sein, dass es bei den auf den Rundgang folgenden Vorberichten vor allem um die Architektur geht (✋ Kap. „Pressearbeit konkret").

RICHTSCHNUR

Planer und Architekten können sich die Wertschätzung der Medien für objektivierbare, faktengesättigte Nachrichten zunutze machen: Gelang es durch ein effizientes Planungsmanagement, mit den Baukosten deutlich unterhalb des gesetzten Kostenrahmens zu bleiben, ist das natürlich berichtenswert (Stichwort: Umgang mit Steuergeldern). Das gilt gleichfalls für ein energieoptimiertes Schulgebäude, das durch die Nutzung passiver Solarenergie hilft, Heizkosten einzusparen und damit den „Stadtsäckel" und die Umwelt zu entlasten.

Architektur inszenieren

Ein Gebäude steht einfach da und das wird es auch nach drei Monaten noch tun. Es hat wenig von einem Ereignis und gibt noch weniger eine Geschichte im journalistischen Sinn ab.

Wenn doch einmal die Architektur als solche breite Aufmerksamkeit erfährt, dann haben sich die betreffenden Architekten die beschriebene Logik öffentlichkeitswirksamer Inszenierung zu Eigen gemacht: Der Erfolg der „Star-Architekten" Frank O. Gehry und Daniel Libeskind beruht auf eben diesem Prinzip: Gehry erlangte seine internationalen Publikumserfolge durch gebaute Skulpturen, die in der Dramatik ihrer erstarrten Bewegungen eigentlich unarchitektonisch sind. Es sind die spektakuläre Form und die dramatische Geste, die diese Architektur populär machten. Nicht umsonst machte im Zusammenhang mit Gehrys Bauten der Begriff „Ereignis-Architektur" die Runde.

Daniel Libeskinds Architektur gewinnt ihre suggestive Kraft gleichfalls aus dramatischen Formen, vor allem aber, indem der Architekt narrative Motive an sie heranträgt und indem er Symbolik verräumlicht. Im Jüdischen Museum in Berlin gibt es eine „Straße des Exils" und zahlreiche Referenzachsen zu Berliner Stätten jüdischer Geschichte. Im ehemaligen Konzentrationslager Dachau plante Libeskind einen „Hoffnungsriegel" und auf dem New Yorker Ground-Zero-Gelände will er Bäume in den Himmel wachsen lassen als Symbol des Lebens – lauter Motive, die nicht Architektur sind, sondern mit Architektur verwobene Gesten und Geschichten. Es ist dieser – vom Publikum inzwischen erwartete – symbolische „Mehrwert", der Libeskinds Architektur populär machte.

Kann ein Architekt ohne internationale Reputation, der Alltägliches wie etwa einen Kindergarten oder den Umbau eines alten Klosters plant, sich das hier wirksame Prinzip zunutze machen? Er kann.

Geschichten rund ums Bauen

Abgesehen davon, dass man durch besondere architektonische Finesse die Aufmerksamkeit der Öffentlichkeit wecken kann, gibt eigentlich nicht das fertige Gebäude, sondern die Geschichte seiner Entstehung das interessantere Material für „Geschichten" ab: Beispielsweise, wenn für das freitragende Holzdach einer Sporthalle ein neuartiges Konstruktionsprinzip erstmals zur Anwendung kam oder wenn durch ein innovatives Bauverfahren erhebliche Kosten eingespart werden konnten. Es liegt auf der Hand, dass vor allem stadtbekannte historische Bauwerke, die von einem Architekten umgebaut werden, durch ihren Identifikationswert ein besonders dankbarer Anknüpfungspunkt für solche „Storys" sind.

Der Ruhm des Stars strahlt ab auf sein Werk: Der amerikanische Architekt Ieoh Ming Pei posiert im Rohbau des von ihm entworfenen Neubauflügels für das Deutsche Historische Museum in Berlin; Bericht im Berliner **Tagesspiegel**.

Vielversprechende Umwege zum Thema

Menschen und Menschliches ins Spiel zu bringen, ist der am meisten versprechende Umweg, um schließlich das Interesse auf die Architektur selbst zu lenken.

Das kann durch einen Bericht über die von weit her angereisten Spezialhandwerker, die durch ihre Erfahrung zum Gelingen des Baus beitrugen, geschehen, in Form eines Interviews mit dem Bauherrn und natürlich, indem der Erbauer erzählt, welche persönliche Bedeutung gerade dieses Gebäude für ihn hat. Vielleicht hat er ja – nur eine von hundert Möglichkeiten – die Grundschule erweitern dürfen, die er als Kind selbst besucht hat.

Zweifellos wäre es wenig geschickt, den Redakteur der örtlichen Tageszeitung aufzufordern: „Schreiben Sie doch ein Porträt über mich." Man kann jedoch einen Pressetermin so gestalten, dass sich dem Journalisten die Form eines Porträts geradezu aufdrängt.

Wenn Negativschlagzeilen drohen

Manchmal geht die Berichterstattung über ein Bauprojekt nach hinten los – nämlich dann, wenn negativ berichtet wird. Das hat wenig damit zu tun, dass Journalisten es in besonderer Weise auf Architekten und ihren guten Ruf abgesehen hätten, sondern ist wiederum der Logik von Ereignis, Nachricht und Geschichte geschuldet: Wenn auf einer Baustelle alles nach Plan läuft, die Handwerker sorgfältig gearbeitet haben und man sich im Zeit- und Kostenrahmen bewegt – dann hat das keinen Nachrichtenwert, ist ein Un-Ereignis. Es läuft eben normal. Eine Nachricht, die die Öffentlichkeit elektrisiert, ist dagegen, wenn vermeldet wird, dass das Bürgerhaus fünf Millionen Euro teurer wird als geplant oder der Keller des gerade übergebenen städtischen Kindergartens von giftigen Schimmelpilzen befallen ist. Solche Nachrichten können eine Kleinstadt erschüttern, Politikerköpfe ins Rollen bringen. Deshalb: Zeichnen sich bei einem Bauprojekt Schwierigkeiten ab, ist man gut damit beraten, die Flucht nach vorne anzutreten und mit seiner Sicht der Dinge an die Öffentlichkeit zu gehen. Je früher, desto besser, allerdings nicht ohne Absprache mit dem Bauherrn.

So verständlich der von Architekten häufig vernehmbare Unmut sein mag, die Presse habe ihr architektonisches Konzept nur verballhornt wiedergegeben: Ein Journalist, der seinen Beruf ernst nimmt, wird sprachlich verdichten, Nebenaspekte weglassen und Fachjargon in eine allgemein verständliche Sprache „übersetzen". Damit beim „Übersetzen" nichts schief geht, empfiehlt es sich, die eigenen Pressetexte so allgemeinverständlich wie möglich zu formulieren.

Spaziergang durch das neue Berliner Regierungsviertel an der Seite des Stadtplaners Albert Speer, dessen Vater hier einst Prachtstraßen und Paläste für die Reichshauptstadt Germania plante. Speer wird durch seinen persönlichen Bezug zum Ort zum Bindeglied zu dem eher spröden Thema Hauptstadtplanung.

Nachricht, Aufhänger, Thema:
Wie Architekturbüros und ihre Arbeit in die Medien kommen – oder auch nicht

Das erste Haus

Zwei junge Leipziger Architekten sollen mit ihrem Büro zum Gegenstand der Berichterstattung werden. Sie hatten zum betreffenden Zeitpunkt einige Altbauten umgebaut sowie ein kleines Wohnhaus errichtet. Die frühen Projekte, wie auch das Wohnhaus kommen für den Hauptteil von Architekturzeitschriften kaum in Frage. Ein interessanter Berichterstattungsanlass bietet sich, als ein Architekturjournalist für die **Neue Zürcher Zeitung** einen Beitrag zum Thema „Junge Architektur in Deutschland" schreibt. Die beiden Leipziger bieten sich als Beispiel von zwei Architekten an, die sich auf einem schwierigen Terrain nicht nur behaupten, sondern auch eine selbstbewusste architektonische Haltung vertreten.

„Unsichtbare" Architektur

Ein kleines, aber expandierendes niedersächsisches Architekturbüro möchte seine Arbeit gerne verstärkt in der Presse gewürdigt sehen. Das Büro war bis dahin recht erfolgreich in der Erneuerung und Umnutzung von – zum Teil prominenten – regionalen Baudenkmalen tätig. Allerdings sind die gestalterischen Eingriffe minimal, die neue Architektur bleibt, von wenigen Ausnahmen abgesehen, unsichtbar. Deshalb scheiden Architekturfachzeitschriften für eine Veröffentlichung weitgehend aus, eine Ausnahme könnte ein Heft mit dem Thema „Denkmalumnutzung" sein. Sehr gut kommen dagegen Denkmalzeitschriften wie **Monumente** für Veröffentlichungen in Frage.
Auch die Tagespresse sowie die regionale Kirchenzeitung bieten sich für die Berichterstattung an, zum Beispiel in Form eines Architektenporträts.

Porträt eines Künstlers

Ein Berliner Architekt hat in Stuttgart auf einer industriellen Konversionsfläche ein neues Wohnquartier geplant. Eine kleine Ausstellung dokumentiert dort das Projekt. Der Architekt ermuntert einen für das Feuilleton einer Berliner Tageszeitung tätigen Autor, einen Beitrag über die Ausstellung zu verfassen.
Die Ausstellung im fernen Schwaben wird es im Berliner Feuilleton schwer haben, da über auswärtige Ausstellungen nur noch berichtet wird, wenn sie auf ein breites Publikumsinteresse stoßen – dafür aber ist das Thema zu speziell.
Für freie Autoren – so sie nicht am Ausstellungsort wohnen – lohnt der Job nicht, da das zu erwartende Zeilenhonorar nicht einmal die Reisekosten decken würde.
Da der Architekt jedoch zugleich als bildender Künstler tätig ist, bietet er sich als Thema eines Porträts auf der regionalen Kulturseite der betreffenden Tageszeitung an.

Architekturjournalismus und Architekturkritik

Fotoberichte über die eigenen Projekte, insbesondere in einer der namhaften Architekturfachblätter, stehen bei Architekten hoch im Kurs. Der Wunsch, sich mit der eigenen Arbeit in der Fachöffentlichkeit zu präsentieren, scheint dabei ebenso große Bedeutung zu besitzen wie das wirtschaftliche Argument für Pressearbeit: der zu erwartende Marketingeffekt und damit positive Auswirkungen auf die Akquisitionsaktivitäten.

Vereinzelt hört man, dass ein Pressebericht die Aufmerksamkeit eines späteren Bauherrn weckte und schließlich zum Auftrag führte. Gratulation! Doch zeigt Pressearbeit nur ausnahmsweise so unmittelbare Wirkung. Ihre wesentliche Chance besteht darin, den Bekanntheitsgrad eines Architekten in seiner Region sowie in der Fachöffentlichkeit zu erhöhen und dadurch ein positives Image aufzubauen. Das bringt zunächst einmal keine Aufträge, macht sich aber langfristig umso mehr bezahlt, da das betreffende Architekturbüro bezüglich seiner Arbeitsgebiete gut eingeführt sein wird.

Im Folgenden stellen wir die Arbeitsweise und Struktur der unterschiedlichen Medien vor, verbunden mit Hinweisen zu Veröffentlichungsmöglichkeiten, journalistischen Formen und Tipps für die erfolgreiche Kontaktaufnahme.

Der Architekt im Zentrum des Medieninteresses: Ieoh Ming Pei umringt von Fotoreportern (Bild unten). In Provinzblättern wird Architektur zum Thema, wenn sie mit starken Motiven aufwarten kann – wie Peis gläserner Treppenhausturm.

Tageszeitungen

In Deutschland gibt es derzeit rund 130 redaktionell unabhängige Tageszeitungen. Das sind all jene Blätter, die über eine sogenannte Vollredaktion verfügen. An die Stammredaktionen ist häufig eine große Zahl von Lokalausgaben angegliedert.

Sämtliche Regionalausgaben eingerechnet, erscheinen in Deutschland annähernd 1.600 Zeitungen. Die einzelnen Zeitungsbögen werden als „Buch" bezeichnet. In den großen überregionalen Blättern nehmen Wirtschaft, Kultur oder Politik je ein ganzes Buch ein.

Diese Aufteilung in thematische Ressorts führt dazu, dass Themen aus Architektur und Städtebau in Zeitungen an unterschiedlichster Stelle ihren Platz finden können, sie sind Querschnittsthemen. Am wahrscheinlichsten landen sie im Lokalen (weil hier auch am meisten Platz zur Verfügung steht), im Immobilienteil oder auf den Kulturseiten. Da die Teilredaktionen weitgehend unabhängig voneinander arbeiten, ist es keineswegs aufdringlich, mehrere Ressorts parallel mit Presseinformationen zu versorgen, es sollte aber auf der Presse-Info vermerkt werden.

Kontakt zu den Redaktionen

Die Ressortstruktur macht es notwendig, sich Ansprechpartner in den Teilredaktionen zu suchen. Meist gibt es in den Lokalredaktionen einen Mitarbeiter, der die Bauthemen kontinuierlich betreut. Manchmal sind die redaktionellen Zuständigkeiten auch nach Stadtteilen oder Gebieten aufgeteilt. Im Redaktionssekretariat kann man den zuständigen Ansprechpartner erfragen.

Presseinformationen können per Fax oder E-Mail direkt an die betreffende Person gesandt werden. Falls eine eindeutige Zuordnung nicht möglich ist, kann man die Pressemitteilung auch einfach „An die Damen und Herren der Lokalredaktion" adressieren. Möchten Sie Klarheit darüber haben, warum Ihre Pressemitteilung nicht abgedruckt worden ist oder sich kein Redakteur der Zeitung zu Ihrem Termin angemeldet hat, können Sie nach Verstreichen einiger Tage telefonisch nachhaken.

Nehmen Sie es nicht persönlich, wenn Redakteure auf solche Rückfragen kurz angebunden reagieren. Zum einen müssen sie solche Fragen häufig beantworten, zum

Stürzende Linien stören nicht, wenn sie effektvoll stürzen: Haben Architekturaufnahmen Hingucker-Qualitäten, sind sie in Tageszeitungen gerne gesehen.

anderen ist Redaktionsarbeit ein Stressjob. Deshalb möglichst nicht nach 14.30 Uhr anrufen, wenn die Produktion der Ausgabe für den kommenden Tag heiß läuft.

Bei den anderen Redaktionen vollzieht sich die Kontaktaufnahme in vergleichbarer Weise. Periodische Beilagen (Immobilien, Sonderthemen etc.) bilden kein eigenes Ressort, sondern liegen meist in der Verantwortung einzelner Redakteure.

RICHTSCHNUR

Beim Ausdenken von Themen und Berichterstattungsanlässen ist Kreativität gefragt. Jedes Thema kann man attraktiv verpacken. Gefragt sind Argumente, weshalb es das Publikum interessieren könnte, sowie ein plausibler Aufhänger.

Lokalseiten

Die Lokalseiten einer Tageszeitung sind der erfolgversprechendste Ort für die Architekturberichterstattung auf regionaler Ebene. Verbreitet ist eine gewisse Geringschätzung des „Lokalen" angesichts der Themenmischung aus Berichten über Kaninchenzüchter, Straßenbauprojekte und Vereinsabende. Selbst wenn sie anders wollten: Lokalredakteure sind auf das angewiesen, was ein Ort ihnen bietet. Und wenn der örtliche Architekt die Presse nie zu einem Termin einlädt, dann tut das eben wieder einmal der Spielmannszug oder die IHK.

Die Berichte im Lokalen werden mit Abstand am meisten gelesen – nach Untersuchungen der deutschen Zeitungsverleger von fast 80 Prozent der Abonnenten. Auf den Kulturseiten verweilen nur ca. 9–11 Prozent der Leser.

Kultur

Die Architektur eroberte sich erst spät einen Platz auf den Kulturseiten der Zeitungen. Zwar schrieben Siegfried Kracauer, Walter Benjamin und andere schon in den zwanziger Jahren gelegentlich brillante städtebau- und architekturkritische Texte. Doch zum regelmäßigen Thema wurde sie in den bundesdeutschen Feuilletons erst

Bericht über eine neue Kirche:
Architekturkritik im Berliner **Tagesspiegel**.

seit den achtziger Jahren. Als Darstellungsformen zu unterscheiden sind Berichte, die das Thema Architektur allgemein betreffen – also einen bestimmten Architekten oder die Verleihung eines Architekturpreises – sowie andererseits Architekturkritiken. Die Architekturkritik übt sich – analog zur Theater- oder Filmkritik – in der kritischen Würdigung eines bestimmten Bauwerks.

Sofern eine Kulturredaktion Architektur als Thema berücksichtigt, liegt sie meist in der Verantwortung des für Kunst und Ausstellungen zuständigen Redakteurs.

Geschrieben wird bevorzugt über Museumsneubauten, Wolkenkratzer und große Bahnhöfe. Alltägliche Bauten haben es da schwerer. Dennoch: Wer der Meinung ist, sein Werk komme für eine Architekturkritik in Frage, sollte sich nicht scheuen, den betreffenden Mitarbeiter zu einer Gebäudebesichtigung einzuladen und ihm vorab per Post ein paar erläuternde Zeilen und einige Fotos vom Bauwerk zukommen zu lassen.

Immobilien

Das Thema zeitgenössisches Bauen könnte nirgendwo besser platziert sein als auf der Aufschlagseite des Immobilienteils – denn ihn nimmt zur Hand, wer vorhat, ein Haus zu erwerben oder zu bauen. Ein Bericht im Immobilienteil ist damit vor allem für Architekten nützlich, die im Einzugsgebiet der betreffenden Zeitung Wohnhäuser errichten. Das Interesse des zuständigen Fachredakteurs weckt man, wenn man ihm einen Aufhänger liefert, der die konzeptionelle Einzigartigkeit eines Hauses deutlich macht: Es kann ein Low-Budget-Eigenheim sein, ein Reihenhaustyp mit standardmäßig in die Fassade integrierter Fotovoltaik oder ein speziell für die zweite Lebenshälfte entworfenes, barrierefreies Wohnhaus.

Kommt viel zu selten vor: Bericht über aktuelle Architektenhäuser in der Immobilien-Beilage einer Berliner Zeitung. Anlass war die Ausstellung einer Architekturgalerie.

Stichwort Architekturkritik

Architekturkritik bezeichnet die beschreibende Analyse und Bewertung neuer Bauwerke und bezieht sich auf ein einzelnes Gebäude oder Ensemble.

Die Tageszeitungen sind in der Bundesrepublik der wichtigste Ort fundierter, öffentlichkeitswirksamer Architekturkritik. Ein Glücksfall für den öffentlichen Architekturdiskurs – sind doch die Gebäude, die in den Architekturgazetten präsentiert werden, immer schon eine Positivauswahl der Redakteure. Allerdings leisten sich nur circa 15 deutschsprachige Zeitungen eine einigermaßen regelmäßige Architekturberichterstattung. Beim Verteilungskampf um den knappen Raum auf den Kulturseiten haben die für Architektur zuständigen Redakteure einen schweren Stand – und in der Konkurrenz mit einer aktuellen Opern- oder Theaterpremiere keine Chance. Baukunst gilt im Vergleich zu den klassischen Kultursparten als Kann-Thema. Nur da, wo viel Platz ist, in den mehrseitigen Feuilletons der großen überregionalen Blätter, findet die Baukunst in kurzer Folge ihren Platz auf den Seiten.

Bei der Architekturkritik ist die Kritik nicht Selbstzweck – der Kritiker ist zugleich als „Übersetzer" in der Pflicht, das heißt, er macht das architektonische Konzept eines Gebäudes für den Laien nachvollziehbar.

Jeder Architekturkritiker pflegt seinen eigenen Stil. Die Auseinandersetzung mit der gebauten Umwelt geschieht bisweilen in einem glossierenden, scharfzüngig-pointierten Stil, der in den besten Fällen an die Tradition des klassischen Feuilletons in den zwanziger Jahren anknüpft. Verbreiteter ist jedoch ein Stil, der seine Kritik aus umständlichen Beschreibungen und Argumentationsketten herleitet. Im ungünstigen Fall wird Architekturkritik zudem mit Fassadenkritik verwechselt. Der Publizist Christian Marquart kritisiert den modernen Kritiker wie folgt: „Ihm unterlaufen zu viele und zu umständliche Begründungen, die der Objektivierung seines Urteils dienen sollen, aber beim Leser eher Langeweile erzeugen."

Da Kulturkritik traditionell der subjektiven Einschätzung und dem Geschmack des Autors unterliegt und gerne mit einer Prise Polemik gewürzt ist, versteht es sich von selbst, dass der Kritiker ein architektonisches Œuvre nicht „richtig" oder „falsch" beurteilen kann. Manchmal kommt eben ein Verriss dabei heraus. Man darf jedoch erwarten, dass ein Kritiker bei seinem Urteil Fairness walten lässt und keine falschen Behauptungen aufstellt. Tatsächlich bleiben die Herren (und wenigen Damen) Architekturkritiker in ihrem Urteil meist viel zahmer als ihre für Theater oder Film zuständigen Kollegen.

In anderen Ländern wird eine anders akzentuierte Architekturkritik gepflegt. Ganz im Gegensatz zur Geradlinigkeit niederländischer Architektur gibt sich die dortige Architekturkritik eher spröde; umständliche „Urteilsbegründungen" sollen wissenschaftlichen Anspruch sichern.

Anders die Kollegen in Großbritannien: Britische Architekturkritik, findet die Berliner Architekturgaleristin Kristin Feireiss, sei meist ein Vergnügen: Klar und pointiert – aber nie verletzend. „Gefochten wird mit dem Florett – und einem Whisky in der anderen Hand", beschreibt Feireiss den souveränen und vergnüglichen Ton der Kritiker.

Dagegen gilt es in Italien fast schon als ehrenrührig, das Werk eines Architekten kritisch zu beurteilen – erst recht dann, wenn es ein Kollege tut.

Ratgeber/Wirtschaft

Einige Zeitungen widmen ihre Ratgeberseiten in regelmäßigen Abständen dem Thema Bauen und Wohnen. Denkbar ist beispielsweise, dass die Redaktion im Interview mit einem Architekten aus der Region das Für und Wider eines Architektenhauses diskutiert – als Alternative zu den Produkten der Fertighausanbieter, die ansonsten Dauerthema auf solchen Seiten sind.

Sonderbeilagen

Seitdem es Architekten nicht mehr in allen Bundesländern untersagt ist, Anzeigen zu schalten (✤ Kap. „Werbung und Berufsrecht"), entdecken sie die Sonderbeilagen als attraktive Plattformen öffentlicher Präsenz. Erforderlich ist zu diesem Zweck nur, dass sich mehrere Architekten entschließen, an einem Strang zu ziehen.

Zum Procedere: Ein Vertreter der (etwa in der Form eines regionalen Netzwerks organisierten) Architekten kann bei der Anzeigenabteilung der örtlichen Zeitung eine Sonderbeilage zum zeitgenössischen Bauen in der Region anregen. Ein idealer Aufhänger ist der Tag der Architektur. Je mehr Architekturbüros und gegebenenfalls auch Baufirmen sich bereit finden, in der betreffenden Sonderbeilage Anzeigen zu schalten, desto mehr Seiten kann der Verlag einplanen. Bei geringem Anzeigenaufkommen können mit dem Verlag einzelne Themenseiten verabredet werden.

Auf den redaktionellen Teil hat der Initiator keinen oder nur mittelbaren Einfluss – was der journalistischen Qualität meist zugute kommt. Allerdings sollten Sie Wert darauf legen, dass die Texte der Sonderbeilage nicht von irgendwem, sondern von kompetenten Autoren geliefert werden – das kann der für Bauthemen zuständige Redakteur im Lokalen sein oder auch ein von Ihnen ins Gespräch gebrachter freier Architekturjournalist. Statt architektonischem Name-Dropping ist thematische Vielseitigkeit gefragt, die geeignet ist, das Interesse von Nicht-Insidern zu wecken.

Anzeigenblätter (Gratis-Zeitungen)

Nur weil eine Sache kostenlos ist, heißt das nicht, dass sie ohne Wert und Wirkung ist. Die über Anzeigenaufträge finanzierten Gratis-Zeitungen haben oft erstaunlich hohe Auflagen – und sie werden gelesen. Um die Bekanntheit eines Architekturbüros auf regionaler Ebene zu erhöhen, dürften die Gratiszeitungen eine ähnlich wirkungsvolle Plattform bieten wie die örtliche Abonnentenzeitung. Denken Sie sich für den ersten Kontakt mit der Redaktion ein publikumswirksames Thema aus.

Radio

Insbesondere die Redakteure privater Regionalsender sind stets auf der Suche nach vielversprechenden Themen aus dem Einzugsradius Ihres Senders, um der Mischung aus Musik, Nachrichten und Werbung inhaltliche Würze zu geben.

Ausführliche Architekturberichterstattung und -kritik findet gelegentlich im öffentlich-rechtlichen Hörfunk statt. Jeder öffentlich-rechtliche Sender unterhält eine Kulturwelle mit

Bausparer-Magazine

Ein vielversprechender, von Architekten jedoch kaum beachteter Bereich sind Eigenheim-Magazine und die Zeitschriften der Bausparkassen, beispielsweise die Zeitschrift **Mein EigenHeim**, ein Tochterunternehmen der Wüstenrot-Bausparkasse. Einer Allensbacher Werbeträgeranalyse zufolge erreicht die Verlagsgruppe **Mein EigenHeim** 3,42 Millionen Leserinnen und Leser. Viele Architekten sind der Meinung, dass man mit solch einer Zeitschrift, die sich primär an „Häuslebauer" richtet, keine als Auftraggeber interessante Zielgruppe erreicht. Ein sicher etwas voreiliger Schluß, denn Häuslebauer-Zeitschriften werden von einer erstaunlich breiten Zielgruppe gelesen und ernst genommen – auch dann, wenn es sich um anzeigenfinanzierte „Werbeblätter" handelt. Nähere Einzelheiten und Ansprechpartner zu **Mein EigenHeim** finden Sie auf der Homepage unter www.gruppe-meineigenheim.de.

Der genannte ist nur einer unter rund einem Dutzend in Frage kommender Titel im deutschsprachigen Raum. Was die Redaktionen allerdings erwarten, ist ein laienverständlicher Text zu einem Thema, das zum Schwerpunkt eines der kommenden Hefte passt. Sie sollten deshalb versuchen, bei der Redaktion die geplanten Themen in Erfahrung zu bringen. Bieten Sie daraufhin dem Chefredakteur/der Chefredakteurin ein Exposé Ihres Artikels mit zwei bis drei veröffentlichungsfähigen Fotos an. Um Ihrem Text journalistischen Schliff zu geben, können Sie einen freien Journalisten beauftragen, ihn zu redigieren. Die Chance, auf diesem Weg zu einer Veröffentlichung zu kommen, steht gar nicht so schlecht, denn die Blätter werden meist von Mini-Redaktionen produziert, die auf die Zuarbeit freier Autoren angewiesen sind. Die Mehrzahl der Redaktionen erwartet, dass ihnen geeignete Fotos unentgeltlich zur Verfügung gestellt werden.

Feature-Plätzen und einem aktuellen Kulturmagazin. Beide Formate kommen für Architekturthemen in Frage. Vergleichbare Sendeplätze gibt es bei den zwei bundesweit zu empfangenden Programmen von DeutschlandRadio. Auch Radiosender sind in Ressorts aufgeteilt.

Kontakte zu den Redaktionen

Persönliche Kontakte sind auch hier entscheidend, vor allem zur letztgenannten Gruppe der freien Rundfunkreporter. Durch einen Anruf in der Redaktion lassen sich diejenigen Journalisten ausfindig machen, die sich mit Architektur beschäftigen.

Zu empfehlen ist eine Doppelstrategie: Pressemitteilungen sollten sowohl an das Sekretariat des Ressorts für aktuelle Kultur geschickt werden (in der Hoffnung, dass das Material schnell an den zuständigen Redakteur weitergeleitet wird) als auch an die E-Mail- oder Fax-Adressen interessierter freier Autoren.

Radiobeiträge sind nur ausnahmsweise länger als zwei oder drei Minuten – genug Zeit, um dem zur Einweihung des neuen Sportzentrums erschienenen Reporter ein Kurzinterview zu geben. Ein solches Gespräch kann man schon im Vorfeld von Presseterminen verabreden. Sprechen Sie mit dem Journalisten – bevor sein Band läuft – die geplanten Interview-Themen kurz durch und bereiten Sie Ihre Ausführungen mit einigen Stichworten vor. Dann können Sie geradlinige und überlegte Antworten geben und die knappe Zeit optimal nutzen.

Fernsehen

Das Fernsehen ist eigentlich ein ideales Medium, um über Architektur zu berichten. Doch knappe Sendezeiten, hohe Produktionskosten und die Bedeutung der Einschaltquoten als Legitimation für inhaltliche Entscheidungen machen es dem (nach Überzeugung der Redakteure) wenig massenwirksamen Thema Architektur nicht leicht. Allerdings widmen insbesondere die ARD-Anstalten seit einiger Zeit auch dem Baugeschehen vor der Haustür eigene Formate – wie beispielsweise die Sendereihe „Stadt Land Fluss" des Rundfunks Berlin-Brandenburg.

Als vielversprechende Profilierungsmöglichkeit für Architekten erscheinen Ratgebersendungen des Vorabendprogramms, wo immer mal wieder ein „Experte" für energieeffizientes Bauen oder altersgerechtes Wohnen ins Studio gebeten wird. Auf der anderen Seite sind in den vergangenen Jahren zahlreiche private regionale Fernsehsender aus dem Boden geschossen. Sie verfügen über viel mehr freien Sendeplatz als die großen Länderanstalten und sollten so selbstverständlich wie die Lokalredaktion in die eigene Pressearbeit einbezogen werden.

Architekturfachpresse

Abgesehen davon, dass die Architekturfachpresse fast ausschließlich Architekten und angrenzende Berufssparten wie Stadt- und Landschaftsplaner erreicht, werden Architekturzeitschriften – im Unterschied zu Fachorganen anderer Disziplinen (etwa der Naturwissenschaft oder der Medizin) – hierzulande so gut wie nie von den Massenmedien zitiert. Liegt es am Desinteresse der Entscheider in den Medien? Das mag eine Rolle spielen; andererseits entsteht nicht unbedingt der Eindruck, dass die Architekturfachpresse die Resonanz über die Grenzen der Disziplin hinaus sonderlich sucht.

In einer der bekannten Architekturzeitschriften präsentiert zu werden, verspricht für Architekten also Reputation innerhalb der eigenen Reihen. Für den wirtschaftlichen Erfolg eines Architekturbüros sind solche Veröffentlichungen mittelbar von Bedeutung: Mit jeder Erwähnung in Zeitschriften wird ein Büroname in der Architekturszene geläufiger, man kommt ins Gespräch. Womit die Wahrscheinlichkeit wächst, von den Kollegen in Bauverwaltungen und den Bauabteilungen großer Unternehmen zu teilnehmerbegrenzten Wettbewerben eingeladen oder sogar mit einem Direktauftrag bedacht zu werden.

Redaktionelle Struktur und Organisation

Jeder möchte sein Werk gerne auf einer mehrseitigen Fotostrecke im Hauptteil der renommierten Zeitschriften präsentiert wissen. Allerdings konkurrieren hier eine große Zahl in- und ausländischer Projekte um wenige Seiten. Deshalb zahlt es sich aus, beim Kontakt zu den Redaktionen zu prüfen, ob das anzubietende Thema nicht ebenso gut in den „Magazin"-Teil vorne im Heft passt. Auch die Technik- bzw. Produktseiten sind ein interessanter „Hintereingang" zur fachlichen Publicity – etwa wenn Ihnen konstruktive Innovationen gelungen sind oder Sie Standardprodukte erfolgreich abwandeln konnten. Diese Teile der Zeitschriften werden mindestens so aufmerksam gelesen wie die Artikel im Hauptteil.

Entscheidungsprozess und Auswahl

Zwar haben Redakteure spezifische thematische Vorlieben, jedoch besteht nur ausnahmsweise eine feste Zuordnung architektonischer Sujets zu bestimmten Personen. Abgesehen davon, dass der Technik- und Magazinteil meist fest von einem Redakteur oder einer Redakteurin betreut wird, wählen die Mitarbeiter der Zeitschriften ihre Themen frei aus.

Nicht alle Architekturzeitschriften sind so bekannt wie die **db**. Fachmagazine wie **Industriebau** oder **Glas** werden häufig auch von den Entscheidern in Unternehmen gelesen und bieten daher besondere Chancen.

Die Entscheidung, ein Projekt zu publizieren oder nicht, wird selten von objektiven Auswahlkriterien bestimmt, sondern hängt davon ab, ob es die Begeisterung der Redakteure entfachen kann. Demzufolge ist die Erwartung verfehlt, dass man „nun endlich auch einmal veröffentlicht wird", weil man ja eine Zeitschrift schon seit Jahren fleißig mit Materialien versorgt. Die Hauptkriterien sind architektonische Originalität und Qualität.

Kontakt zu den Redaktionen
Viele Zeitschriften geben in ihrem Impressum die vollständigen Namen der Redakteure an. Wenn Sie der Redaktion ein Thema – zum Beispiel ein von Ihrem Büro verwirklichtes Projekt – schmackhaft machen wollen, gilt es zu klären, wer der beste Ansprechpartner ist: Anhand

Atmosphärische Aufnahmen von Interieurs sind gefragt, wenn Magazine wie **Häuser** oder **Architektur & Wohnen** über neue Gebäude berichten.

älterer Ausgaben kann man feststellen, welcher Redakteur sich in der Vergangenheit schwerpunktmäßig mit vergleichbaren Themen beschäftigt hat. Oder man fragt sich in der Redaktion zum geeigneten Ansprechpartner durch.

Es verbessert die Chancen auf Veröffentlichung nicht, Materialien ausschließlich an den jeweiligen Chefredakteur zu adressieren. Sie landen dann nur auf dem höchsten Postberg. Die Entscheidungen, welche Themen und Projekte den Weg ins Blatt finden, werden meist kollektiv getroffen. Jeder aus dem Redaktionsteam kann also zum Anwalt ihres Themas werden.

Die besten Pressematerialien nutzen nichts, wenn sie zu spät kommen. Themen der monatlich erscheinenden Titel werden einige Monate im Voraus festgelegt, vereinzelt schon im Vorjahr. Die Auswahl konkreter Projekte beginnt etwa drei Monate vor dem Erscheinungstermin. Sechs Wochen vor Erscheinen eines Heftes ist in der Regel der Hauptteil komplett, zwanzig Tage vorher liegt der endgültige Redaktionsschluss für den aktuellen Teil.

Populäre Fachblätter

Hochglanzmagazine zu den Themen Architektur und Wohnen (**Häuser**, **Atrium**, **Architektur & Wohnen**) richten sich ebenfalls an Architekten, vor allem aber an den interessierten Laien.

Die Entscheidung über Themen folgt bei Lifestyle-Magazinen anderen Kriterien als in den klassischen Architekturzeitschriften. Die Wertschätzung der Chefredakteure finden fotogene, alltagsentrückte Architekturen mit exotischer und glamouröser Note. So wichtig wie die Architektur sind das Interieur und das Design. Es geht fast ausschließlich um exklusive Wohnhäuser – Villen an der Côte d'Azur, in Kalifornien oder doch mindestens in Hamburg-Pöseldorf. Allerdings finden auch immer wieder eher bodenständige Gebäude den Weg auf die Seiten.

Dem Chefredakteur nahezu ebenbürtig ist bei diesen Magazinen der Art-Direktor. Er prüft bei der Vorauswahl von Themen, wie sich ein Projekt ins Bild setzen lässt. Fällt die Entscheidung positiv aus, wird das Gebäude nicht im Rohzustand „nackt und leer" fotografiert, sondern in möbliertem Zustand – bisweilen bringen die Fotografen sogar eigene Accessoires mit. Weil das Interieur so wichtig ist wie die äußere Schale eines Hauses, ist es ein klares Knock-out-Kriterium, wenn ein Bauherr sich gegen Innenaufnahmen ausspricht. Sie sollten Ihr Projekt daher bei den betreffenden Redaktionen so früh ins Gespräch bringen, dass genug Zeit bleibt, noch vor Einzug des Bauherrn Aufnahmen zu machen – sofern dieser seine Einwilligung dazu erteilt hat.

Kontakt zu den Redaktionen

Bei den populären Architekturmagazinen ebnet weniger die Empfehlung durch Autoren, sondern eher durch einen für die Zeitschrift tätigen Fotografen den Weg zu einer Veröffentlichung. Sie können professionell angefertigte Bilder auch durch Fotoagenturen in- und ausländischen Zeitschriften anbieten. Da Fotografen ein Interesse daran haben, ihre Bilder mehrfach abgedruckt zu sehen und entsprechend oft Honorar zu erhalten, kümmern sie sich häufig von sich aus um entsprechende Veröffentlichungsmöglichkeiten.

RICHTSCHNUR

Wer sich mit der Spezifik journalistischer Denk- und Arbeitsweise vertraut macht, wird leichter erfolgreichen Kontakt zu den Medien aufbauen. Pressearbeit lebt von Kontinuität. Die kontinuierlich gepflegten Medienkontakte sichern die öffentliche Präsenz. Wer sich dagegen zwei Wochen vor einer wichtigen Gebäudeeinweihung „mal schnell" in Pressearbeit versucht, darf kaum mit substantiellen Ergebnissen rechnen.

Illustrierte, Branchenblätter und Kundenzeitschriften
Was spricht dagegen, dass ein Interview mit einem Architekten in einem Ärzteblatt oder einer Landwirtschaftszeitung erscheint? Viele Fachzeitschriften widmen sich nicht ausschließlich branchenspezifischen Inhalten, sondern streuen zur Auflockerung allgemeine Themen ein. Ähnlich verhält es sich mit den kostenlosen Kundenzeitschriften von Berufsverbänden, Krankenkassen oder Fluggesellschaften. Auf diesem Weg können Architekten ihre Arbeit Zielgruppen bekannt machen, die sie ansonsten kaum erreichen würden. Für Planer, die sich auf Umbauten und hochwertige Innenarchitektur spezialisiert haben, kann der Bericht in einer Ärztezeitschrift den Weg zu einem ganz neuen Kundenkreis ebnen. Wer anspruchsvoll gestaltete Gewerbehallen entwirft, wird keinen Schaden haben von einem Fotobericht in einem Fachblatt für Weinbau, denn viele Winzer haben Interesse an zeitgemäß gestylten Bauten für Lagerung und Verkostung ihrer Weine. Die Liste vielversprechender Zielgruppen ließe sich beliebig fortsetzen.

RICHTSCHNUR

Fachorgane anderer Branchen genießen in der Pressearbeit von Architekturbüros ungleich geringere Aufmerksamkeit als die eigene Fachpresse. Doch gerade an der Schnittstelle zu anderen Branchen liegen für die Public Relations des Architekten die größten Potentiale.

Freie Autoren
In der Bundesrepublik gibt es derzeit knapp hundert Autorinnen und Autoren, die freiberuflich über Architektur, Städtebau und Design schreiben. Nur die wenigsten von ihnen können von den kargen Zeilenhonoraren der Fach- und Tagespresse tatsächlich ihren Lebensunterhalt bestreiten.
Was die freien Autoren mit den Architekten verbindet ist, dass sie wie diese bestrebt sind, den Redakteuren von Fach- und Tagespresse ein bestimmtes Architektur- oder Städtebauthema zu „verkaufen" – mit dem Unterschied, dass sie über gewachsene Arbeitsbeziehungen zu den Redaktionen verfügen und dort auch einen gewissen Vertrauensbonus genießen. Außerdem können sie recht sicher einschätzen, ob und unter welchen Voraussetzungen ein Gegenstand Chancen auf Veröffentlichung hat. Eine Möglichkeit, die erstaunlicherweise kaum wahrgenommen wird – und damit ein großes brachliegendes Potential in der Öffentlichkeitsarbeit von Architekten.

Kontakt zu freien Autoren

Den Kontakt zu freien Autoren stellt man am besten über die Redaktionen her, denen sie zuarbeiten. Teilweise sind die Autoren am Schluss eines Heftes in Kurzviten vorgestellt – und damit problemlos von den im Impressum genannten Redakteuren zu unterscheiden. Einige Redaktionen lehnen es aus Datenschutzgründen ab, Anschrift und Telefonnummer ihrer Autoren an Dritte weiterzugeben. In diesem Fall kann man die eigene Adresse in der Redaktion hinterlassen und um Kontaktaufnahme durch den Autor bitten – oder einen Leserbrief an ihn richten. Solche Briefe werden recht zuverlässig weitergeleitet. Wenn Sie vom Autor trotzdem nichts hören, kann das auch daran liegen, dass Ihr Projekt ihm nicht gefallen hat.

Die Presse als Multiplikator: Risiken, Aufwand und Chancen

Aufwand und Risiken
- Der Zeitpunkt und Umfang der Berichterstattung ist nur bedingt steuerbar.
- Inhalt und Wertung sind nicht sicher beeinflussbar: Journalisten und Redakteure schreiben, was sie für richtig halten.
- Pressearbeit erfordert zeitintensive und kontinuierliche Betreuung und Kontaktpflege.

Chancen
- Presseveröffentlichungen erreichen ein viel größeres Publikum als intern gesteuerte Marketingaktivitäten.
- Abhängig von den angesprochenen Medien kann man recht gezielt bestimmte Zielgruppen ins Visier nehmen.
- Ein Dritter äußert sich über Sie und Ihre Arbeit – wodurch positive Urteile doppeltes Gewicht erlangen.
- Die Presseveröffentlichungen sind für Sie kostenlos.
- Pressemeldungen können eigenen Marketingunterlagen als Referenzen beigefügt werden.

Pressearbeit konkret
Eva Reinhold-Postina

Der Pressebeauftragte

Kompetenter Ansprechpartner
Für erfolgreiche Pressearbeit benötigt jedes Büro einen Pressebeauftragten oder eine Pressebeauftragte. Diese wichtige Aufgabe sollte nicht wöchentlich oder projektweise wechseln, sondern langfristig von einem Mitarbeiter verantwortlich übernommen werden.

Für diese Praxis sprechen viele Gründe: Zum einen behält der Pressebeauftragte alle Projekte gleichzeitig im Auge. Er weiß immer, was sich auf welcher Baustelle tut, er kennt alle Projektbetreuer und kann sich bei ihnen schnell Detailinformationen holen beziehungsweise Anfragen weiterleiten. Zum anderen entwickelt der Pressebeauftragte im Laufe der Zeit enge Kontakte zu einzelnen Redaktionen und Redakteuren. Umgekehrt gilt das genauso: Auch Journalisten haben ihre geschätzten, weil kompetenten, festen Ansprechpartner. Hat der Journalist eine Frage, dann weiß er immer genau: Im Büro Müller, Maier und Assoziierte unbedingt Fachfrau Schneider-Bauer fragen.

Bei kleinen Büros erledigt die Chefin oder der Chef die Öffentlichkeitsarbeit meist persönlich, das ist sinnvoll. Größere Büros brauchen dazu eine Kraft, die speziell mit dieser Sonderaufgabe betraut wird. Die Aufgabe wächst in der Regel mit dem Büro. Der Pressebeauftragte sollte vor allem Spaß an der Aufgabe haben. Er oder sie muss möglichst frei sprechen können und sollte dem Laien (was der Journalist in der Regel ist) in verständlichen Worten erläutern können, worum es geht. Fachausdrücke und langatmig ausgeführte Architekturphilosophien sind tabu.

Pressebeauftragte müssen jederzeit erreichbar sein. Zeitungsgeschäft, auch beim Rundfunk oder Fernsehen, ist Tagesgeschäft, da zählt jede Stunde. Wer sich nicht äußert, der wird nicht gehört – und in Zukunft wahrscheinlich auch nicht mehr gefragt. Deshalb: Wenn der Journalist im Büro anruft, dann muss das Gespräch umgehend an den Pressebeauftragten weitergeleitet werden. Ist er nicht da, dann notieren sein Vertreter oder das Sekretariat präzise: Wer hat angerufen, um was geht es, welche Fakten werden benötigt und wo und bis wann kann der Pressebeauftragte den Journalisten zurückrufen. Selbstverständlich muss der Rückruf dann auch erfolgen. Verlässlichkeit gehört zum Geschäft.

Verbindliche Auskunft

Wichtig ist: Jedes Büro hat nur einen Pressebeauftragten! Der bemühteste Pressebeauftragte kommt nicht ans Ziel, wenn er bei jeder Journalistenanfrage erst einmal die Meinung des Chefs einholen muss oder gar dessen Erlaubnis zu einer Aussage. Und wenn der Chef jedes zweite Mal die aktuelle Anfrage der Zeitung zur „Chefsache" erklärt und an sich zieht, dann demontiert er damit sowohl im eigenen Büro als auch in den Redaktionen Ansehen und Glaubwürdigkeit seines eigenen Pressebeauftragten. Wer nicht verantwortlich im Namen des Büros sprechen darf, der ist auch kein Pressesprecher. Er hat keine Chance, sich bei der Presse als kompetenter Ansprechpartner zu etablieren. Im Gegenteil: Er wird zum Zwischenträger und damit uninteressant für die Zeitung.

Natürlich gibt es dann und wann knifflige Fragen oder Sachverhalte, über die auch der beste Pressebeauftragte nicht oder noch nicht ausreichend informiert ist. Typisches Beispiel: Über Nacht steht plötzlich Wasser in den Kellern der Neubausiedlung, erboste Bauherren rufen die Zeitung an, sie sprechen von Inkompetenz, gar von Betrug. Die Zeitung geht den Vorwürfen nach. Sie ruft beim zuständigen Architekturbüro an, aber der Pressebeauftragte ist noch nicht genau informiert. In solch einem Fall ist es legitim, den Journalisten um etwas Geduld zu bitten, um die Zusammenhänge im eigenen Haus erst genau zu prüfen, bevor das Büro Stellung bezieht.

Damit der Pressebeauftragte über aktuelle Projekte Auskunft geben kann, muss er von allen Mitarbeitern des Büros ständig auf dem Laufenden gehalten werden. Oft lässt sich das im Rahmen der ohnehin geplanten Bürokonferenzen erledigen. Der Pressebeauftragte muss auch zunächst nur in groben Zügen Bescheid wissen: „Frau Meier arbeitet am Projekt Falltorhaus, wir haben den Wettbewerb gewonnen und sind mit der Ausführung beauftragt." Fragt nun ein Journalist nach, kann sich der Pressebeauftragte schnell bei Frau Meier mit den nötigen Informationen eindecken, den Redakteur zurückrufen und umfassend informieren.

Logistik im Büro

Wer gute Pressearbeit machen möchte, der braucht dazu auch die entsprechende technische Ausstattung. Selbstverständlich muss ein Pressebeauftragter ein eigenes Telefon besitzen, er sollte auch mobil erreichbar sein – und jeder im Büro muss diese Nummern kennen. Zur modernen Ausstattung gehört inzwischen selbstverständlich die eigene E-Mail-Adresse. Auch vom Sekretariat aus muss der Pressebeauftragte unterstützt werden. Müssen größere Presseaussendungen vorbereitet oder Pressemappen zusammengestellt werden, dann muss der Pressebeauftragte über das Sekretariat verfügen können, über Mitarbeiter, Kopierer, Drucker, Telefone und Porto. Und während seines verdienten Urlaubs braucht er natürlich auch einen kompetenten Stellvertreter.

Der Presseverteiler

Aufbau und Pflege des Presseverteilers

Wie beginnt der Pressebeauftragte mit der Pressearbeit? Mit dem Aufbau eines sogenannten Verteilers. Dieser Verteiler dient, das Wort verrät es, der Verteilung von Nachrichten an die richtigen Redaktionsadressen. Dazu muss der Pressebeauftragte Ansprechpartner sammeln, Journalistinnen und Journalisten, die sich für das Architekturbüro und seine Arbeit interessieren könnten, vor allem Redakteure der lokalen und regionalen Zeitungen und Rundfunkanstalten, in deren Verbreitungs- oder Sendegebiet das Büro arbeitet. Meist sind das mehr Redaktionen als zunächst angenommen, denn in jeder Stadt existieren inzwischen Stadtteilzeitungen, Anzeigenblätter und Online-Magazine. Hilfreich beim Zusammenstellen von individuellen Verteilern ist die Medienliste der jeweiligen Architektenkammern. Auch die Industrie- und Handelskammern haben in der Regel die Adressen aller in ihrer Region beheimateten Zeitungen und Rundfunkanstalten gesammelt sowie diejenigen der Korrespondenten der Nachrichtenagenturen.

Der Aufbau eines Presseverteilers macht viel Arbeit, die Pflege ebenfalls. Zum systematischen Aufbau gehört auch das ständige Überprüfen der Daten. Kluge Pressebeauftragte telefonieren sich durch: Sie rufen die für das Büro wichtigsten Redaktionen an und fragen nach, wer zuständig ist und ob die Pressemitteilungen an eine bestimmte Redaktion (Lokales, Wirtschaft, Regionales, Bauen und Wohnen) oder sogar an einen namentlich genannten Redakteur geschickt werden sollen.

Wichtig ist auch die Art des Versands: Wünscht sich die Redaktion die Pressemitteilungen per Post, per Fax oder per E-Mail? Alles hat seine Vorzüge, und jede Redaktion hat ihre Vorlieben.

Ein guter Verteiler muss ständig gepflegt werden. Das bedeutet: In regelmäßigen Abständen muss der Pressebeauftragte die Adressen und Ansprechpartner in den Redaktionen bestätigen. Gerät seine Presseinformation nämlich in die falschen Hände, dann wird sie unter Umständen nicht abgedruckt, sondern einfach weggeworfen.

Wer bekommt was?

In welche Redaktion der Pressebeauftragte seine Mitteilungen schickt, das richtet sich nach der Art der Mitteilung. Meist sind die Lokalredaktionen zuständig. Sie berichten über alles, was den Leser in seiner Umgebung interessieren könnte. Gelegentlich haben Zeitungen auch Bau- und Wohnredaktionen. Seltener ist die Arbeit des Architekturbüros für die Feuilletonredaktion interessant. Geht es um die Auftragslage und um große, für die heimische Wirtschaft relevante Bauprojekte, dann zeigt mitunter die Wirtschaftsredaktion der Zeitung Interesse an detaillierten Informationen.

Es ist wichtig, jedes Medium gezielt und möglichst nur einmal mit einer Pressemitteilung zu beliefern. Deshalb: Bei der Redaktion nachfragen, wer die Pressemitteilung bekommen soll. Auf keinen Fall sollte der Pressebeauftragte eine Pressemitteilung mehrfach an verschiedene Ressorts ein und derselben Zeitung schicken. Wird sie dann nämlich aus Versehen zweimal in der gleichen Zeitung an verschiedenen Stellen gedruckt, dann sind die Redakteure darüber nicht sehr glücklich.

Per Post, Fax oder E-Mail?
Ideal ist es, den Verteiler als Datei im Computer abzuspeichern. Eine Reihe von Programmen, wie zum Beispiel „Excel", eignen sich zum Aufbau einer Datenbank. Daraus lassen sich bei Bedarf relativ schnell individuell adressierte Serienbriefe erstellen. Mit Hilfe zusätzlicher Software können aus diesen Adressdateien auch Faxe vom Computer aus in Serie an viele Adressen verschickt werden. Gleiches gilt für E-Mails. Auch hier gibt es Programme, die den individuellen E-Mail-Versand von Pressemitteilungen vom Rechner aus erlauben.

Bitte fragen Sie aber vorher immer nach, wie die Redaktion die Pressemitteilungen gerne hätte. Nicht jeder Redakteur schätzt die nächtlich eingehenden Faxe. Gleiches gilt für E-Mails. Wer mit E-Mail arbeitet, der schätzt die Geschwindigkeit des Mediums. Kommen aber auf der eigenen E-Mail-Adresse ständig unerbetene Botschaften, die die Arbeit blockieren, dann reagieren viele Redakteure ungehalten. Mit Recht: Wer mag sich schon seinen Arbeitsplatz „fremdbestimmen" lassen?
Erfahrene Pressebeauftragte bieten Alternativen. Sie schreiben unter ihre Pressemitteilungen entweder:

„Diese Pressemitteilung können wir Ihnen gerne per E-Mail
zukommen lassen. Bitte rufen Sie uns an unter der Telefonnummer: ...."

oder

„Diese Pressemitteilung können Sie im Internet unter der
Adresse www.   ...... abrufen".

RICHTSCHNUR Ute Einhoff, die in Düsseldorf eine PR-Agentur für Architekten betreibt, rät: Presseinfos in Form von E-Mails sollte man sparsam einsetzen, höchstens eine pro Woche. Ideal sind pdf-Dateien in der Länge einer Seite. Sofern man Bilder nicht direkt ins E-Mail-Fenster kopiert, können sie angehängt werden – aber nicht mehr als ein bis zwei Bilder, damit die Mail übersichtlich bleibt. Eine größere Bildauswahl kann man dann auf Anfrage versenden.
Wer auf eine CD-ROM gebrannte Architekturfotos an Fachzeitschriften schickt, sollte stets einen Ausdruck mit den Motiven beilegen, damit sich die Redakteure einen schnellen Überblick über den Inhalt der CD verschaffen können.

Im Internet sollte die Pressemitteilung dann allerdings auch problemlos zu finden sein. Natürlich muss sie sich auch herunterladen lassen und zwar schnell! Diesen Service schätzen Redakteure, denn mit gut formulierten, schnell verfügbaren Pressemitteilungen haben sie wenig Arbeit. Absolut verfehlt ist es, die Pressemitteilung als PDF-Datei ins Internet zu stellen. Sie kann zwar gelesen, aber nicht für die weitere Bearbeitung benutzt werden. Damit ist die Nachricht für Journalisten nutzlos.

Es gilt als absolutes Tabu, E-Mail-Adressen öffentlich weiterzugeben. Selbst wenn Journalisten sich damit einverstanden erklären, Pressemitteilungen per E-Mail zu empfangen, dann möchten sie ihre Adresse diskret behandelt wissen. Das heißt, die E-Mail-Anschriften dürfen nicht für alle Empfänger sichtbar ins Adressfeld gesetzt werden. Erfahrene Pressebeauftragte schicken die E-Mail an einen neutralen Empfänger im eigenen Haus, oder an sich selbst, und listen sämtliche Redaktionsadressen unsichtbar auf – als „blind copy", unter „Bcc". Das ist guter Stil!

Fotos, Pläne und Illustrationen

Redaktionen brauchen immer attraktive Fotos und aussagefähige Grafiken, allerdings in professioneller Qualität! Die Erfahrung zeigt: Die meisten Fotos sind unbrauchbar. Es handelt sich um Schnappschüsse von der Baustelle, mit minimaler Auflösung aufgenommen oder schlecht eingescannt. Ausgedruckt kommen sie gerade einmal auf die Größe einer Briefmarke. Wie sollen Zeitungen, geschweige denn Fachzeitschriften davon vernünftige Bilder drucken?

Erfahrene Pressebeauftragte engagieren deshalb lieber professionelle Fotografen für ihre Aufnahmen. Laienbilder vermitteln wenig Professionalität. In jedem Fall sollte der Pressebeauftragte besser das Geld in ein gutes Bild investieren und es den Redaktionen auf Anfrage zur Verfügung stellen, als ein schlechtes Foto teuer zu vervielfältigen und zu verteilen – die Abdruckchancen schlechter Bilder liegen bei Null.

In der Regel schicken Tageszeitungen ihre eigenen Profis auf die Baustellen. Kluge Pressebeauftragte nehmen sich dafür Zeit, empfangen die Fotografen und führen sie herum.

Bietet das Büro dennoch eigene Pressebilder an, muss die Art des Bildversandes, ebenso wie beim Text, mit den einzelnen Redaktionen im Vorfeld genau abgestimmt werden. Eine Zumutung ist die unaufgeforderte Lieferung großer Bilddateien per E-Mail. Das ist eine sichere Methode, Redakteure gegen sich aufzubringen: Denn auch in schnellen Systemen dauert die Bildübertragung einige Zeit. Und wenn das Bild unerwünscht ist, dann wird es doch nur per Mausklick in den Papierkorb entsorgt.

Eine elegante Lösung des Bildproblems ist es, die vorhandenen Bilder im Anschreiben oder als Schlusssatz der Pressemitteilung als Zusatzservice anzubieten. Etwa so:

„Bilder zu dieser Pressemitteilung können Sie gerne
im Internet unter der Adresse ... herunterladen."

Zu jedem Foto bietet der erfahrene Pressebeauftragte auch eine kurze Bildunterschrift an. Sie enthält in möglichst einem Satz, um welchen Anlass und welches Bauwerk es sich handelt. Als Fotoquelle wird das Architekturbüro genannt – mit der ausdrücklichen Bitte, diese Fotoquelle bei Veröffentlichung des Bildes auch abzudrucken. In der Regel halten sich die Zeitungen daran. Das ist eine gute Gelegenheit, das Büro mit Namen und in sinnvollem Zusammenhang in der Zeitung zu platzieren.

RICHTSCHNUR

Eine Voraussetzung erfolgreicher Pressearbeit ist eine gut sortierte Bilddatenbank. Sie enthält nicht nur digitale Fotos verwirklichter Gebäude (geordnet nach Projekten) sondern auch – ebenfalls in Form von pdf- oder tif-Dateien – von Maßketten bereinigte Grundrisspläne, Visualisierungen usw. Dieses Archiv sollte nur Bilder enthalten, die vom Büroinhaber zur Veröffentlichung freigegeben sind, damit der Pressebeauftragte nicht jedes Mal fragen muss, ob er ein Bild herausgeben darf oder nicht. Auch Ektachromes und andere nicht-digitale Bilder sollten dort archiviert werden.

Es empfiehlt sich, digitales Bildmaterial jeweils in unterschiedlichen Auflösungen bereit zu halten, damit Zeitschriften ein Motiv sowohl für den kleinformatigen als auch den seitenfüllenden Abdruck (DIN A4 und größer) bereitgestellt werden kann.

Checkliste: Presse-Verteiler

Ein brauchbarer Presseverteiler enthält folgende Spalten:
- ▶ Den Namen der Zeitung, des Magazins, der Rundfunk- oder Fernsehanstalt …
- ▶ Die genaue Bezeichnung der Redaktion
- ▶ Den Namen des zuständigen Redakteurs oder der Redakteurin
- ▶ Die postalische Anschrift der Redaktion
- ▶ Die Durchwahl-Telefonnummer der Redaktion
- ▶ Die Fax-Nummer der Redaktion
- ▶ Die E-Mail-Adresse der Redaktion
- ▶ Die gewünschte Art der Zusendung von Pressetexten:
- ▶ per Post
- ▶ per Fax
- ▶ per E-Mail
- ▶ Redaktion wünscht keine Fotos/Zeichnungen
- ▶ Redaktion wünscht Fotos/Zeichnungen als:
- ▶ sw- Foto in Bildgröße:
- ▶ Farbfoto in Bildgröße:
- ▶ Dia im Format:
- ▶ Digitalbild in: Auflösung – Dateiformat – Originalgröße

- ▶ Zusendung der Fotos gewünscht:
- ▶ per E-Mail
- ▶ per Post
- ▶ per Post auf CD-ROM
- ▶ Redaktion hat keinen Bedarf an Planmaterial
- ▶ Redaktion hat Bedarf an Planmaterial
- ▶ Welche Art und Größen von Plänen werden benötigt
- ▶ Versand der Pläne:

Presse-Verteiler systematisch erweitern

Es lohnt sich, der guten Übersicht halber, den Verteiler sinnvoll zu gliedern, in „Regionale Medien", „Überregionale Tages- und Wirtschaftsmedien" und „Fachmedien". Adressen für die überregionalen Medien oder Fachzeitschriften stellt entweder die jeweilige Architektenkammer zur Verfügung oder die ortsansässige Industrie- und Handelskammer. Hinzu kommen renommierte Nachschlagewerke, die allerdings ihren Preis haben. Dazu gehören zum Beispiel: **Stamm, Leitfaden durch Presse und Werbung** und, speziell zugeschnitten auf einzelne Branchen, die **Kroll-Pressetaschenbücher**. Vorteil dieser Nachschlagewerke: Sie sind immer auf dem aktuellen Stand, mühevolles Nachtelefonieren und Aktualisieren der Adressen entfällt in der Regel, das erledigen die Redaktionen von **Stamm**, **Zimpel** und **Kroll**. Von den Nachschlagewerken gibt es inzwischen auch CD-Versionen, die sich auf den eigenen Rechner spielen lassen.

Die Presseinformation

Nachrichten gesucht

Damit Tageszeitungen, Fachzeitschriften, Rundfunk oder gar Fernsehen eine Presseinformation bringen, muss sie für die Öffentlichkeit interessant sein. Sie muss Leser, Zuhörer und Zuschauer betreffen und interessieren. Der Fachmann sagt: Die Information braucht hohen Nachrichtenwert.
Jede Presseinformation muss aktuell sein! Nachrichten von vorgestern interessieren niemanden mehr. Presseinformationen müssen sachlich informieren und sollten für Laien verständlich sein. Polemik oder Ironie vermeiden kluge Pressebeauftragte. Kurze, klar aufgebaute, verständlich formulierte Presseinformationen haben deutlich bessere Chancen auf Veröffentlichung als polemisch formulierte, langatmige und mit Fachausdrücken gespickte Texte. Und: Alle Pressemitteilungen müssen überprüfbar sein. Das heißt, die Quelle muss immer genannt werden.

Die sechs Ws

Journalisten lernen und üben in ihrer Ausbildung das Schreiben guter Artikel. Sie brauchen dafür mindestens zwei Jahre. Schreiben ist kein Kinderspiel, es ist ein Beruf mit eigenem Handwerkszeug. Das Wichtigste dabei sind die sogenannten sechs Ws. Sie stehen für: Wer, was, wo, wann, wie und warum. Die sechs Ws beschreiben exakt, was der Leser wissen muss: wer macht was, wann und wo, wie und warum tut er es.

Ein Beispiel: Das Hamburger Architekturbüro Mayer und Partner (wer) hat gestern, am 15.9. 2004 (wann), in Berlin (wo) den diesjährigen Architekturpreis „Das moderne Niedrigenergiehaus" (was) überreicht bekommen. Mayer und Partner haben sich vor drei Jahren auf Niedrigenergiehäuser spezialisiert und sind seither mit mehreren ähnlichen Preisen ausgezeichnet worden (wie und warum).

Diese Informationen reichen bereits aus für eine kurze Pressemitteilung. Natürlich sind weitere Details für Journalisten und deren Leser und Zuhörer interessant. Die Mitteilung könnte so fortgesetzt werden:

Der Preis, der alle zwei Jahre vom Bau-Ministerium für umweltschonendes Bauen ausgelobt wird, ist mit 5.000 Euro dotiert. Die Jury verlieh den diesjährigen Preis für die Stadthäuser an der Mainallee in Frankfurt, die im vergangenen Dezember fertig gestellt wurden. Projektleiter Siegfried Baufreund, Partner im Architekturbüro Mayer und Partner, nahm den Preis im Rahmen einer Feierstunde im Foyer des Reichstagsgebäudes von Staatssekretär Hajo Müllermeyerschmidt entgegen.

Fakten: was, wer, wo, wann

**Ergänzende Informationen:
wie, warum**

**Hintergrund-
Informationen**

Die Informationspyramide

Fachleute vergleichen den Aufbau einer Presseinformation mit einer auf der Spitze stehenden, sogenannten Informationspyramide. Die Pyramide liest sich wie ein Artikel und fängt oben mit den wichtigsten Fakten an: Was, wer, wann und wo werden in diesem Bereich des Artikels beantwortet. Sie nehmen den größten Teil des Textes ein. Im Mittelteil liefert der Schreiber ergänzende Informationen und klärt das Wie und das Warum. Einige knappe Zusatzinformationen kann der Pressebeauftragte am Ende des Beitrages notieren.

Die Reihenfolge ist wichtig: Zum einen muss der Leser am Anfang des Artikels durch interessante Fakten zum Weiterlesen geködert werden, zum anderen kürzen Redaktionen Artikel immer von hinten nach vorne. Solche Kürzungen sind zwar mitunter schmerzlich für den Verfasser, gehören aber zur Routine jeder Redaktion. Falsch aufgebaute und schlecht formulierte Nachrichten muss der Redakteur umschreiben. Weil ihm dazu oft die Zeit fehlt, wandern unprofessionell abgefasste Pressemitteilungen meist in den Papierkorb. Deshalb: Wichtiges stets nach vorne, weniger Interessantes nach hinten stellen.

Auf jeder Pressemitteilung muss außerdem ein Hinweis stehen, wer dafür verantwortlich zeichnet und wo der Redakteur weitere Informationen zum Thema bekommt. Dazu genügt der schlichte Satz am Ende des Textes:

> „Weitere Informationen: Siegfried Baufreund,
> Telefon-Durchwahl………………"

Es versteht sich von selbst: Siegfried Baufreund sollte dann natürlich auch erreichbar sein und nicht gerade auf Urlaubsreise. Aber das klären erfahrene Pressebeauftragte beizeiten ab.

Ankündigung oder Berichterstattung?

Fachleute unterscheiden im Wesentlichen zwei Arten von Artikeln: die Ankündigung und den Bericht. Wichtig für Architekturbüros ist vor allem die Ankündigung. Wie der Name sagt, handelt es sich dabei um die Bekanntmachung einer Veranstaltung im Vorfeld, wie zum Beispiel das Richtfest des städtischen Kindergartens, den das betreffende Büro geplant hat. Das ist für Zeitungen fast immer interessant. Entweder informieren sie ihre Leser vom Bevorstehenden und laden damit öffentlich zur Veranstaltung ein, oder sie nutzen die Ankündigung als Aufhänger für eigene Recherchen und Beiträge zum Thema. Eine knapp und sachlich richtig formulierte Ankündigung wird fast immer und häufig unverändert übernommen – wenn das Thema an sich für die Leser des betroffenen Blattes von Interesse ist.

Der Pressebeauftragte eines Architekturbüros kann selbstverständlich auch Berichte herausgeben. Für beide Arten von Artikeln gelten dieselben handwerklichen Regeln – und die sechs Ws müssen vorkommen. Trotzdem sollte der Pressebeauftragte die Finger von aktuellen Berichten lassen. Sie kosten ihn als Laien zu viel Zeit. Außerdem schicken die Redaktionen lieber ihre eigenen Leute.

Politikern nicht das Feld überlassen

Nachrichten sind Informationen, die Leser, Hörer und Zuschauer als Bürger, Steuerzahler, Nachbarn interessieren könnten. Kommunale Nachrichten interessieren vor allem die Bewohner des betreffenden Ortes oder der Stadt, größere Ereignisse sind für Menschen in der Region, im Land, im Staat von Belang.

Viele dieser Anlässe, vor allem bei öffentlichen Bauten, kann das Architekturbüro nicht alleine bestreiten, zu viele Offizielle reden mit. Erfahrene Pressebeauftragte stimmen sich deshalb im Vorfeld mit möglichen anderen Pressebeauftragten ab. Kommt zum Beispiel bei einem städtischen Bauvorhaben der Bürgermeister zur Grundsteinlegung oder zur Einweihung, dann wird die städtische Pressestelle entsprechende Meldungen verfassen und verschicken. Erfahrungsgemäß erreicht die offizielle Stelle mehr Aufmerksamkeit als der Pressebeauftragte eines Planungsbüros. Er sollte daher versuchen, seine eigenen Informationen mit in den städtischen Texten unterzubringen und von der städtischen Stelle auch gleich mitverteilen zu lassen.

Die Erfahrung zeigt: Ruft die Stadt, dann kommen viele, ruft ein privates Planungsbüro, dann kommen nur wenige. Es hängt natürlich ein bisschen vom Nachrichtenwert ab. Vor allem aber sind Journalisten bei privaten, also marktwirtschaftlich angelegten Unternehmen stets zurückhaltender, weil sie – zu Recht – deren eigene kommerzielle Interessen hinter den Pressemitteilungen vermuten. Dagegen haben städtische Pressestellen offiziellen Charakter. Das liegt unter anderem an der sogenannten Auskunftspflicht, der alle Behörden unterliegen. In Deutschland hat ein Journalist das Recht, von einer Behörde Auskunft zu verlangen. Die erbetene Auskunft muss ihm gewährt werden. Gleiches gilt nicht für Unternehmen, Büros, Verbände. Sie können, müssen aber keine Auskunft geben.

Der Pressebeauftragte, der einen offiziellen Termin vorbereitet, darf den Wunsch der Politiker, im Rampenlicht zu stehen, nicht unterschätzen. Wann und wo immer sie können, stehen und reden sie in erster Reihe. Das müssen sie auch, sie sind schließlich gewählte Repräsentanten – und sie wollen meist wiedergewählt werden. Virtuos beherrschen Politiker die Bühne. Sie sprechen professionell und liefern den mitschreibenden Journalisten interessante Zitate und offizielle Aussagen. Schnell sind da alle anderen am Bauwerk Beteiligten vergessen. Deshalb: Kluge Pressebeauftragte melden sich immer selbst zu Wort! Sie lassen sich rechtzeitig auf die Rednerliste setzen.

Der öffentliche Auftritt ist nötig, damit die Planer bekannt werden. Nur wer etwas sagt, der wird von den Medienvertretern zur Kenntnis genommen und später – neben dem Oberbürgermeister und der Kämmerin – auch im Artikel zitiert.

Ist die Liste der Redner schon unerfreulich lang – was bekanntlich das Interesse der Zuhörer stark schmälert – gibt es die Möglichkeit, den Bürgermeister oder dessen Redenschreiber über alle wichtigen Fakten des Projektes zu informieren und dem offiziellen Repräsentanten allein das Wort zu überlassen. Als außenstehender Redner kann er nämlich nicht nur informieren, sondern auch das Planungsbüro loben.

RICHTSCHNUR

Pressearbeit ist zeitaufwändig. Deshalb empfiehlt es sich, bei größeren Veranstaltungen oder Terminen auf nationalem Parkett einen Profi zu Rate zu ziehen. Er kann in einzelnen Bereichen zuarbeiten oder auch die komplette Präsentation eines Projektes übernehmen. Das kostet zwar Geld, aber auch der büroeigene Pressebeauftragte arbeitet nicht für ein Lächeln.

Checkliste: Anlässe zur Berichterstattung

Anlass	Lokalzeitung	Regionalzeitung	Fachzeitschriften	Regionaler Hörfunk	Regionalfernsehen
Büro gewinnt Preis von landesweiter Bedeutung	Lokalzeitung am Sitz des Büros	Regionalzeitung	Fachzeitschriften	Regionaler Hörfunk	Regionalfernsehen
Büro beteiligt sich am „Tag der Architektur"	Lokalzeitung am Sitz des Büros			Stadtradio große Sender (Presseinfo an dpa senden)	Stadtfernsehen
Büro gewinnt Preis auf nationaler Ebene	Lokalzeitung am Sitz des Büros	große Zeitungen und Pressedienste (dpa, ddp)	Fachzeitschriften	Stadtradio	große Sender
Büro bekommt größeren Auftrag von städtebaulicher Bedeutung	Lokalzeitung am Sitz des Büros	Regionalzeitung, je nach Bedeutung des Auftrags	Internetzeitung der Stadt	Stadtfernsehen	Stadtfernsehen
Grundsteinlegung, Richtfest oder Einweihung mit Oberbürgermeister	Lokalzeitung am Sitz des Büros	Stadtteilzeitung	Stadtradio	Regional- und Landeshörfunk	Internetzeitung der Stadt
Grundsteinlegung, Richtfest oder Einweihung mit Minister	Lokalzeitung am Sitz des Büros	Regionalzeitung	Internetzeitung der Stadt		Regional- und Landesfernsehen
Büro arbeitet als Gutachter bei wichtigen Projekten auswärts	Lokalzeitung am Sitz des Büros und Lokalpresse am Ort des Arbeitseinsatzes		Fachzeitschriften, je nach Größe des Projektes	Stadtradio	
Büro-Jubiläen: 20 Jahre, 25 Jahre	Lokalzeitung am Sitz des Büros	Stadtteilzeitung			Stadtfernsehen
Bürochef/Partner wird zum Professor berufen/ übernimmt Vorsitz in wichtiger Jury	Lokalzeitung am Sitz des Büros		Fachzeitung		
Büro präsentiert außergewöhnliche (!) Konstruktion oder technische Innovation	Lokalzeitung am Sitz des Büros	Regionalzeitung	Fachzeitung	Regional- oder Landeshörfunk	Regional- oder Landesfernsehen

Die Presseinformation

Aufbau einer Presseinformation

Wer Pressemitteilungen schreibt, der sollte dabei einige formale Richtlinien beachten. Pressemitteilungen müssen eindeutig als solche gekennzeichnet sein. Sie müssen sich von Leserbriefen, Stellungnahmen und persönlichen Briefen an die Redaktion äußerlich unterschieden. Daher muss jede Pressemitteilung als

Pressemitteilung oder **Presseinformation**

gekennzeichnet werden. Gedruckt und verschickt werden kann die Pressemitteilung auf einem normalen Büro-Briefbogen. Wer sich dabei auf eine absolut ausreichende Schwarz-Weiß-Lösung beschränkt, der kann seine Pressemitteilungen auf jedem Kopierer vervielfältigen oder – was heute üblich ist – direkt vom Rechner an den Adressaten faxen oder mailen; Schwarz-Weiß-Briefe ohne grafische Spielereien benötigen nur kurze Übertragungszeiten. Das schätzen die Empfänger, das spart Geld beim Datentransport und beim Ausdruck.

Soll mit der Pressemitteilung ein (professionelles) Foto verschickt werden, dann benötigt das Foto einen eigenen Bildtext. Er muss kurz darüber informieren, was auf dem Bild zu sehen ist. Dabei sind die sechs Ws hilfreich. Personen werden immer mit Funktion, Vor- und Nachnamen genannt und von links nach rechts aufgelistet. Auch im Bildtext entfällt der Zusatz „Herr" oder „Frau". Der Bildtext wird auf einem separaten Blatt ausgedruckt, das der Pressemitteilung angehängt wird. Das Blatt sollte deutlich mit der Dachzeile „Bildtext" als Teil der Presseinformation gekennzeichnet sein.
Auf die Rückseite des Bildes kleben Profis ein Etikett, auf dem noch einmal der Anfang des Bildtextes plus die Bildquelle stehen, damit der Redakteur auch im größten Durcheinander das Foto noch problemlos dem richtigen Bildtext und der korrekten Pressemitteilung zuordnen kann.
Ein „Abdruckkiller" ist die Büroklammer (schlimmer noch: die Tacker-Klammer), die mitunter Text und Foto verbindet. Sie hinterlässt auf dem Papierabzug Abdrücke, die auch der geübte Lithograf nicht beseitigen kann. Besser: Kleine doppelseitige Kleber befestigen das Foto sicher auf dem Blatt.

Checkliste: Aufbau der Presseinformation

- Papierformat: DIN A4
- Pressemitteilung immer nur einseitig beschreiben
- „PRESSEMITTEILUNG" oder „PRESSEINFORMATION" über den Text setzen
- Großen Zeilenabstand wählen (1,5- oder 2-zeilig), um Ergänzungen und Korrekturen in der Redaktion zu erleichtern
- Pressemitteilungen des Büros immer auf demselben Pressepapier oder Briefbogen zu versenden, erhöht die Wiedererkennung.
- Name und Anschrift des Büros mit Telefon- und Faxnummer des Pressebeauftragten unter den Pressetext setzen
- Keine Wörter – auch nicht Firmennamen oder Produkte – in Großbuchstaben, unterstrichen oder fett setzen. Auf typografische Extras verzichten.
- Bei Personen immer Vor- und Nachnamen nennen, gegebenenfalls auch den Titel
- Die Anrede „Herr" oder „Frau" verwenden Redakteure nicht im Text.
- Zahlen von eins bis zwölf werden ausgeschrieben.
- Kontaktperson (Pressebeauftragten) und Telefonnummern für Rückfragen am Ende des Pressetextes nennen
- Die Überschrift der Pressemitteilung soll den Kern des Inhalts kurz und sachlich wiedergeben.
- Datumsangabe
- Die Länge einer Pressemitteilung sollte zwei DIN-A-4-Seiten nicht überschreiten, besser ist nur eine knappe Seite.
- Professionelle Bilder auf Extraseite beilegen, mit Bildtext und Rückenetiketten für Fotos
- Bilder leicht ablösbar aufkleben, nicht tackern und nicht mit Büroklammern sichern

Wichtig: Richtig formulierte Pressetexte, informative Bilder und Illustrationen erhöhen die Chance auf Abdruck der Pressemitteilung. Damit setzen sich versierte Pressebeauftragte im Wettbewerb durch. Und der ist gewaltig: Die Redaktionen erhalten täglich stapelweise Pressemitteilungen – und alle sind wichtig, vor allem für den Verfasser.

Die Presseeinladung

Die Pressekonferenz

Um über ein neues Großprojekt zu informieren, das das Planungsbüro übernommen hat, eignet sich die Pressekonferenz. Die Idee der Veranstaltung: Journalisten treffen sich – meist ohne Zeitdruck – an einem Ort und werden dort ausführlich über ein Projekt informiert. Dazu gibt es Detailwissen, eine Pressemappe und die Gelegenheit, am Projekt beteiligte Fachleute direkt zu befragen.

Pressekonferenzen lohnen in der Regel nur bei wirklich großen Anlässen, denn Organisation und Ausrichtung der Pressekonferenz sind teuer und zeitaufwändig. Peinlich, wenn dann fast keiner kommt und die sieben geladenen Fachleute nur zwei freien Zeitungsmitarbeitern gegenüber sitzen, weil das Thema den Redaktionen nicht wichtig genug erscheint, um es mit ihren besten Leuten zu besetzen.

Der Pressetermin

Eine Alternative zur Pressekonferenz bietet der Pressetermin auf der Baustelle. Diese Baustellenbegehungen sind ideal für Architekten. Der Pressebeauftragte lädt dazu ausgesuchte Medienvertreter ein und informiert sie bei einem Rundgang über die Baustelle über alle Aspekte und Details des Projektes. Journalisten und Pressefotografen sehen dabei sofort, worum es geht und können sich ihr eigenes Bild machen. Fragen werden im Gespräch direkt beantwortet. Bei einem Pressetermin lernen sich die Gesprächspartner schneller kennen als bei einer Pressekonferenz, wo die einen im Publikum, die anderen auf dem Podest sitzen. Plus: Bei Baustellenterminen fällt auch schwacher Besuch kaum auf, denn die Gruppe bleibt in Bewegung und drei Journalisten lassen sich besser führen und individueller betreuen als 30.

Pressekonferenzen und Pressetermine müssen sorgfältig vorbereitet werden. Das macht Mühe und kostet Zeit. Je nach Aufwand sollte der Pressebeauftragte vier Wochen vor dem Termin mit der Organisation anfangen. Er muss festlegen, welche Zeitungen und Medien eingeladen werden und er muss klären, welche Fachleute und Mitarbeiter des Büros als Referenten und Diskussionsteilnehmer benötigt werden und sie für den Termin verpflichten.

Jeder Termin muss mit dem Bauherrn abgestimmt werden. Bei öffentlichen Projekten sind Bürgermeister und Stadtverordnete immer gerne bei den Presseterminen dabei. Politiker suchen den Kontakt zu den Medien und die Redakteure erwarten von der Kombination Architekt-Politiker zusätzliche Informationen. Architekten sollten übrigens bei Baustellenbesichtigungen stets auf eine klare Aufgabenteilung bestehen: Der Bauherr muss zwar offiziell begrüßen, aber die Fragen zum Bau erläutert allein der Planer mit seinen Fachkollegen.

Pressetermine gut vorbereiten

Pressekonferenzen und Pressetermine brauchen Publikum. Wenn keiner kommt, dann ist das peinlich für alle Beteiligten – und vergeudete Mühe. Ob jemand kommt, das liegt zunächst am Thema. Interessante Themen ziehen an, interessante Menschen auch. Aber

Petersenstraße 15 64223 Darmstadt
Telefon 0 61 51 / 22 10 Telefax 0 61 51 / 22 10 00
info@mayerpartner.de www.mayerpartner.de

Architekturbüro Mayer und Partner

Pressemitteilung   1. Oktober 2004

Architekturpreis für Mayer und Partner

Das Darmstädter Architekturbüro Mayer und Partner hat den diesjährigen
Architektenpreis „Das moderne Niedrigenergiehaus" gewonnen. Dies teilte
die Architekten- und Stadtplanerkammer Hessen gestern, am 30. September,
in Wiesbaden mit. Mayer und Partner, seit drei Jahren auf Niedrigenergiehäuser spezialisiert und bereits mehrfach auf diesem Gebiet ausgezeichnet,
erhielt den mit 5.000 Euro dotierten Preis des Hessischen Ministerium
für Umweltschonendes Bauen für das Einfamilienhaus in der Frankfurter
Hintergasse 12c. Der Preis wird im Rahmen einer Feierstunde im Foyer der
Architekten- und Stadtplanerkammer in Wiesbaden am Freitag, dem 15. Oktober
um 11 Uhr von Kammerpräsidentin Barbara Ettinger-Brinckmann überreicht.

Wir bitten über die Preisverleihung zu berichten.

Weitere Informationen: Siegfried Baufreund,
Telefon: 0 61 51 - 22 11 99

Muster-Brief: Beispiel einer kombinierten Presseinformation/Presseeinladung

auch die sorgfältige Abstimmung der Termine mit anderen Veranstaltungen am selben Tag kann vor leeren Stuhlreihen schützen. Ideal für alle Pressegespräche ist die Zeit zwischen zehn und zwölf Uhr, da bleibt dem Journalisten am Nachmittag genug Muse zur Produktion seines Beitrages, damit dieser anderntags auch im Blatt stehen kann.

Sinnvoll ist immer, die Journalisten um Anmeldung zu bitten. Versierte Pressebeauftragte legen jeder Einladung gleich ein an das Büro adressiertes Antwortfax zur Rücklaufkontrolle bei. Darauf bieten sie folgende Alternativen zum Ankreuzen an:

```
[x] wir nehmen teil
[ ] wir nehmen nicht teil
[x] wir hätten gerne die Presseunterlagen


    Redaktion  .......................
    Name  ...........................
    Anschrift  .......................
    Telefon  ........................
    Fax  ............................
    E-Mail  .........................
```

Das Antwortfax ist eine gute Gelegenheit, anhand der zurückgesendeten Redaktionsadressen den eigenen Verteiler zu überprüfen. Oft haben sich Faxnummern geändert, manchmal ist seit der letzten Überprüfung des Verteilers ein neuer Redakteur ins Ressort gekommen und hat die Rubrik „Bauen" übernommen.

Zu Beginn der Presseveranstaltung bekommt jeder Teilnehmer die vorbereitete Pressemappe als Arbeitsgrundlage. Routinierte Medienleute blättern sie in der Regel schnell durch und verschaffen sich einen Überblick über das Material. Viele ihrer Fragen, so merken sie dabei schnell, sind im Text beantwortet. Deshalb konzentrieren sie sich bei ihren Fragen auf Themen, die in der Pressemappe nur knapp oder gar nicht aufgeführt sind, die sie aber interessieren.

Unvorhergesehene Fragen – manchmal auch bewusste Provokationen – lassen sich nicht ausschließen. Den erfahrenen Pressebeauftragten bringt das nicht aus der Ruhe. Kann er die Frage nicht aus dem Stegreif beantworten, dann reagiert er verbindlich freundlich. Er räumt die Wissenslücke ein, notiert die Frage und verspricht, den Sachverhalt zu recherchieren und den Journalisten später telefonisch zu informieren. Das Telefonat später erlaubt ihm sogar, sein persönliches Verhältnis zu diesem Journalisten zu vertiefen.

Checkliste: Vorbereitung Pressekonferenz/Pressetermin

- Anlass und Termin für die Pressekonferenz oder für den Pressetermin auf der Baustelle festlegen
- Welche Medien sollen eingeladen werden?
- Referenten und Fachleute aussuchen und verpflichten
- Wo soll die Pressekonferenz stattfinden?
- Termin und Uhrzeit festlegen
- Terminabstimmung: Überschneidungen mit anderen Konferenzen und wichtigen Terminen vermeiden (manche IHK führt eine Terminliste)
- Einladungstext (darin unbedingt Anlass angeben) vorbereiten. Maximal 14 Tage, spätestens eine Woche vor Termin verschicken
- Anfahrtsskizze beifügen
- Antwortfax beilegen zur Rücklaufkontrolle
- Ein bis drei Tage vor dem Termin telefonisch in den wichtigsten Redaktionen nachfassen, ob ein Vertreter kommt und falls nicht, ob die Redaktion die Pressemappe nach dem Termin geschickt haben möchte
- Ablauf der Veranstaltung im Einzelnen klären, Aufgaben im Büro verteilen
- Zusammenstellung der Pressemappe klären (☛ Kap. „Die Pressemappe")
- Mikrofon-Anlage, Overhead-Projektor, Video-Beamer, Flipcharts etc. organisieren
- eventuell Reservierung von Parkplätzen
- Wegweiser zum Konferenzraum/zur Baustelle
- Information des Pförtner/Bauleiters
- Bei Pressekonferenz große Namensschilder für Podiumsgäste schreiben (Tischaufsteller)
- Namensschilder zum Anstecken für Bürovertreter, Referenten, Journalisten und Gäste anfertigen
- Teilnehmerliste vorbereiten, in die sich die Gäste per Unterschrift eintragen
- Während der Pressekonferenz Kaffee, Tee, kalte Getränke bereitstellen, eventuell „Fingerfood" für den Pressetermin auf der Baustelle
- Nach der Pressekonferenz zur Mittagszeit gegebenenfalls Buffet anbieten
- Bei großen Veranstaltungen Pressearbeitsraum mit Telefon, Fax und E-Mail-Anschluss bereithalten
- Ablauf der Konferenz und Reihenfolge der Redner festlegen/Moderator bestimmen
- Redemanuskripte vorbereiten
- Abstimmung, Freigabe und Vervielfältigung der Texte koordinieren
- Zusammenfassende Pressemitteilung vorbereiten
- Eigene Hülle für Pressemappe drucken oder Klarsichthülle benutzen
- Fotos oder Grafiken vorbereiten
- Pressemappe zusammenstellen

Die Pressemappe

Pressemappen enthalten alle wichtigen Informationen über eine Veranstaltung. Sie dienen als Zusatz- und Hintergrundmaterial, als Nachschlagewerk für Journalisten, die sich – natürlich – während des eigentlichen Pressetermins nicht alles merken und nicht alles notieren können.

Die Pressemappe sollte auf sachliche, knappe Informationen beschränkt sein. Dazu gehören im Einzelnen: Ein kurzer Pressetext am Anfang, der über Sinn und Zweck der Veranstaltung informiert. Danach folgen detaillierte Hinweise zum Bauwerk, das besichtigt wird. Dazu legt der Pressebeauftragte ein Datenblatt mit Informationen über das Objekt bei und ein weiteres mit Fakten zum Büro selbst. Sind wichtige Reden geplant, dann legt er auch Kopien dieser Reden bei. Die muss er zuvor vom Redner erbitten – das kann viel Zeit und Nerven kosten.

Einige Mühe bereitet die Zusammenstellung der verschiedenen Datenblätter und Baubeschreibungen. Das Datenblatt fürs Büro kann immer wieder – natürlich aktualisiert – beigelegt werden. Es enthält Namen, Anschrift, Telefonnummern, Fax, E-Mail- und Internet-Adresse des Büros. Es gibt Auskunft über die Namen der Inhaber und Partner, das Gründungsjahr, die Zahl der Angestellten und Mitarbeiter, die Arbeitsschwerpunkte des Büros und es listet einige Referenzobjekte und Wettbewerbserfolge auf. Zur Beschreibung des Projektes gehört neben den Baudaten auch eine kurze Beschreibung des Objektes in eigenen Worten, möglichst kurz und sachlich.

Bei großen Veranstaltungen ist es üblich, die Pressemappe mit einer Liste der einzelnen Teilnehmer zu komplettieren. Darauf stehen alle Referenten und Fachleute des Büros mit Vor- und Zunamen und Funktion sowie alle angemeldeten Journalisten mit Angabe der Redaktion, für die sie arbeiten.

Checkliste: Inhalt der Pressemappe

- ▶ Pressemitteilung zum Anlass der Veranstaltung
- ▶ Ablaufübersicht mit Referenten (Vorname, Name, Funktion) und Titel des Vortrages
- ▶ Liste der teilnehmenden Journalisten und Redaktionen
- ▶ Statements der einzelnen Redner
- ▶ Projektdaten mit Zahlen, Fakten und Abbildungen
- ▶ Kurze Beschreibung des Projektes
- ▶ Projektdaten zum Büro

Unzufrieden? Freundlich nachfragen!

Die perfekte Pressemappe und die besten Pressetexte garantieren allerdings noch keinen Abdruck in der Zeitung. Ob eine Meldung abgedruckt wird, das liegt in erster Linie am Nachrichtenwert, aber selbst interessante Meldungen fallen manchmal unter den Tisch. Die Gründe dafür sind vielfältig. Oft hat die Redaktion zuviel Stoff, den sie auf wenigen Seiten unterbringen muss. Dann setzen die Journalisten Prioritäten – und die entsprechen nicht immer den Vorstellungen der Pressebeauftragten. Manchmal gehen Texte auch einfach im Tagesgeschäft verloren. Das sollte zwar nicht passieren, geschieht aber doch.

Wer Klarheit haben möchte, warum seine Pressemitteilung nicht abgedruckt wurde, der sollte nachhaken und den zuständigen Redakteur fragen. Vielleicht hat er die Pressemitteilung oder die Mappe ja gar nicht bekommen?

Häufig reagiert der Redakteur ein wenig ungeduldig auf die Nachfrage. Das ist menschlich, denn er muss solche Fragen öfter beantworten und kann doch immer wieder nur die gleichen Auskünfte geben: Wir haben zuviel Stoff, wir müssen Prioritäten setzen, andere Termine waren wichtiger, der zuständige Redakteur war verreist.

Meist lässt sich das Interesse der Redaktionen an einem Termin schon bei der Einladung recht gut abschätzen: Wer sich anmeldet, der hat Interesse, wer die Pressemappe haben möchte meist auch. Wenn ein Redakteur ausdrücklich keine Informationen haben möchte, dann sollte der Pressebeauftragte ihm auch nicht mit Nachhaken auf die Nerven fallen. Kluge Pressebeauftragte geben aber auch scheinbar desinteressierten Redaktionen eine zweite Chance und laden sie bei passender Gelegenheit wieder ein.

Nach der Pressekonferenz

Jeder Pressetermin, sei es eine Konferenz oder Baustellenbesichtigung, muss nachbereitet und dokumentiert werden. Direkt nach der Veranstaltung schickt der Pressebeauftragte die Pressemeldung an alle Redaktionen, die angeschrieben und eingeladen waren, aber nicht kommen konnten. Hat die Redaktion auf dem Rückantwortfax den Wunsch nach Presseunterlagen geäußert, bekommt sie die gesamte Mappe. Je nach Absprachen werden die Unterlagen per Fax, E-Mail oder per Post verschickt. Bei E-Mail- und Faxversand sollte sich der Pressebeauftragte in den folgenden Stunden bereithalten, um eventuelle telefonische Rückfragen der Redaktionen zu beantworten.

Pressemitteilungen lassen sich natürlich auch schon früher verschicken. Möchten etwa die meisten Redaktionen per Post und nicht per Fax und E-Mail bedient werden, dann kann der Pressebeauftragte die Unterlagen auch schon einige Tage zuvor verschicken, damit sie rechtzeitig in den Redaktionen sind.

Die Presseausschnitte, im Branchenjargon auch Clippings genannt, sollten nicht in der Schublade verschwinden. Sie dokumentieren die erfolgreiche eigene Pressearbeit. Einmal im Jahr werden alle Ausschnitte zum Pressespiegel zusammengefasst, wichtige Artikel kommen ans Schwarze Brett, sie beleben die nächste Firmenbroschüre oder den Jahresbericht des Büros für seine Kunden.

PR in guten und in schlechten Zeiten

Krisen-PR

Unangenehme Ereignisse treten überraschend auf. Sie halten sich nicht an Terminpläne und lassen den Betroffenen wenig Zeit zur Reaktion. Deshalb sollte jeder, der mit seinem Büro ganz oder teilweise in der Öffentlichkeit steht, sein Unternehmen auf mögliche Krisenherde hin untersuchen und rechtzeitig einen Krisenplan entwickeln.

Zu diesem Krisenplan gehört die verbindliche Festlegung auf einen offiziellen Sprecher des Unternehmens im Krisenfall. Das kann der Inhaber selbst sein, oder – im größeren Büro – sein Pressebeauftragter. Wer in der Krise spricht, das sollte unbedingt vorzeitig feststehen, damit das Unternehmen im Ernstfall sofort reagieren kann und mit einer Stimme spricht.

Ist tatsächlich etwas passiert, dann hilft nur eines: Die Karten offen auf den Tisch legen. Das bringt oft Verständnis und manchmal sogar Sympathie. Vertuschen hilft in keinem Fall. Ist die Krise da, dann berichtet die Presse in jedem Fall darüber. Journalisten können nur schreiben, was sie hören und was sie wissen. Deshalb ist es gerade im Krisenfall wichtig, sie mit eigenen Informationen zu versorgen. Je nach Art des Problems und Tragweite sollte dazu möglichst schnell eine Pressemitteilung verfasst und gegebenenfalls eine – auch improvisierte – Pressekonferenz einberufen werden.

In der Pressemitteilung – wie auch bei der Pressekonferenz – sollte die kritische Situation genau beschrieben werden, mit allen Fakten und Daten; Verharmlosungen und Spekulationen sind tabu.

RICHTSCHNUR

In der Krise Betroffenheit zeigen, aber nicht dramatisieren. Keine Spekulationen über Verantwortlichkeiten, rechtliche Konsequenzen oder Schadenshöhe abgeben: Enge Kooperation mit verantwortlichen Behörden betonen. Ausführlich alle geplanten Maßnahmen zur Schadensbegrenzung beschreiben. Wichtige Fakten mehrfach wiederholen.

Berichtigung und Gegendarstellung

Der Pressetermin ist gut gelaufen, aber was am nächsten Tag in der Zeitung steht, das ist schlichtweg falsch. Jeder Pressebeauftragte macht früher oder später einmal diese Erfahrung. Was ist passiert? Hat sich der Pressebeauftragte nicht verständlich machen können, ist ein Fehler in der Pressemappe, oder hat der Journalist etwas missverstanden? Fehler passieren, unter Termindruck, kurz vor Redaktionsschluss. Fehler sind meist keine böse Absicht. Erfahrene Pressebeauftragte sprechen deshalb zunächst den Autor direkt an. Sie klären den Sachverhalt, fordern aber nicht bei jeder Kleinigkeit gleich eine umfassende Richtigstellung. Anders ist das natürlich, wenn die fälschliche Darstellung massive Nachteile für das Büro bringt. Dann haben der Pressebeauftragte und sein Büro das Recht auf eine sogenannte Gegendarstellung. Gegendarstellungen sind an Formvorschriften gebunden. Der Anspruch darauf ist im Pressegesetz geregelt und kann notfalls gerichtlich erzwungen werden. Durch

Bitte vermeiden – die gröbsten Schnitzer im Umgang mit Journalisten

- „Wenn sie den Artikel fertig haben, schicken sie ihn mir bitte zum Abzeichnen …" Journalisten empfinden diese Aufforderung zu Recht als Eingriff in ihre journalistische Freiheit. Zudem entsteht der Eindruck, der Architekt billige dem Autor keinen eigenständigen Standpunkt zu.

- Damit bei einem Interview mit einem Hörfunkjournalisten nicht nur unausgegorene Verlegenheitsantworten über den Äther gehen, lassen Sie sich vorher sagen, was der Reporter fragen möchte, und weisen Sie ihn gleich auf Themen hin, zu denen Ihnen Zahlen und Fakten fehlen. Der Journalist wird sich in der Regel daran halten, denn er will ein verwertbares Interview.

- Nichts ist kontraproduktiver als Drohungen und Einschüchterungsversuche, etwa der Art, dass Sie einem Journalisten mit dem Anruf beim Verleger drohen. „Mit dem spiele ich jeden Samstag Golf, er wird schon dafür sorgen, dass Sie mein Büro in ihrem Artikel erwähnen."

- Unhöflichkeit ist unter Architekten erstaunlich verbreitet. Wenn Sie also ein Medienvertreter im Atelier besucht, wird er es keineswegs als Bestechungsversuch auffassen, wenn Sie ihm ein Getränk anbieten. Und wenn nicht – wie erhofft – der Redaktionsleiter, sondern sein Volontär zum Termin kommt, lässt man ihn die eigene Enttäuschung selbstverständlich nicht spüren.

- Journalisten, Kameraleute und Fotografen, die zu einer Gebäudebesichtigung erscheinen, sollten volle Bewegungsfreiheit genießen. Mürrische „Security"-Mitarbeiter, die den Medienvertretern beim Zugang zum Veranstaltungsort umständliche Legitimationen abverlangen oder ihnen Vorschriften machen, verderben den Journalisten die Laune.

- Sie können die Verwendung der in eigener Regie hergestellten Fotografien zwar anbieten, nicht aber vorschreiben. Die Presse darf von ausgestellten Modellen oder öffentlich sichtbaren Bauten selbstverständlich eigene Fotos machen und publizieren.

- Wahren Sie den Dresscode! Das gilt besonders beim gemeinsamen Termin mit Politikern. Wählen Sie vergleichbare Garderobe, wobei die legendäre „Architektenkluft" aus Rollkragenpulli mit Edel-Sakko sicher auch in Ordnung ist. Bedenken Sie: Ihr Erscheinungsbild wird nicht selten mit Ihrer Arbeitsweise gleichgesetzt.

die Gegendarstellung können nur Fakten korrigiert werden, nicht aber kommentierende und (ab-)wertende Aussagen eines Artikels. Angenehmer im Ton und glaubhafter sind berichtigende Artikel. Seriöse Zeitungen sind meist bereit, die Richtigstellung in einen redaktionellen Beitrag zu kleiden. Das dient allen besser als die formale Gegendarstellung. Die gütliche Einigung ist immer dem Streit vorzuziehen, schließlich will das betroffene Architekturbüro auch in Zukunft weiter in der Zeitung erwähnt werden.

Leserbrief

Die meisten Zeitungsredaktionen schätzen Leserbriefe, weil sie unterhaltsam sein können und weil sie die Leser an das Blatt binden. Der Leserbriefschreiber hat allerdings kein Recht auf die Veröffentlichung seines Leserbriefes. Das Recht der Publikation (oder der Ablehnung) wie auch das Recht zum Kürzen langer Beiträge behält sich die verantwortliche Redaktion vor. Das ist weder Zensur noch Einschränkung der Pressefreiheit, wie manch abgelehnter Leserbriefverfasser frustriert mutmaßt. Pressefreiheit bezieht sich allein auf die Freiheit der Presse, nicht auf die Freiheit des Lesers, seinen Beitrag veröffentlicht zu sehen.

Externe Helfer

Presse- und Öffentlichkeitsarbeit kostet Geld und viel Zeit. Der Pressebeauftragte muss sich ständig um die Kontakte zu den Medien kümmern. Nicht jedes Büro kann dafür dauerhaft einen Pressebeauftragten abstellen. In einem solchen Fall helfen freie Beratungsbüros oder Public-Relations-Agenturen. Externe Berater und Agenturen sind frei von unternehmensspezifischen, organisatorischen und hierarchischen Zwängen.

Profis erkennen Nachrichten, sie können Pressemitteilungen und Berichte formulieren, sie verfügen über ausgeklügelte Verteiler, können Veranstaltungen organisieren, moderieren und auswerten. Allerdings benötigen sie auch immer eine Kontaktperson im Büro selbst – den internen Pressebeauftragten.

RICHTSCHNUR

Für eine effiziente PR- und Pressearbeit unverzichtbar ist ein funktionierendes Büro-Archiv: Es enthält neben den Standardvorlagen des eigenen Corporate Designs (Schriftmuster, Briefköpfe, Visitenkarten) und allen Kontakt-Adressen ihres Büros alle veröffentlichungsfähigen Texte, Pläne, Zeichnungen und Fotos – von zurückliegenden Projekten bis zu aktuellen Vorhaben. Auch der Schriftverkehr mit der Presse und anderen Multiplikatoren gehört in dieses Archiv. Wichtig ist, dass alle Materialien im Archiv von den Büroinhabern zur Veröffentlichung freigegeben sind, damit der/die Pressebeauftragte nicht jedes Mal nachfragen muss, ob sie verschickt werden dürfen. Bei Fotografien sollte vermerkt werden, ob die Rechte bei Ihnen oder dem Fotografen liegen.

Unterlagen, die nur zur internen Verwendung gedacht sind, sollte man kennzeichnen. Das Adressenverzeichnis gliedert man zweckmäßigerweise thematisch, zum Beispiel „Presse/Autoren", „Kunden", „Geschäftspartner/sonstige" usw.

ARCHITEKTUR ALS EREIGNIS

Publicity durch Events
Paul Gerhard Lichtenthäler / Frank Peter Jäger

Es hieße, die Möglichkeiten von Öffentlichkeitsarbeit und Public Relations zu überschätzen, wenn man glaubt, mit den bewährten Mitteln der PR wie Mailing-Aktionen, Pressemitteilungen, Internet-Auftritten, Flyern und Messeständen könnte ein Architekt eine wirklich breite Öffentlichkeit herstellen für sein Produkt, die Dienstleistung Architektur. PR-Arbeit fokussiert in der Regel auf einen klar bestimmten Adressatenkreis (Zielgruppe). Als wirkungsvolle Ergänzung zu dieser Strategie der gezielten Ansprache kommt es manchmal auch darauf an, vergleichsweise ungezielt öffentlich Präsenz zu zeigen. Die Gründe dafür liegen nahe: Der potentielle Bauherr eines Architekten kann jedermann sein, und zur Kontaktaufnahme kommt es oft nur deshalb nicht, weil sich Architekt und potentieller Bauherr schlicht nicht kennen.

Eine wegen ihrer sinnlichen Unmittelbarkeit ideale Möglichkeit, das breite Publikum mit seinem Werk bekannt zu machen, sind Führungen durch eigene Gebäude. Die Architektenkammern der Länder haben diesen Weg vor einigen Jahren als Chance erkannt, Schwellenängste abzubauen und Klischees über den Berufsstand zu überwinden. Inzwischen ist der „Tag der Architektur" eine bundesweite Veranstaltung; der „Tag des offenen Architekturbüros" wird in mehreren Ländern erfolgreich durchgeführt.

Wenn Architekten mit ihrer Arbeit auf die Straße gehen, bleibt das Publikum nicht aus – Aktion des club a in der Kölner Innenstadt.

Was aber spricht dagegen, dass jeder Tag ein Tag der Architektur ist? Nicht wenige Kammern und regionale Architekturinitiativen engagierten sich in den vergangenen Jahren, um die Architektur auch über den bundesweiten Termin hinaus zum festen Bestandteil regionaler Stadtkultur zu machen – den Anfang machte 1997 der „Hamburger Architektursommer", durchgeführt unter der Regie der Hamburgischen Architektenkammer. Im Verlauf von fünf Monaten vereinte das Programm zahlreiche Führungen, Diskussionen, Ausstellungen und Events. Seit 2004 gibt es auch einen „Dresdner Architektursommer".

Dem Gegenstand Architektur zu wirklich öffentlicher Präsenz zu verhelfen, glückt vor allem da, wo Architekten mit ihrer Arbeit „auf die Straße gehen" und damit Präsenz im öffentlichen Raum zeigen, beispielsweise in Köln, wo die Architekteninitiative club a Miniaturmodelle von Wohnhausentwürfen in Miniaturvitrinen in einer Fußgängerzone ausstellten.

Die Stadtbaukulturinitiative Nordrhein-Westfalen führte in Zusammenarbeit mit dem Kölner Architekturportal koelnarchitektur.de im Sommer 2003 und 2004 die Aktion „Architaxi" durch. Fünf Limousinen standen bereit, um interessierte Laien auf fünf unterschiedlichen Routen durch die Kölner Innenstadt zu Beispielen neuer Architektur zu chauffieren. Am Steuer saßen Kölner Architektinnen und Architekten, die meist auch ein eigenes Haus entlang der Route vorzustellen hatten.

Die Erbauer saßen oft persönlich am Steuer, als das Kölner „Architaxi" auf fünf Routen aktuelle Werke zeitgenössischer Architektur anfuhr. Die Aktion stieß auf große Publikumsresonanz.

Nicht nur in der Präsentation des Werks, auch indem man aus fachlicher Warte zu aktuellen planungspolitischen Fragen Stellung bezieht, lässt sich wirkungsvoll Flagge zeigen: Leipziger Architekten gründeten im Frühjahr 2000 die Initiative „L21" und machten die Leerstandproblematik ihrer Heimatstadt mit Alternativplanungen, Podiumsgesprächen und planungspolitischen Aktionen zum Thema. Der Einwohnerschwund Leipzigs, so ihre These, verlange nach grundsätzlich neuen Denkansätzen. Ziel war es, eine Opposition zur offiziellen Planungspolitik der Stadt zu formieren.

Wer sich in Stadt und Region mit planungspolitischen Statements vorwagt, muss damit rechnen, dass ihm der eine oder andere Behördenvertreter seinen – womöglich konträren – Standpunkt übel nimmt. Doch wer seine Meinung selbstbewusst vertritt, wird ernstgenommen und kann damit rechnen, dass auch seine planerische Arbeit fortan mit wachsender Aufmerksamkeit verfolgt werden wird. Auch eine Architekturgalerie – wie sie die Hamburger blauraum architekten in einem dem Büro angeschlossenen Ladenlokal betreiben – stimuliert die Außenkontakte eines Architekturbüros nach Auskunft der Initiatoren merklich.

Veranstaltungsmanagement

Eine Frage treibt den Architekten um, sie ist nicht neu und doch so schwer zu beantworten: Wie finde ich neue Bauherrn? Man kommt der befriedigenden Antwort näher, wenn man die Frage herumdreht: Wie findet der Bauherr mich? Eine ideale und noch immer zu wenig genutzte Möglichkeit, sich und sein Büro bekannter zu machen, bieten Veranstaltungen in eigener Regie: Von der Vortragsveranstaltung für geladene Gäste bis hin zur Teilnahme am von den Architektenkammern organisierten „Tag der Architektur", von Gastauftritten auf Schulfesten oder in der örtlichen Volkshochschule bis hin zu Stadtteilführungen zum Thema Moderne Architektur. Solche Gelegenheiten für öffentliche Auftritte tragen dazu bei, vor allem die regionale Bekanntheit eines Architektur- oder Planungsbüros zu erhöhen.

Die Möglichkeiten sind zahlreich; fast alle erfordern, damit am Ende ein gelungenes Event steht, eine umsichtige Vorbereitung. Die zentrale Ausgangsfrage ist die nach der Zielgruppe einer Veranstaltung (Bauherren, Unternehmer, Kollegen, interessierte Laien); abhängig von ihren Zielgruppen sollte eine Veranstaltung einen individuellen Zuschnitt erfahren. Als Konsequenz dieser Zielgruppen-Definition ist es unverzichtbar, zu bestimmen, was Ziel und Zweck der Veranstaltung ist und wie sich das Büro in ihrem Zusammenhang darstellen möchte. Abgesehen von der Zielgruppe sollte man sich die folgenden Fragen stellen und die Antwort gedanklich festhalten:

Was ist das Thema der Veranstaltung? Wie kann man es verpacken? Wie groß soll der Rahmen sein? Ist eine öffentliche Veranstaltung das Ziel oder ein Kreis geladener Gäste?

Sind weitere Personen an der Veranstaltung beteiligt (zum Beispiel Vortragende), muss mit ihnen der Zeitbedarf ihres Beitrags besprochen werden. Die Planung schließt selbstverständlich Details bis hin zu

Programm des ersten „Architektursommer Dresden"

Servietten und Personaleinsatz (etwa für den Getränkeausschank) ein. Nicht vergessen: Bei Änderungen sollte die Checkliste aktualisiert und an alle Beteiligten neu verteilt werden. Die folgende Checkliste benennt die wichtigsten Kriterien für die Planung von Veranstaltungen (✋ Kap. „Pressearbeit konkret").

Checkliste Veranstaltungsplanung

- ▶ Zielgruppe(n) der Veranstaltung?
- ▶ Soll es eine uneingeschränkt öffentliche Veranstaltung sein oder ein Fest mit geladenen Gästen? Wie groß soll der Rahmen sein?
- ▶ Veranstaltung mit eher formellem Charakter oder mit einer zwanglos-informellen Note (Sommerfest, Salon, Umtrunk nach Wettbewerbserfolg)?
- ▶ Welche Art von Veranstaltung passt am besten zum Anlass?
- ▶ Welcher Zeitrahmen ist am Veranstaltungsort einzuhalten?
- ▶ Ist der Veranstaltungsort mit öffentlichen Verkehrsmitteln erreichbar?
- ▶ Ist der Veranstaltungsort für Ortsunkundige leicht zu finden?
- ▶ Was muss dort vorbereitet werden? (Parkplätze, Hinweisschilder, Absicherungen etc.)
- ▶ Bei Veranstaltungen unter freiem Himmel: Bestehen Ausweichmöglichkeiten?
- ▶ Welche technischen Voraussetzungen muss der Veranstaltungsort bieten?
- ▶ Welche Veranstaltungstechnik wird benötigt? (Beamer, Leinwand, Mikrofon, Lautsprecheranlage etc.)
- ▶ Optimaler Termin? Welche Ausweichtermine bieten sich an?
- ▶ Wie soll eingeladen werden? (E-Mail, Brief, Postkarte)
- ▶ Wer könnte einspringen, falls einer der Teilnehmer ausfällt?
- ▶ Zeichnen sich terminliche und andere Konflikte ab?
- ▶ Budget: Was darf die Veranstaltung höchstens kosten?
- ▶ Zeitplanung: Welche Vorbereitungen sind in welcher Reihenfolge zu erledigen?

Der Zeitplan ist ein klassischer Stolperstein von Veranstaltungen: Solche, die im gesetzten Zeitrahmen bleiben, sind eher die Ausnahme; fast überall wird „überzogen". Das tut niemandem weh, solange die Verzögerungen im Rahmen bleiben. Das ist Ihr Job: Vor allem unerfahrene Redner neigen dazu, ihre Redezeit zu überschreiten, weil sie ihren Zeitbedarf deutlich unterschätzen. Scheuen Sie sich nicht, Vortragenden ein Signal zu geben, wenn sie zum Ende kommen sollen.

Wer selbst eine Ansprache oder einen Vortrag hält, sollte ihn vorher – vor kritischen Zuhörern – ein bis zwei Mal zur Probe halten und dabei die Zeit messen. Auf diese Weise erfährt man den realistischen Zeitbedarf, spürt unsichere Passagen auf und spricht am Ende flüssiger.

Umsicht ist bei der Wahl des Veranstaltungs-Termins geboten: Schulferien, Feiertage, wichtige Fußballspiele sollten bei der Planung beachtet werden.

Vor allem in Großstädten sind kleinere Abendveranstaltungen „unter der Woche" besser aufgehoben, weil sie an den Wochenenden in Konkurrenz zu zahlreichen Kulturereignissen stünden.

In der Regel sollten Sie Ihrer schriftlichen Einladung eine Antwort-Möglichkeit in Form einer bereits adressierten Rückantwort-Karte („mit der Bitte um Rückmeldung bis zum…") beifügen. So erhalten Sie einen Überblick über die Resonanz Ihrer Einladung.

Der ideale Zeitpunkt zum Verschicken ist drei, spätestens zwei Wochen vor dem anberaumten Termin. Danach gilt es, den Stand der Anmeldungen zu überwachen. Eine Woche vor dem Veranstaltungstermin kann man telefonisch nachfassen bei denen, die sich noch nicht zurückgemeldet haben.

Notfalls die Reißleine ziehen – und absagen

Es kann passieren, dass nur wenige ihr Kommen zusagen. Dann gilt es, Aufwand und Nutzen abzuwägen und notfalls die Reißleine zu ziehen. Es ist gut möglich, dass eine nett formulierten Absage letztlich den besseren Eindruck hinterlässt als eine unprofessionell wirkende „Restveranstaltung".

Auch die Form der Veranstaltung sollte zur Zielgruppe passen: Ob man sich für den informellen Rahmen entscheidet oder für einen inhaltsreichen Vortragsabend mit Diskussion, für die Baustellenbesichtigung mit anschließendem Umtrunk im Rohbau oder für eine Einladung zu einer offiziellen Preisverleihung – der Fülle von Möglichkeiten steht eine ebenso große Bandbreite von Veranstaltungsformen gegenüber.

Warum nicht einen Jour fixe mit wechselnden Gastrednern oder einen (Architektur-)Salon für Ihre Stadt ins Leben rufen? Die Idee des Salons, wie er beispielsweise im Berlin des 19. Jahrhunderts Mode war, lebt vom halbprivaten Rahmen (Büro oder Wohnung des Architekten), der persönlichen Atmosphäre und einer ausdrücklich heterogen zusammengesetzten Gästeschar (also nicht nur Kollegen).

Renaissance des Salons

In jedem Fall sollten Art und Ort einer Veranstaltung zueinander passen: Die Baustellenbesichtigung (oder das Richtfest) beziehen ihren Reiz aus

Gewühl zur Eröffnung: Kinder und Erwachsene erkunden das Gehäuse, das der Architekt Klaus Block in der Berliner Eliaskirche errichtet hat, um sie zu einem Kindermuseum umzuwidmen.

dem ungewohnten Schauplatz, sind aber eher etwas für das Sommerhalbjahr. Wer einen historischen Festsaal anmietet, gibt seiner Veranstaltung besonderen Glanz. Lädt man ins Büro ein, kann es dort eng werden; jedoch kann man den Besuchern wie nebenbei einen Einblick in die Arbeit an aktuellen Projekten geben.

Jeder Veranstaltungsort hat also spezifische Vor- und Nachteile. Welcher „Location" man den Vorzug gibt, hängt vom erwarteten Publikum und dem Charakter der geplanten Veranstaltung ab.

Plant und baut ein Architekt vor allem für Handel und Industrie, liegt nichts näher, als einen Vortrag zum Thema „Qualitätvolle Architektur für Industrie und Gewerbe – kostengünstige und imagefördernde Bauten" zu veranstalten. Je mehr es Ihnen gelingt, beim Vortrag vom eigenen Werk zu abstrahieren und ein Thema umfassend zu behandeln, desto mehr inhaltliche Allgemeingültigkeit wird er gewinnen.

Planen Sie ein richtiges Programm: Vielleicht spricht der örtliche Baudezernent oder gar der Bürgermeister ein paar freundliche Eröffnungsworte? Wenn Sie einen Amtsträger gewinnen konnten, Ihre Gäste zu begrüßen, macht das Ihre Veranstaltung auch für die Presse attraktiver.

Gleich mehrere Gründe sprechen dafür, sich für Veranstaltungen oder Veranstaltungsreihen starke Partner zu suchen, also beispielsweise Unternehmen, Baufirmen oder örtliche Kultureinrichtungen: Zum einen können Ihre Partner einen Teil der anfallenden Kosten übernehmen. Gerade Unternehmen, die die Nähe zu Architekten und Ingenieuren ansprechen wollen (Softwarefirmen, Baustoffhersteller etc.), sind solchen Engagements gegenüber aufgeschlossen – sofern die Veranstaltung (fach-)öffentliches Interesse verspricht. Auf der anderen Seite wird es Ihrer Veranstaltung sehr zugute kommen, wenn sie auf den Einladungsverteiler Ihres Partners zurückgreifen können und er deren Versand übernimmt.

Auf einer Architekturvernissage

Kontroverse gefragt

Wer eine Podiumsdiskussion durchführen möchte, tut gut daran, diese auch kontrovers zu besetzen. Nichts ist eintöniger als eine Diskussion, in der sich die Beteiligten darin übertreffen, die Meinung des anderen zu bestätigen. Für die Moderation des Gesprächs können sie einen Fachjournalisten oder einen im Thema versierten Redakteur ihrer Tageszeitung anfragen. Sie vereiteln als Teilnehmer von Diskussionsrunden meist auch eine für jede als öffentlich verstandene Veranstaltung lähmende Erscheinung, und zwar das Fachsimpeln unter Experten.

- Generell gilt: Jede Art von Vortrag oder Programm, die das Publikum „aus der Reserve lockt" und einbindet, macht ihre Veranstaltung kommunikativer und wirkt sich dadurch atmosphärisch positiv aus.
- Steht ein Vortrag im Mittelpunkt der Veranstaltung, sollte er nicht länger als 45 Minuten dauern. Die in den letzten Jahren so beliebt gewordenen PowerPoint-Shows werden allerdings schnell anstrengend, wenn man Sie mit Informationen und Bildern überfrachtet!
- Nach dem „offiziellen" Teil sollten Sie Ihren Gästen die Gelegenheit zu Gesprächen und zum gegenseitigen Kennenlernen geben. Selbstverständlich helfen ein Glas Wein und Snacks den gerne unterschätzten informellen Teil der Veranstaltung zu intensivieren; er hat für ihr berufliches Networking eindeutig das größere Gewicht.
- Mit der Verköstigung von Gästen braucht sich niemand zu ruinieren, im Gegenteil: Ein regelrechtes Buffet ist dann am Platz, wenn es etwas wirklich Großes zu feiern gibt. Kleine „Fingerfood"-Häppchen, Brezeln und ähnliche Snacks sind preiswerter, wirken eleganter und geben den Eindruck von Understatement.
- Werden mehr als zwanzig Gäste erwartet, ist anzuraten, für die Dauer des Abends zwei bis drei junge Damen/Herren anzuheuern, die den Gästen nachschenken und Häppchen servieren. Sie haben dann den Rücken frei, sich ungestört Ihren Gästen zu widmen.
- Wenn etwas schief läuft, ist Gelassenheit Trumpf; ein Gastgeber, der die Contenance verliert, ist unverzeihlich.

Fauxpas bei der Bewirtung

Eingebürgert hat es sich, einen Weißwein, einen Rotwein, Wasser sowie Saft anzubieten. Der Wein muss keine Auslese aus der Mosel-Steillage sein, geboten ist es jedoch, ein solides Produkt zu wählen; sicher wird es die Gäste entzücken, wenn Sie im Laufe des Abends Sekt oder gar Champagner reichen lassen.

Die Bewirtung von Gästen mag als Beispiel dafür stehen, wie viele kleine Fauxpas bei der Durchführung von Veranstaltungen drohen: Peinlich ist es beispielsweise, wenn sich herausstellt, dass eine Reihe von Besuchern keinen Alkohol trinkt, außerdem Kinder mit von der Partie sind, aber insgesamt nur ein paar Flaschen Mineralwasser bereit stehen.

Planen Sie eine Gebäudebesichtigung, ist es ratsam, rechtzeitig in Erfahrung zu bringen, ob gehbehinderte Menschen (z.B. Senioren) oder ein Rollstuhlfahrer unter den Gästen sein werden. Dann lässt sich im Vorfeld klären, ob die Baustelle für Behinderte begehbar ist – und Sie bringen sich nicht in die Lage, dem Behinderten an Ort und Stelle mitteilen zu müssen, dass er nicht am Rundgang teilnehmen kann.

Nach der ersten Veranstaltung werden Sie um manche Erfahrungen reicher sein – und (hoffentlich) feststellen, wie viel Spaß es macht, Gäste zu bewirten!

RICHTSCHNUR

Kontakte sind für Freiberufler der Schmierstoff beruflichen Fortkommens. Sie liegen keineswegs falsch, Veranstaltungen in erster Linie als Gelegenheit aufzufassen, um mit Unternehmern, Politikern oder Journalisten ungezwungen ins Gespräch zu kommen und sie untereinander bekannt zu machen. Veranstaltungen sind ein wichtiger Ansatzpunkt für Ihr berufliches Networking und erhöhen Ihren Bekanntheitsgrad. Wenn sie selbst der Veranstalter sind, sollte der „gesellige" Teil Ihres Events deshalb nicht zu kurz kommen.

Architektur ausstellen

Architekturzentren und –galerien

In Deutschland schießen Architekturgalerien und -zentren wie die Pilze aus dem Boden: Fast die Hälfte der 13 heute bestehenden, professionell betriebenen Architekturgalerien und -museen wurde erst nach dem Jahr 2000 gegründet. Auch in kleineren Großstädten wie Kassel, Nürnberg oder Augsburg gibt es eigene Initiativen und Angebote. Und der „Markt" scheint noch lange nicht gesättigt – vielleicht wird die Struktur eines Tages so dicht und dezentral sein wie heute schon in Österreich und der Schweiz (siehe Adressenliste im Anhang).

Zu den Pionieren der breitenwirksamen Präsentation zeitgenössischer Architektur in Deutschland zählen die 1980 von Kristin Feireiss und Helga Retzer in Berlin gegründete Galerie Aedes sowie die seit 1985 bestehende Architekturgalerie München. Die mehr als 300 Ausstellungen im Charlottenburger S-Bahn-Bogen Nr. 600 (seit 1994 mit zweitem Standort in Berlin-Mitte) verhalfen manchem großen Namen von heute zu erster öffentlicher Aufmerksamkeit, als er/sie noch als hoffnungsvolles Nachwuchstalent gehandelt wurde.

„Was hat er sich dabei wohl gedacht?" Besucher einer Architekturgalerie

Wenn Architekten sich entschließen, ihr bisheriges oder ein ganz bestimmtes aktuelles Werk in einer Ausstellung zu präsentieren, leiten sie dabei unterschiedliche Motive: Das naheliegendste ist der Wunsch, die Früchte von Wettbewerbserfolgen und oft mühevoller Projektarbeit publik zu machen und damit eine öffentliche Bilanz der eigenen Arbeit zu ziehen.

Daneben besteht natürlich die Hoffnung, auf diesem Weg neue Bauherren anzusprechen. Eine Erwartung, die sich nicht unbedingt erfüllen muss; deshalb sollte der Entschluss, einige Tausend Euro in die Ausrichtung einer Ausstellung zu investieren, nicht alleine von der Hoffnung getragen sein, dass sich diese „Investition" kurzfristig durch Bauaufträge refinanzieren werde. Bedeutender ist oft der mittelbare wirtschaftliche Effekt einer Ausstellung: Wer sich öffentlich präsentiert, ist im Gespräch, und das stärkt langfristig ebenfalls die Marktposition.

Die Architekturzentren, beispielsweise in Dornbirn im Vorarlberg, in Wien, in Hamburg und seit Frühjahr 2004 auch in Bremen, sind im Konzept breiter angelegt: Der Dialog und die Vermittlung architekturbezogener Themen in Form von Vorträgen, Symposien sowie die Dokumentation regionaler Architekturgeschichte in Bibliotheken und Datenbanken stehen gleichberechtigt neben Ausstellungsaktivitäten.

Dass sich nur ausnahmsweise „architektonische Laien" in Ausstellungen aktueller Architektur verirren, kann nicht alleine an deren angeblich fehlendem Interesse liegen. Ist ein Grund dafür womöglich, dass die Ausstellungen in ihrem Präsentationsstil auf die Zielgruppe Architekten fokussiert bleiben?

Einige Betreiber, wie etwa die des salon blauraum in Hamburg versuchen der Tendenz zur Insiderveranstaltung entgegenzuwirken, indem sie die Ausstellungsräume zugleich als Kaffeebar bzw. Imbiss nutzen. Auch die Kooperation mit einer Buchhandlung wie im Fall der Architekturgalerie München liegt nahe. In Kassel bezog das Architekturzentrum – zentraler geht es nicht – Räume direkt im ehemaligen Hauptbahnhof.

Sofern die Galerien nicht von einem Verein oder einer Institution betrieben werden, sind die Ausstellungen kostenpflichtig. Das Honorar der Galeristen variiert erheblich und hängt im Einzelfall vom konkret gewünschten Leistungspaket ab. Das Erheben von Honoraren hindert die Galeristen (zum Glück) nicht daran, unter den Angeboten kritisch auszuwählen.

Die Konzepte der Galerien sind erfreulich vielseitig: Während sich in der Stuttgarter Architekturgalerie am Weißenhof wie auch im Ulmer Architekturmuseum Schwaben Ausstellungen zu bauhistorischen Themen mit der Präsentation aktuellen Bauens abwechseln, hat man sich bei Aedes oder bei suitcase.architecture in Berlin ganz der zeitgenössischen Architektur verschrieben.

Ein besonderes Konzept verfolgt Ulrich Müller, der Betreiber der Architektur Galerie Berlin: Er stellt keine Architektur aus, sondern raum- und architekturbezogene Bildende Kunst. Auch andere Galerien wie Aedes oder der salon blauraum zeigen sich den der Architektur benachbarten Disziplinen aufgeschlossen. Neben den Ausstellungen veranstalten viele Einrichtungen Vorträge und Symposien, damit sich der geistige Austausch und Ideenfluss nicht auf den Abend der Eröffnung beschränkt. Ob eine bestimmte Galerie der geeignete Ort ist, um das eigene Werk darzustellen, lässt sich am besten nach einer persönlichen Rücksprache mit den jeweiligen Betreibern entscheiden.

Im Gespräch: Christiane Fath, framework Berlin

Kombiniert mit einer Kaffeebar zeigt die Berliner Galerie framework Ausstellungen zu den Themen Architektur, raumbezogene Kunst und Architekturfotografie. Die Galeristin Christiane Fath, Jahrgang 1969, hat in Weimar, Berlin und Mailand Architektur studiert. Später war sie unter anderem als freie Kuratorin für das Deutsche Architekturzentrum (DAZ) tätig. Im April 2002 eröffnete ihre eigene Architekturgalerie.

Was unterscheidet das Profil von framework von dem anderer Architekturgalerien?

Es geht darum, Dinge auszustellen, die eine Diskussion inspirieren können und im Zusammenhang mit den aktuellen Themen des Bauens stehen. Das hat auch mit unserem Standort zu tun: In der Umgebung der Galerie arbeiten tagsüber ungefähr 3000 Gestalter – Webdesigner, Werbeagenturen, Architekten, Zeitschriften, Fernsehproduktionen. Da liegt es nahe, Architektur stets aufs Neue in den Kontext von moderner Gestaltung und anderen Zeitströmungen zu stellen. Es gibt drei thematische Schwerpunkte: Architektenprofile, raumbezogene Kunst und Architekturfotografie. Bei den Architektenprofilen liegt ein besonderes Gewicht auf interdisziplinären Arbeiten.

Wie tritt man der Gefahr entgegen, dass die Ausstellungen fast ausschließlich von Architekten besucht werden?

Um das zu verhindern, gibt es die zusätzliche Funktion als Kaffee-Bar. Sie soll die Hemmschwelle eines stillen, spezifisch definierten Raumes brechen – in den man sonst vermutlich eher gehen würde, wenn man zur betreffenden Szene gehört. Durch die Bar sind tagsüber eine Menge „Nicht-Architekten" hier. Und wer möchte, tritt mit dem in Kontakt, was rundum an den Wänden hängt. Es geht uns also um Öffentlichkeit im besten Sinne.

Finden denn auch potentielle Bauherren in die Galerie – oder müsste die Galerie nicht eher zu ihnen?

Das geschieht insofern, als wir projektbezogene Werkstattabende veranstalten, zu denen sowohl potentielle als auch reale Bauherren und entsprechende Multiplikatoren eingeladen werden. Nicht selten sind es auch Kunden der Agenturen in unserer Nachbarschaft, die aufmerksam werden auf unsere Ausstellungen – ein breites Spektrum der Kreativbranche: Musikszene, Internet, sehr viele Werbeagenturen.

Sie praktizierten von Anfang an eine offensive Öffentlichkeitsarbeit...

Ja, wir haben einen umfangreichen Presse- und Gastverteiler. Mit den Veranstaltungen suchen wir immer auch einen Sprung in die öffentliche Diskussion. Innerhalb des Verteilers kann auf Wunsch der Ausstellenden auch nach Zielgruppen gewichtet werden. Also etwa: eher Fotoszene, eher architektonische Fachöffentlichkeit, eher Medien. Je nach Thema haben wir ein sehr unterschiedliches Publikum, auch in der Altersstruktur. Der Raum ist jedenfalls nicht nur voll mit Freunden der Architekten.

Wie funktioniert die Finanzierung?

Wir praktizieren unterschiedliche Modelle. Im Normalfall bringen die Ausstellenden ihre Sponsoren mit. In anderen Fällen hat der Architekt keinen Geldgeber im Hintergrund. Dann versuchen wir, Kooperationsverbindungen herzustellen. Fundraising spielt dabei eine wesentliche Rolle. Ohne Förderung von außen könnten einige Ausstellungen nicht finanziert werden.

Die Galerie hat eine Grundfläche von 40 Quadratmetern – wie stellt man da Architektur aus?

Die Präsentation vollzieht sich vorwiegend zweidimensional, auf Plänen und Fotos oder mit Hilfe eines Beamers. Die Aufgabe besteht darin, kreativ mit dem Raum umzugehen – manchmal ist der Raum das Objekt. Modelle stellen wir dagegen nur selten aus. Wegen der kleinen Fläche kommt den Abendveranstaltungen, also Werkstattberichten und Vorträgen besondere Bedeutung zu.

Welche Bündelungseffekte bedeuten Ihre Ausstellungsstandorte in Wien und Paris?

In Wien sind wir Teil des Projektes „making it 2". Das Reizvolle an der Galerienkooperation ist, dass man eine Ausstellung, teilweise ergänzt oder abgewandelt, an mehreren Orten zeigen kann. In Wien besteht ein großes Interesse an den Entwicklungen in Berlin. Ein anderer wichtiger thematischer Schwerpunkt sind neue konstruktive Methoden. In Paris betreibt ein Partner, das Architekturbüro Gerd Kaiser, die Galerie. Bei den Franzosen interessieren ganz andere Ausstellungen – da geht es sehr viel mehr um Ästhetik.

Wie werten Sie die Besucherresonanz aus?

Wir haben ein Gästebuch, und wir bekommen natürlich auch Resonanz per E-Mail. Ein wichtiger Anhaltspunkt ist für uns die Zahl der Besucher auf unserer Internetseite; ebenso die Faltblätter zu Ausstellungen: Wenn wir z.B. 1500 Stück drucken und am Ende keines mehr übrig ist, haben wir einen Anhaltspunkt, wie viele Leute in der Galerie waren.

Kommen nach der Vernissage überhaupt noch Besucher?

Für die Ausstellenden ist natürlich die Eröffnung das Wichtigste – sie muss voll sein, sonst ist es keine gute Eröffnung. Wenn die Pressearbeit gut läuft, bekommt man nach der Eröffnung der Ausstellung nochmals Publikum. Die, die nach der Eröffnung kommen, um sich in Ruhe in die Ausstellung zu vertiefen, sind wohl ein besonderes Geschenk – dass jemand wirklich interessiert ist an den Inhalten der Arbeiten, und nicht nur am Sehen und Gesehenwerden.

Architekturgalerien in Deutschland – fünf Porträts

Stellvertretend für eine kontinuierlich wachsende Zahl großer und kleiner, privater und städtisch betriebener Einrichtungen der Architekturvermittlung im In- und Ausland werden auf den folgenden Seiten fünf Architekturzentren und Galerien in kurzen Profilen vorgestellt. Sie repräsentieren zugleich fünf unterschiedliche Modelle von Programmatik, Trägerschaft und Finanzierung.

Vernissagengäste in der Berliner Architekturgalerie Aedes East

Galerien AedesBerlin und Aedes East, Berlin

Profil: Die Galerie präsentiert internationale zeitgenössische Architektur und Stadtplanung und versteht sich als Plattform eines diskussionsfreudigen Architekturdialogs. Die Ausstellungen sollen für das Publikum neben der Arbeit selbst immer auch die Arbeitsweise des Architekten nachvollziehbar machen. Neben dem Werk international bekannter Architekten werden innovative Strömungen in Architektur und Städtebau vorgestellt. Der Pavillon Aedes Extension in den Hackeschen Höfen dient als Ausstellungsort für raumbezogene Kunst.

Veranstaltungen: Werkberichte, Vorträge, Konzerte **Trägerschaft:** AedesBerlin: privat; Aedes East Internationales Forum für Zeitgenössische Architektur ist ein eingetragener Verein **Gründung:** 1980 **Ausstellungsfläche:** Aedes East: 180 Quadratmeter; Aedes West: 120 Quadratmeter **Dauer:** ca. 6–8 Wochen **Themenauswahl:** durch die Galeristen **Finanzierung:** mit Hilfe von Kooperationspartnern, Sponsoren sowie durch die Ausstellenden; Ausstellungshonorare auf Anfrage
Kontakt: www.aedes-galerie.de; aedes@baunetz.de

Architekturgalerie am Weißenhof, Stuttgart
Profil: Zweck der Galerie sind die Präsentation und die Diskussion von aktueller wie historischer Architektur. Neben aktuellen Beispielen aus dem regionalen wie internationalen Bauen ist auch die architekturassoziierte Gestaltung (Möbel und Design, Fotografie, Bildende Kunst) immer wieder Gegenstand von Ausstellungen. Eine Gruppe ehrenamtlich tätiger Architekten, Journalisten und Kunsthistoriker schafft in der Galerie ein Forum für Architektur und benachbarte Disziplinen. Es ist prinzipiell offen für fremdproduzierte Ausstellungen und Gastkuratoren.

Veranstaltungen: Vorträge, Architekturexkursionen **Trägerschaft:** gemeinnütziger Verein; unterstützt durch die Architektenkammer Baden-Württemberg und die Stadt Stuttgart **Gründung:** 1982 **Ausstellungsfläche:** ca. 40 Quadratmeter **Dauer:** 6 Wochen **Themenauswahl:** durch den Förderverein der Galerie sowie Gastkuratoren **Finanzierung:** öffentliche Mittel/Sponsoren; Ausstellungen sind honorarfrei, allerdings wird ein Unkostenbeitrag erbeten. **Besonderheiten:** Weißenhof-Architekturförderpreis für junge Architekten.
Kontakt: www.weissenhofgalerie.de, info@weissenhofgalerie.de

In der ehemaligen Bahnhofsmission des Kasseler Hauptbahnhofs zog das Kasseler Architekturzentrum ein (KAZimKUBA).

Kasseler Architekturzentrum im Kulturbahnhof (KAZimKUBA), Kassel
Profil: Das Kasseler Architekturzentrum im Kulturbahnhof – KAZimKUBA – ist ein Forum für vielfältige Veranstaltungen im Bereich des Planens und Bauens. Es ist auf Initiative der BDA-Gruppe Kassel entstanden. Auch Nicht-Architekten können und sollen Mitglied werden. Neben „Eigenproduktionen" werden auch Ausstellungen übernommen, wenn dies für die Diskussion vor Ort von Interesse ist; seit 2002 Kooperation mit der Dokumenta. Darüber hinaus bestehen vielfältige Verbindungen zur Universität Kassel. Neben Ausstellungen spielen Diskussionen wie die „Kasseler Stadtgespräche" oder auch der Kasseler Architektursalon eine wichtige Rolle. Geplant ist außerdem eine Reihe „Architektur und Literatur". Eingebunden in die kulturelle Vielfalt des Kasseler Kulturbahnhofs (der ehemalige Hauptbahnhof) mit Gastronomie, Tagungszentrum und Kinos bot sich die ehemalige Bahnhofsmission als idealer Ort für die angestrebte „Planungsmission" an.

Veranstaltungen: Lesungen, Podiumsveranstaltungen etc. **Trägerschaft:** gemeinnütziger Verein **Gründung:** 1998 **Ausstellungsfläche:** ca. 100 Quadratmeter **Dauer:** 10 Tage **Themenauswahl:** durch den Vorstand **Finanzierung:** durch Mitgliedsbeiträge und gegebenenfalls Sponsoren.
Kontakt: www.kazimkuba.de; ettinger.brinckmann@anp-ks.de

Bremer Zentrum für Baukultur
Profil: Die Räume des Bremer Zentrums für Baukultur befinden sich in einem alten, 400 Meter langen Hafenspeicher aus dem Jahr 1910, der außerdem von weiteren kulturellen Institutionen genutzt wird. Außer dem Ausstellungsraum gibt es eine Bibliothek, ein Archiv und wissenschaftliche Arbeitsplätze. Die Arbeit des b.zb hat drei Schwerpunkte: „Sammeln", „Forschen" und „Vermitteln". Die notwendigen Mittel für Ausstellungen werden von Fall zu Fall eingeworben. Geplant sind Themenreihen, wie zum Beispiel monografische Ausstellungen zu lokalen Architekten. Raum- bzw. stadtbezogene Kunst und Architekturfotografie sind ebenfalls willkommen.

Veranstaltungen: Podien, Vorträge, Foren zu aktuellen Fragen der Baukultur **Trägerschaft:** gemeinnütziger Verein **Gründung:** 2004 **Ausstellungsfläche:** 150 Quadratmeter **Dauer:** 1-4 Wochen **Themenauswahl:** durch den Vorstand des Bremer Zentrums für Baukultur **Finanzierung:** mit Hilfe von Sponsoren und Fördermitteln
Kontakt: www.bzb-bremen.de; syring@bzb-bremen.de

salon blauraum, Hamburg
Profil: Der salon blauraum ist konzipiert als Plattform und Netzwerk für die Diskussion und Präsentation von Architektur. Raumbezogene Kunst und Architekturfotografie werden dabei ausdrücklich einbezogen. Der Salon wird vom Architekturbüro blauraum architekten aus eigenem Interesse an Architekturthemen betrieben. Er hat eine Doppelfunktion: Einerseits ist er öffentlicher Raum, wo getrunken, gegessen, geschaut und diskutiert werden kann, andererseits ist er der Empfangs- und Besprechungsraum des Büros.

Architekturgalerie salon blauraum, Hamburg

Veranstaltungen: Vorträge, Workshops, Teilnahme an Architekturevents **Trägerschaft:** privat **Gründung:** 2002 **Ausstellungsfläche:** 25 Quadratmeter **Dauer:** 4 Wochen **Themenauswahl:** durch die Betreiber **Finanzierung:** mit Hilfe von Sponsoren sowie durch die Ausstellenden; Ausstellungen sind honorarfrei.
Kontakt: www.blauraum.de; office@blauraum.de

Messen
Uwe Morell/Rolf Toyka

Ideen als Produkte
Fachmessen und Gewerbeausstellungen können eine wirkungsvolle Plattform für die Selbstdarstellung Ihres Büros sein. Wer sich mit dem Gedanken trägt, sich und sein Büro auf Messen zu präsentieren, sollte im Vorfeld sorgfältig abwägen, ob Aufwand und Nutzen in einem gesunden Verhältnis zueinander stehen. Die Standgebühren und Nebenkosten von Messen sind enorm. Schon ein winzig kleiner, eigener Stand auf der Berliner Bautec als größter Baufachmesse kostet etwa EUR 6.000 nur für Gebühren und Nebenkosten; hinzu kommen die Kosten für Ausstattung und Aufbau des Standes.

Ein Anhaltspunkt für Ihre Entscheidung ergibt sich aus der Frage, ob man damit rechnen darf, die für Ihr Büro als bedeutsam erkannte(n) Zielgruppe(n) auch wirklich zu erreichen – unabhängig davon, ob sie Besucher sind oder ebenfalls Aussteller. Ein Blick in die Ausstellerliste (gegebenenfalls des Vorjahres) ist hilfreich, um festzustellen, in welcher „Gesellschaft" man sich auf der Messe befindet und welche ernst zu nehmenden Mitbewerber ebenfalls zu erwarten sind.

Sofern Sie eine sehr hoch spezialisierte und qualifizierte Dienstleistung anzubieten haben, sind Sie auf einer Baufachmesse sicherlich besser aufgehoben als auf einer regionalen Wirtschaftsausstellung oder einer Eigenheimmesse für Endkunden. Wenn Sie dagegen vorwiegend Grundleistungen nach HOAI für kleinere Objekte und ohne weitere Spezialisierung anbieten, kann auch eine regionale Wirtschaftsausstellung für Sie in Frage kommen.

Lebhafter Andrang am Messestand des Frankfurter Büros Christoph Mäckler

Der Messestand als Visitenkarte und Blickfang
Hat man sich entschlossen, mit einem Stand präsent zu sein, gilt es, ihn gründlich zu planen – vor allem mit Blick auf die Frage: Werden die richtigen Zielgruppen damit auch erreicht? Allzu häufig lassen Messestände von Architekten kein klares Alleinstellungsmerkmal erkennen.

Fatal ist es, wenn man sich als unwissender Besucher nicht auf Anhieb ein Bild machen kann, für welche Art von Dienstleistung ein Stand wirbt. Viele Stände, die durch ein anspruchsvolles Design bestechen, lassen das zu vermittelnde Angebot nicht oder nur rudimentär erkennen. Es könnte sich genauso gut um den Werbestand eines exklusiven Leuchtenherstellers handeln. Was ausdrücklich nicht reicht, ist die Erwähnung des Büronamens –

der spricht nämlich nur in Architektenkreisen für sich selbst. Vielmehr muss man Neugierde wecken; am besten mit Botschaften, von denen man annehmen darf, dass sie das Interesse potentieller Bauherrn wecken. Einmal mehr geht es hier um den Kundennutzen: Er ist das zentrale Thema Ihrer Messepräsentation. Die Bilder Ihrer bisherigen Gebäude können Sie getrost für die ganz Interessierten auf die Rückseite Ihrer Werbetafeln packen; der Platz auf den Vorderseiten ist besser genutzt, wenn sie dort die Arbeit des Architekten im Allgemeinen und Ihre Arbeit im Besonderen mit allen Kundenvorteilen darstellen.

Messen sind laut und hektisch. Mit ein paar bebilderten Stellwänden ohne weitere Effekte erzielt man kaum noch Aufmerksamkeit, sie werden einfach übersehen. Filme, Dias oder Videoprojektionen (beispielsweise die Seiten Ihrer Homepage) sind schon besser geeignet, einen Stand im allgemeinen Lärm- und Sinnes-Chaos „standhaft" zu behaupten. Videobeamer für Präsentationen sind für kleines Geld bei zahlreichen EDV-Systemhäusern zu mieten.

Während Sie ihren Messestand planen, werden Sie einmal mehr schmerzlich feststellen, dass es sich bei Planungserfahrung und Kompetenz des Architekten um eine immaterielle Leistung handelt – die sich entsprechend schwierig dinglich darstellen lässt. Abgesehen von Modellen oder Bildern von Architektur können Sie kaum mit sinnlichen Eindrücken aufwarten; Einfallsreichtum ist daher gefragt. Natürlich kommt es auch darauf an, dass ein Stand zur erwarteten Besucher-Zielgruppe passt.

Ansicht des
Messestandes – die Leuchten
sind eine Entwicklung des Büros.

RICHTSCHNUR

Wer mit dem Aufwand, den andere Messeteilnehmer treiben, aus Budgetgründen nicht konkurrieren kann und will, kann aus der Not eine Tugend machen – indem er dem gestressten Messepublikum eine Insel der Ruhe anbietet. Alle Messebesucher leiden, vor allem bei größeren Messen, unter einer völligen medialen Überreizung. Viele werde es begrüßen, ein besonders wohnliches Ambiente vorzufinden, einen Platz zum Luftholen. Verlieren sie darüber trotzdem nicht ganz Ihre Werbebotschaft aus dem Blick.

Partner für strategische Allianzen

Die Stände gewerblicher Anbieter, insbesondere diejenigen der Industrie, bestechen dank – aus Sicht des Freiberuflers – schier unerschöpflicher Werbebudgets durch ihre aufwändige, schillernde Ausstattung und ihre Größe. Als einzelner Architekt werden Sie es schwer haben, neben der geballten Marketingmacht eines solchen Standnachbarn nicht übersehen zu werden. Gute Gründe also, strategische Allianzen zu suchen, sich mit Partnern zusammenzutun, die vielleicht schon über Messeerfahrungen verfügen.

Die Möglichkeiten sind vielfältig: Sie könnten sich beispielsweise mit dem Hersteller Ihrer Planungs-Software auf Fachmessen als Referenzbüro präsentieren, um so Kontakte zu anderen Programmanwendern zu knüpfen, die ja auch Ihre Auftraggeber werden könnten. Wenn Sie ein Standardelement aus dem Sortiment eines Baustoffherstellers abgewandelt haben, kann man sich als dessen kreativer Partner und Kunde vorzeigen lassen; Firmen schmücken sich gerne mit Architekten, weil es Exklusivität und Qualität suggeriert.

Besuchen Sie unseren Stand!

In keinem Fall sollten Sie es versäumen, im Vorfeld einer Messe ihren Infoverteiler zu aktivieren und Kunden, Kollegen und gegebenenfalls auch die Fachpresse an Ihren Stand einzuladen. Um die Einladung zu konkretisieren, kann man an einem in der Einladung angekündigten Termin einen regelrechten Empfang geben.

Damit die Pressemitteilung anlässlich Ihres Messeauftritts auch veröffentlicht wird, sollten Sie ein konkretes, publikumswirksames Ausstellungsthema ankündigen. Dies kann ein Musterobjekt sein, das Sie der Öffentlichkeit vorstellen wollen oder ein neues, ungewöhnliches Dienstleistungsangebot. Die PR im Vorfeld einer Messe kann genau so viel wert sein wie die Messeteilnahme selbst. Schon die Tatsache, dass Sie an einer Messe teilnehmen, hebt Sie von 99 Prozent Ihrer Kollegen ab.

Im Rahmenprogramm Flagge zeigen

Fast alle Fachmessen organisieren inzwischen ein Rahmenprogramm aus Vorträgen und thematischen Foren. Oft wird das Rahmenprogramm auch von Industrieverbänden oder Partnerunternehmen der Messe organisiert. Wenn es Ihnen gelingt, als Referent in das Rahmenprogramm aufgenommen zu werden oder sogar ein eigenes Thema ins Spiel zu bringen, haben sie noch mehr Anlass zur Veröffentlichung von Pressemitteilungen und

Mailings in eigener Sache. Der erste Schritt auf diesem Weg ist es, möglichst frühzeitig Kontakt zu den Messeveranstaltern aufzunehmen und Art und Umfang des geplanten Rahmenprogramms in Erfahrung zu bringen.

Größere Messen geben auch eigene Messezeitschriften heraus, die den anreisenden Besuchern und Journalisten die zu erwartenden Neuheiten und Höhepunkte ankündigen – sie dienen als PR-Vehikel der Messeteilnehmer. Erkundigen Sie sich rechtzeitig und selbstbewusst beim Messeveranstalter, welche Möglichkeiten zur Veröffentlichung im Rahmen einer eventuellen Messeteilnahme bestehen.

Was darf man von einer Messe erwarten?

Im Gegensatz zu Handeltreibenden dürfen Sie von einer Messe keine direkten Abschlüsse erwarten. Eine so anspruchsvolle und preisintensive Dienstleistung wie die des Architekten wird niemand an einem Messestand beauftragen. In der Regel werden Sie während einer Messe einige Gespräche führen, die Sie im Nachgang einige neue Aufträge akquirieren lassen. Messen sind eine hervorragende Gelegenheit, um Kontakte herzustellen und aktuelle Branchenneuigkeiten zu erfahren, da Sie nicht nur mit Kunden, sondern auch mit den Betreibern anderer Stände viel Zeit verbringen werden.

Falls Ihnen die Teilnahme zu kostspielig ist, so ändert das nichts daran, dass Messen und Ihr Rahmenprogramm eine hervorragende Gelegenheit für berufliches Networking sind. Insbesondere informelle Situationen wie Empfänge an Ständen, die Pausen oder das abendliche „Come-Together" des begleitenden Vortragsprogramms bieten ideale Voraussetzungen für geschäftliche Sondierungsgespräche aller Art und die Kontaktpflege. Das Eintrittsgeld für Bau- und Immobilienmessen ist also selten eine Fehlinvestition, selbst wenn sich ihre Präsenz vorerst auf die Bürobroschüre, PR-Postkarten und Ihre Visitenkarte beschränkt, die Sie in der Aktentasche mitführen. Ein Verzeichnis der wichtigsten Bau- und Immobilienmessen finden Sie im Anhang.

Mensch und Architektur

Menschen so in die Bildgestaltung mit einzubeziehen, dass sie die Aussage der Architektur unterstreichen und stärken, statt nur die Aufmerksamkeit auf sich zu lenken, ist außerordentlich schwierig. Gelungene (und daher auch berühmt gewordene) Fotos dieses Genres lassen sich an den Fingern einer Hand aufzählen, zum Beispiel Ezra Stollers Bild vom Guggenheim Museum „with nuns walking by".

Der holländische Fotograf Thijs Wolzak beweist mit der Serie **Nieuw Sloten**, dass sich Mensch und Architektur in der dokumentierenden Architekturfotografie nicht ausschließen müssen (Preisträger db architekturbild 1995), man dabei aber nichts dem Zufall überlassen kann und darf.

Buchveröffentlichungen
Jochen Visscher

Von vielen Architekten weiß man, dass sie Bücher lieben und diese, ob als Neuerscheinungen oder antiquarisch, kaufen. Die Faszination des Gedruckten, des einmal und damit womöglich auch für ewig Festgehaltenen, scheint – zumindest in heutiger Generation – noch ungebrochen. Zudem gilt für die Kunst ebenso wie für den Kommerz: Wer publiziert, gewinnt an Ansehen und was publiziert wird, erhält schon durch die Veröffentlichung eine größere Bedeutung.

Lohnt sich eine Veröffentlichung?
In vielen Fachverlagen erscheinen zahllose Monografien über Architekten, Architektur-Büros oder einfach nur einzelne Bauwerke ebenso wie Dokumentationen und Ausstellungskataloge, seltener Abhandlungen über architektonische Grundhaltungen. Anders als bloße Imagebroschüren oder Eigenproduktionen, die als reine Geschenk- und Werbeprodukte häufig zu Hunderten im Keller verstauben, bietet ein Titel, der in einem Verlag erscheint, durch die fortgesetzte Betreuung in Presse- und Vertriebsarbeit viel größere Chancen, öffentliche Aufmerksamkeit zu erlangen. Damit steigen die Chancen größerer – seriöser – Popularisierung von Architekt und Architektur. Denn ein Buch ist zeitloser und kompetenter als andere Werbemaßnahmen und besitzt deswegen zweifelsohne die am längsten anhaltende Wirkung. Es unterstützt und erweitert andere Marketingmaßnahmen und stärkt dabei den Auftritt eines Architekturbüros erheblich, indem es eigene Leistungen scheinbar objektiviert und damit deren Werbewirkung potenziert.
Das Schreiben bzw. das „Schreibenlassen" von Büchern bietet also nicht nur die Chance, sich und seine Arbeit darzustellen, sondern auch die Möglichkeit, kulturelle – und zugleich wirtschaftliche – Akzeptanz zu erlangen. Idealerweise erreicht ein guter Architekturtitel nämlich gleichermaßen die Feuilletons der großen Zeitungen und die Fachzeitschriften wie auch Investoren und Bauherren. Die positiven Folgen liegen auf der Hand.
Über die schon erwähnten Marketinggründe hinaus gibt es für einen Architekten andere Argumente, zu publizieren. Außer der periodischen oder zusammenfassenden Dokumentation der geleisteten Arbeit einschließlich der Wettbewerbe können ebenso gezielte Vermarktungen von Gebäuden oder ganzen Büroensembles sowie die eigene wissenschaftliche Profilierung Anlass zum Schreiben sein.
Folgende Überlegungen sollten also in die Entscheidung, einen Titel zu veröffentlichen, mit einfließen: Neben den gewünschten Zielgruppen sowie der Popularisierungsmöglichkeit bestimmter Inhalte sind es vor allem der zu erwartende Imagegewinn und die langfristige Wirkung einer Publikation, die für eine Veröffentlichung in Buchform sprechen. Nicht nur Journalisten, Investoren und Fachleute aus der Baubranche werden von diesen Publikationen angesprochen, sondern auch Architektenkollegen und interessierte Laien sowie Bibliotheken. Der zufällig kaufende Buchhandelskunde ist, realistisch betrachtet, von eher sekundärer Bedeutung.

Werkmonografie

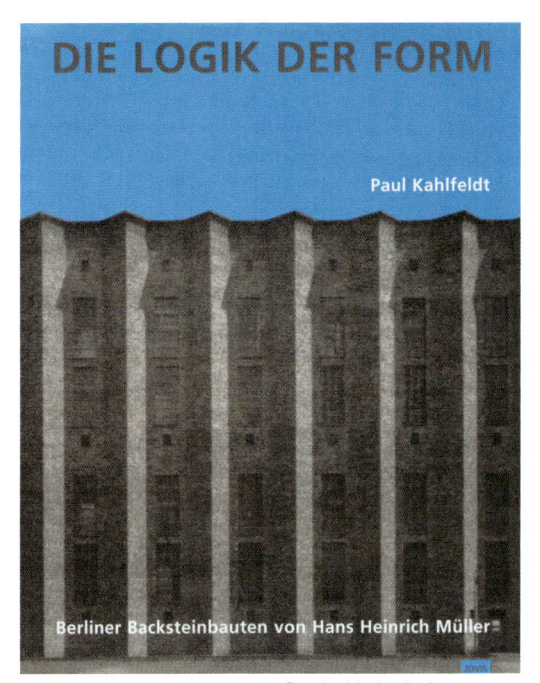

Der Architekt als Autor

178

Werkmonografie

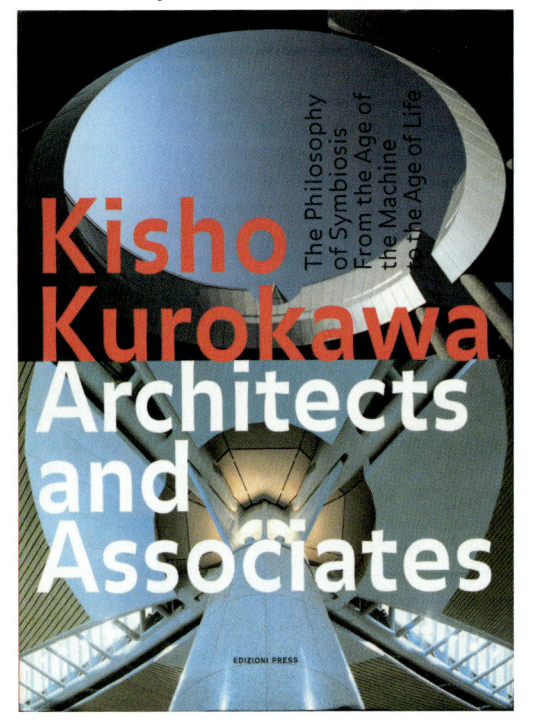

Gebäudemonografie

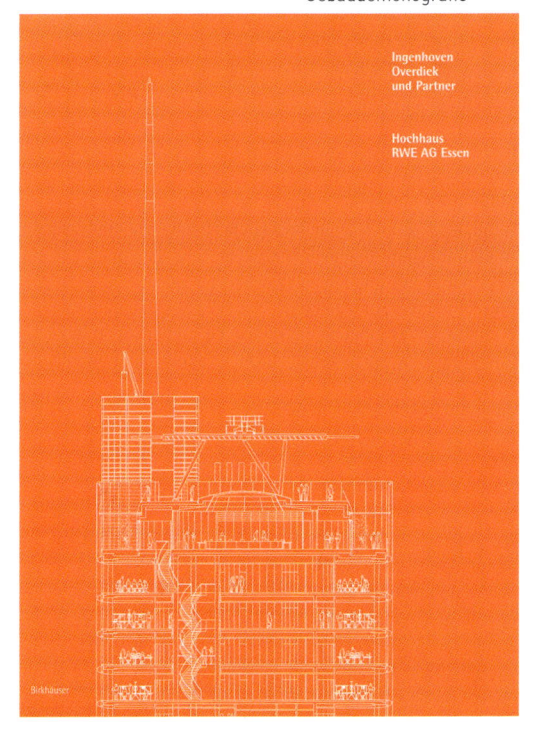

Die öffentliche Aufmerksamkeit

Es ist vergleichsweise einfach, einen qualitätvollen Titel für eine bestimmte Zeit als direktes Marketinginstrument einzusetzen, ob als ausgewähltes Geschenk oder zur gezielten Akquisition. Der direkte Nutzen für das jeweilige Büro ist offensichtlich. Dabei sollte man allerdings berücksichtigen, dass auch Bücher und deren Themen einen Zeitwert haben – das bedeutet, dass die bestellte Menge dem tatsächlichen Bedarf angemessen sein muss und dass auch keinesfalls mit dem Einsatz des Buches als Werbemittel gegeizt werden darf. Jahrealte Publikationen haben eines Tages allenfalls Liebhaberwert.

Schwieriger stellt sich die Situation im Buchhandel dar: Noch eine Monografie über ein Büro oder ein Gebäude, noch ein Werkbericht und noch ein buntes **coffee table book** – es scheint, als gäbe es trotz veränderter Buchhandelsstrukturen immer mehr Neuerscheinungen, die sich mit Architektur beschäftigen. Also alles Erfolgstitel? Mitnichten. Kaum eine der zahllosen Publikationen – sofern sie überhaupt die Fachbuchhandlungen und -abteilungen erreichen – verkauft sich so, dass Verlag oder Autoren davon nennenswerte Einnahmen zu erwarten hätten. Zwar können direkte Aktionen mit dem jeweiligen Buchhändler (thematische Schaufenster, Lesungen oder Diskussionen) zusätzliche Bestellanreize schaffen. Doch leider scheuen immer mehr Buchhändler die Risiken einer umfangreichen Lagerhaltung und warten statt dessen lieber, bis der interessierte Käufer nach dem Titel fragt – eine solche Bestellung wird in der Regel in ein bis zwei Tagen geliefert.

Angesichts einer großen Anzahl jährlicher Neuerscheinungen und einer kleiner werdenden Buchhandelsdichte ist es zunehmend schwierig für Verlage geworden, Fachbücher in größerer Anzahl zu verkaufen. Wichtig für den Vertrieb von Fachbüchern sind vor allem die guten Fachbuchhandlungen sowie Museumsshops, die über ein breites Angebot an Architekturtiteln verfügen.

Zunehmend an Bedeutung gewinnt auch der internationale Vertrieb von Büchern. So ist erklärbar, warum zahlreiche Fachtitel aus deutschen Verlagsprogrammen mittlerweile zwei- oder mehrsprachig erscheinen – ein gutes Argument dafür, zumindest solche Titel, denen man von vorneherein größere internationale Aufmerksamkeit unterstellen kann, bilingual zu publizieren. Häufig sind diese nicht auf hohe Auflagen hin konzipierten Architekturtitel prädestiniert für den internationalen Vertrieb, weil sie ungeachtet ihres regionalen Bezuges generalisierbare Themen exemplarisch vorstellen und sich damit auch an eine internationale Leserschaft wenden. Mit anderen Worten: Die eher geringe Anzahl von interessierten Käufern verteilt sich auf viele Länder.

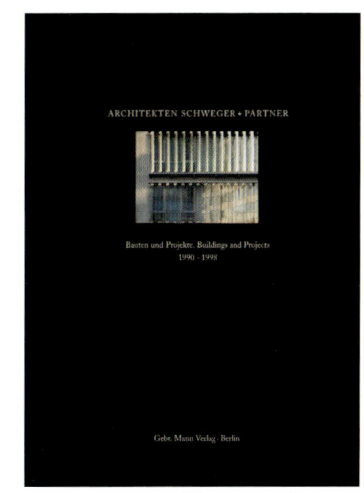

Büromonografie

Zurück zum deutschen Buchhandel: Wenn man die eigenen Bücher gar nicht im einschlägigen Buchhandel findet, warum also dann in einem Verlag veröffentlichen? Die Antwort ist einfach: Ähnlich wie bei anderen Marketingstrategien ist es eben nicht nur der direkte und unmittelbar messbare Erfolg in Form von Verkäufen, sondern das weitgefasste Spektrum von Möglichkeiten, mit einem frisch veröffentlichten Verlagstitel öffentliche Aufmerksamkeit zu erlangen. Hier sind vor allem die Verlagsprogramme, die alle Neuerscheinungen eines Verlages ankündigen, zu nennen, die Fachbuchhandlungen und alle bedeutenden Kulturredaktionen. Weitere Möglichkeiten, öffentliche Aufmerksamkeit für ein Buch zu wecken, sind – in Zusammenarbeit mit einem Verlag – Veranstaltungen, Diskussionsrunden oder auch Lesungen, die nach dessen Auslieferung organisiert werden. Ebenso wichtig ist bei guten Fachtiteln die direkte Information an Bibliotheken, die ihrerseits wiederum zu wertvollen Multiplikatoren werden können.

Mit Buchbesprechungen in den einschlägigen Feuilletons, Fachzeitschriften sowie in Regionalzeitungen erhöht sich die Reputation des jeweiligen Architekten/Büros ebenfalls in nicht geringem Maße. Um eine Rezension zu erreichen, ist eine ebenso effiziente wie gezielte Informations- und Pressearbeit nötig, die unter Umständen auch gemeinsam vom Architekten und vom Verlag organisiert werden kann. Wichtig ist es, die richtigen Ansprechpartner zu kennen, die sich wirklich mit dem Thema auseinandersetzen wollen. Man muss also wissen, wer für welches Buch zu welcher Zeit der richtige Ansprechpartner ist. Eine zu breite Streuung, das heißt eine ziellose Aussendung eines Titels an möglichst viele Redaktionen, zeigt in der Regel außer viel zu hohen Einsatz- und Versandkosten keinerlei Ergebnis.

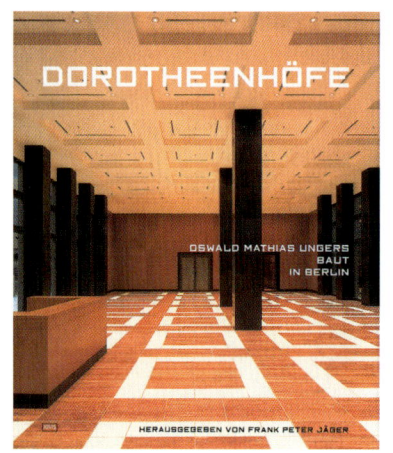

Gebäudemonografie

Das Schreiben

Fast jeder träumt einmal davon, sein eigenes Buch zu schreiben. Der dafür notwendige Arbeits- und Zeitaufwand ist allerdings beträchtlich und sollte nicht unterschätzt werden – vor allem, wenn man ohnedies hauptberuflich in hohem Maße eingespannt ist.

Sollte man dennoch die Zeit finden, das Buch selbst zu schreiben, dann empfiehlt es sich in jedem Fall, mit einem guten Lektorat, über das jeder Verlag im eigenen Haus oder in Form qualifizierter freier Mitarbeiter verfügt, zusammenzuarbeiten. Ein Lektor prüft die inhaltliche und stilistische Wirkung des Textes ebenso kritisch wie die Qualität der Orthografie und Interpunktion. Auch wenn Eingriffe in die Freiheit des Schreibens gerade von Anfängern gefürchtet werden, sind sie angesichts der Tatsache, dass ein Buch eine breite Öffentlichkeit erreichen soll, häufig nötig und dienen ausschließlich der Qualität des Textes.

In der Regel wird mit der Veröffentlichung eines Buches allerdings ein Autor bzw. Herausgeber beauftragt, der in die gesamten Produktionsabläufe eines Titels einbezogen werden sollte. Dieser kann entweder vom Verlag vorgeschlagen werden oder ein Architekt sucht sich einen Publizisten, dessen Arbeit und Fähigkeit zur Objektivität er vorbehaltlos schätzt. Zumeist sind es Fachjournalisten oder Wissenschaftler, die sich einen Namen gemacht und bereits Bücher veröffentlicht haben.

Es liegt auf der Hand, dass die Popularität eines Autors oder Herausgebers immer auch dem Buch zugute kommt! Nicht nur, weil der Bekanntheitsgrad des Autors eine größere öffentliche Aufmerksamkeit garantiert, sondern auch, weil die zu unterstellende Neutralität eines guten Publizisten, der keinesfalls immer das schreiben wird, was sich sein Auftraggeber wünscht, den Wert eines Buches in der Regel steigern kann.

Natürlich muss ein Autor, der womöglich weitere Gastautoren beauftragt, auch bezahlt werden. Das geschieht entweder durch prozentuale Beteiligung am Verkauf des Buches in Form von Tantiemen, häufiger aber – auf Grund des Risikos, nicht genügend Bücher zu verkaufen – durch feste Honorarabsprachen. Diese sind Verhandlungssache und hängen sowohl von der Qualifikation und vom anfallenden Arbeitspensum als auch vom Bekanntheitsgrad und dem jeweiligen Profilierungsbedürfnis eines Autors ab.

Ausstattung und Gestaltung

Jedes Thema, das sie veröffentlichen möchten, benötigt eine adäquate Verpackung, also eine formale Ausstattung, die dem Inhalt bestmöglich entspricht. Es hat also keinen Sinn, eine wenig umfangreiche Publikation über ein kleines Projekt in einem großen Format oder eine Werkmonografie eines bedeutenden Architekten in einer allzu simplen Ausstattung zu veröffentlichen.

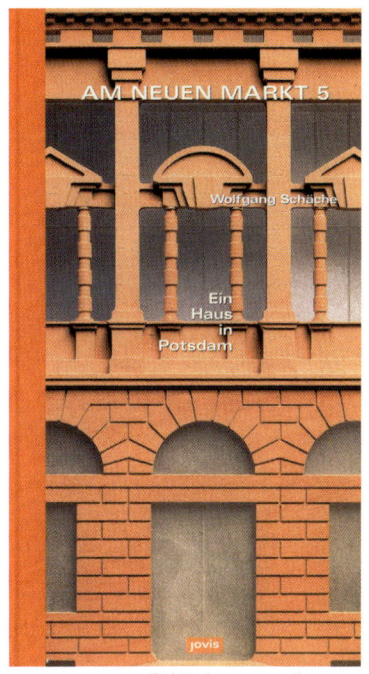

Gebäudemonografie

Fakt ist, dass die Produktion von Büchern fast immer aufwändig und kostenintensiv ist. Die Gesamtauflagenhöhen sind aus den bereits genannten Gründen eher klein, damit liegt der Preis für das einzelne Buch recht hoch. Wie beim Bauen sind darüber hinaus zahlreiche Partner an der Gesamtherstellung eines Titels beteiligt; das bedeutet viele Risikofaktoren und dadurch nicht selten einen Mehraufwand, der sich bei ungenügender Vorbereitung erst im Laufe der Produktion zeigt und im Nachhinein höhere Kosten verursachen kann. Wichtig sind hier also schon vorab eingehende Gespräche mit Verlagen oder mit Herstellungsbüros bzw. Grafikern, die alle Fragen der Ausstattung, des Formats, des Umfangs und viele andere technische Details verlässlich beantworten können. Nur so kann von Beginn an Kostentransparenz erreicht werden.

Ob Sie nun mit einem Verlag oder mit freien Grafikern zusammenarbeiten, folgende Fragen sollten Sie vor Produktionsbeginn immer stellen:

Günstige Druckformate: Hier sind Vorgaben zu berücksichtigen, die durch die gängigen Formate der Druckmaschinen bestimmt werden. Deshalb gilt, dass wenige Millimeter mehr oder weniger im Format sich erheblich auf die Druckkosten auswirken können. Lassen Sie sich Muster zeigen oder bringen Sie Bücher mit, die Ihnen gefallen.

Papiersorten: Es gibt sehr unterschiedliche Papiersorten und -qualitäten, deren Vorzüge und Nachteile Sie sich erklären lassen sollten. In der Regel gilt, dass gestrichene Bilderdruckpapiere – die es matt und glänzend gibt – für eine Publikation verwendet werden sollten, bei der es auf die Qualität der Abbildungen ankommt. Für reine Textbücher hingegen sind eher Werkdruckpapiere zu empfehlen.

Lithografie: Für den Abdruck in einem Buch benötigt man entweder Aufsichtsvorlagen (Fotos, Dias, Grundrisse und Ektachrome) oder bereits gescannte Daten. Bei letzteren sollte man sich informieren, in welcher Auflösung und Qualität sie vorliegen, um sicher zu gehen, dass sie späteren Druckanforderungen genügen. Werden die Abbildungen neu gescannt, sollte man deren Qualität in jedem Fall prüfen. Hier gibt es unterschiedliche Möglichkeiten: vom Digitalproof (relativ günstig, aber nicht wirklich farbsicher) über analoge Proofs (Verfilmung der Druckdaten) bis hin zum Andruck entweder in einem Andruckstudio oder auf einer regulären Druckmaschine, letzteres jeweils auf Auflagenpapier. Es ist klar, dass einfarbige (1-c) Abbildungen sowohl in der Lithografie als auch im Druck wesentlich preiswerter sind als farbige Bilder (4-c).

Ausstattung: Naheliegend sind Broschur- oder Hardcoverbände, für die es wiederum verschiedene Ausstattungsmöglichkeiten gibt: Einfache Broschur, Französische, Englische oder Schweizer Broschur, Flexocover, Hardcover mit oder ohne Schutzumschlag usw. Um hier die richtige Entscheidung zu treffen, sollte man sich vorher möglichst viele Bücher anschauen bzw. sich von einem Verlag zeigen lassen.

Grafik: Diese sollte immer zeitgemäß und modern, aber auch leserfreundlich und dem Inhalt angemessen sein. Es ist offensichtlich, dass von der Gestaltung eines Buches Rückschlüsse auf die ästhetischen Vorstellungen eines Büros gezogen werden.

RICHTSCHNUR

Inhalt und Ausstattung eines Buches müssen zusammenpassen. Dabei beeinflussen Format, Papier, Druckaufteilung und Bindung ganz entscheidend die Kostenstruktur und den Duktus einer Publikation.

Die Produktionszeit

In der Regel sollte man für einen Titel – abhängig von Inhalt und Umfang – mindestens ein Jahr Vorbereitungs- und Produktionszeit einplanen. Erst wenn die Inhalte, das heißt alle Texte und Abbildungen, feststehen, sollte man sich mit der technischen Ausstattung sowie der grafischen Gestaltung beschäftigen.

Stehen Ausstattung und Layout, so muss man von da ab für Satz, Lithografie sowie sämtliche Korrekturvorgänge eineinhalb bis drei Monate und für den Druck und die Bindung bis hin zur fertigen Auslieferung weitere vier bis sechs Wochen einplanen. Deshalb ist ein verbindlicher Zeitplan wichtig, an den sich alle Beteiligten halten müssen – vor allem, wenn ein bestimmter Auslieferungstermin gewünscht wird.

Die Finanzierung

Die ausreichende Finanzierung eines Buches stellt viele vor eine schwer lösbare Herausforderung. Wie schon erwähnt, ist die Produktion von Büchern kostenintensiv. Das gilt insbesondere für die so aufwändig produzierten Architekturtitel. Häufig können diese Bücher nur realisiert werden, wenn sich Architekten, Bauherren oder Investoren, gegebenenfalls aber auch Baufirmen und Zulieferer an den Produktionskosten beteiligen. Das kann in Form von festen Druckkostenzuschüssen oder von bestimmten Abnahmemengen an Büchern geschehen. Damit wird das Kostenrisiko zwischen allen Partnern geteilt. Ein gutes Argument, Partner von einer Zusammenarbeit zu überzeugen, ist die Möglichkeit von Sondereditionen mit eigenem Umschlag, speziell gestalteter Titelseite oder eigenem Vorwort. Kaum ein Architekturbuch lässt sich also aufgrund der relativ niedrigen Auflagen auch nur annähernd durch den Buchhandelsverkauf refinanzieren. Darüber hinaus muss man, ohne in Details zu gehen, festhalten, dass Vertrieb, Marketing sowie Pressearbeit erhebliche Kosten für die Verlage verursachen. Aber all diese Aktivitäten dienen dem Image- und Prestigegewinn – und damit erhöhen sich die Chancen nationaler und internationaler Reputation eines Architekten beträchtlich.

RICHTSCHNUR

Nur wenige Architekten können es sich leisten, eine Buchproduktion ganz aus eigenen Mitteln zu finanzieren. Deshalb lohnt es sich, vor Produktionsbeginn interessierte Partner (Baufirmen, Baustoffhersteller etc.) anzusprechen und zusammenzuführen, um die Finanzierung eines Titels sicher zu stellen. Damit wächst zugleich der Abnehmerkreis für die Bücher.

Die Entscheidung

Angesichts der verbreiteten Ansicht, gerade in einer wirtschaftlichen Krise müsse man kostenbewusst denken und vor allem unnötige Ausgaben einschränken, stellt sich mehr denn je die Frage, ob sich die Kosten für alle Formen der PR, also auch für Publikationen, überhaupt lohnen. Diese Frage lässt sich vorbehaltlos mit ja beantworten, denn auf einem schrumpfenden Markt kommen nicht nur der Akquisition bei gleichzeitiger Verdrängung der Konkurrenz, sondern auch der Imagepflege des Architekten sowie der Dokumentation seiner Arbeit eine ständig wachsende Rolle zu.

Es sind eben doch nicht nur die bloßen Verkaufszahlen eines Titels, sondern eher die indirekten, häufig nicht unmittelbar messbaren Wirkungen, die über Erfolg und Misserfolg einer Publikation entscheiden. Der kontinuierliche publizistische Output wird ein Büro ins Gespräch bringen und einen Architekten bekannter machen. Und in der Regelmäßigkeit der Veröffentlichungen liegt eben auch die Chance, im Gespräch zu bleiben. Denn nur wer stetig zeigt, was er – an Qualität und Quantität – zu leisten vermag, wird sich am Ende auf einem schwierigen Markt durchsetzen und behaupten.

ANHANG

Informationen, Institutionen, nützliche Adressen und Links

184 Architekturzentren und Architekturgalerien international
186 Studien und Fortbildungsangebote: Marketing, Media und Präsentation für Architekten
187 Linklisten und Portale (in Auswahl)
188 Presse und Architektur
188 Architekturinstitutionen, Verbände und Initiativen
188 Literaturhinweise
189 Die Autoren
190 Der Herausgeber
191 Bildnachweis/Danksagung

Architekturzentren und Architekturgalerien international

Vorgestellt werden Galerien und Institutionen, die Gegenwartsarchitektur und die ihr benachbarten Disziplinen ausstellen und kontinuierlich als Ausstellungsraum zur Verfügung stehen. Darüber hinaus gibt es zahlreiche Institutionen und Initiativen (Architekturforen, Stiftungen, Kammern, interdisziplinär arbeitende Galerien) die von Zeit zu Zeit ihre Räume für Architekturausstellungen bereitstellen oder diese selbst durchführen.

Architekturgalerien in der Bundesrepublik Deutschland

Galerie Aedes, Berlin
AedesBerlin,
Else-Ury-Bogen 600, D-10623 Berlin
sowie
Aedes East Internationales Forum für Zeitgenössische Architektur e.V.
Rosenthaler Str. 40/41, D-10178 Berlin
Tel.: +49/(0)30/28 270 15
www.aedes-arc.de   aedes@baunetz.de

Architektur Galerie Berlin
Ackerstraße 19, D-10115 Berlin
Tel.: +49/(0)30/78 897 431
www.architekturgalerieberlin.de
info@architekturgalerieberlin.de

Architekturgalerie München e.V.
Türkenstrasse 30, D-80333 München
Tel.: +49/(0)89/280 54 48
www.architekturgalerie-muenchen.de
borgmann@architekturgalerie-muenchen.de

Bremer Zentrum für Baukultur
Am Speicher XI, 1, D-28217 Bremen
Tel.: +49/(0)421/960 21 35
www.bzb-bremen.de   info@bzb-bremen.de

salon blauraum, Hamburg
Wexstrasse 28, D-20355 Hamburg
Tel.: +49/(0)40/419 166 90
www.blauraum.de   office@blauraum.de

Architekturmuseum der Technischen Universität München
Arcisstr. 21, D-80333 München
Tel.: +49/(0)89/28 922 463
www.archmus.de   archmus@lrz.tum.de

Deutsches Architekturmuseum (DAM), Frankfurt am Main
Schaumainkai 43, D-60596 Frankfurt
Tel.: +49/(0)69/212 363 18
www.dam-online.de
info.dam@stadt-frankfurt.de

Galerie framework, Berlin
Schlesische Straße 28, D-10997 Berlin
Tel.: +49/(0)30/610 741 45
www.framework-berlin.de
post@framework-berlin.de

Kasseler Architekturzentrum im Kulturbahnhof (KAZimKUBA), Kassel
Hessenallee 2, D-34130 Kassel
Tel.: +49/(0)561/70 77 50
www.kazimkuba.de
ettinger.brinckmann@anp-ks.de

Architekturmuseum Schwaben, Augsburg
Thelottstraße 11, D-86150 Augsburg
Tel.: +49/(0)821/22 818 30
www.architekturmuseum.de   ams@lrz.tum.de

Architekturgalerie am Weißenhof, Stuttgart
Am Weißenhof 30, D-70191 Stuttgart
Tel.: +49/(0)711/257 14 34
www.weissenhofgalerie.de
info@weissenhofgalerie.de

suitcasearchitecture, Berlin
Choriner Strasse 54, D-10435 Berlin
Tel.: +49/(0)30/440 459 33
www.suitcasearchitecture.com
berlin@suitcasearchitecture.com

Werkbundhaus Hellerau, Dresden-Hellerau
Deutscher Werkbund Sachsen e.V.,
Karl-Liebknecht-Str. 56, D-01109 Dresden
Tel.: +49/(0)351/88 020 07
www.deutscher-werkbund.de
sachsen@deutscher-werkbund.de

Weitere Architekturzentren und Galerien mit regionaler Ausrichtung (in Auswahl)

Südwestdeutsches Archiv für Architektur und Ingenieurbau, Karlsruhe
Universität Karlsruhe, Kaiserstraße 8, D-76128 Karlsruhe
Tel.: +49/(0)721/608 4376/-6151
saai@uni-karlsruhe.de

Architektur Centrum Hamburg – Gesellschaft für Architektur und Baukultur e.V.
www.architektur-centrum.de

Architekturforum Freiburg e.V.
www.architekturforum-freiburg.de

Architekturforum.kempten
www.byak.de

Architekturforum Lübeck e.V.
www.architekturforum.de

Architekturforum Rheinland e.V.
www.architektur-forum-rheinland.de

Architekturforum Passau e.V.
www.byak.de

Treffpunkt Architektur Nürnberg
Tel.: +49/(0)911/27 432 60
www.byak.de

Treffpunkt Architektur Würzburg
Tel.: +49/(0)931/35 98 190
www.byak.de

stadt.bau.raum, Gelsenkirchen (ehemalige Galerie Architektur und Arbeit)
www.stadtbauraum-nrw.de
www.stadtbaukultur.nrw.de

Architekturzentren und Architekturgalerien in Europa (in Auswahl)

Österreich
Architekturzentrum Wien
Tel.: + 43(1)/522 31 15
www.azw.at   office@azw.at

Architekturforum Tirol, Innsbruck
Tel.: + 43(0)512/57 15 67
www.architekturforum-tirol.at

Architekturforum Oberösterreich (afo), Linz
Tel.: + 43(0)732/78 51 40
www.architekturforum-ooe.at   office@afo.at

Architektur Raum Burgenland, Eisenstadt
Tel.: + 43(0)26 82/63 343
www.architekturraumburgenland.at
office@architekturraumburgenland.at

Architekturstiftung Österreich
Tel.: + 43(0)1/513 08 95
www.architekturstiftung.at   aaf@aaf.or.at

Haus der Architektur Graz
Tel.: + 43(0)732/78 51 40
www.hda-graz.at   office@hda-graz.at

Haus der Architektur Kärnten, Klagenfurt
Tel.: + 43(0)463/50 45 77
www.architektur-kaernten.at
office@architektur-kaernten.at

Vorarlberger Architekturinstitut (vai), Dornbirn
Tel.: + 43(0)5572/51169
www.v-a-i.at   info@v-a-i.at

Schweiz
Architekturmuseum Basel
Tel.: + 41/(0)61/261 14 13
www.architekturmuseum.ch
am@architekturmuseum.ch

Architekturforum Bern
www.architekturforum-bern.ch
info@architekturforum-bern.ch

Architekturforum Solothurn
Tel.: + 41/(0)32/627 5 67
www.kurtstalder.ch/forum.htm
kurtstalder@kurtstalder.ch

Architekturgalerie Luzern
Tel.: + 41/(0)41/240 66 44
www.architekturgalerie.ch
info@architekturgalerieluzern.ch

Forum d´architectures lausanne
Tel.: + 41/(0)21/32 30 756
www.archi-far.ch   info@archifar.ch

Architekturforum Zürich
Tel.: + 41/(1)25/2 92 95
www.architekturforum-zuerich.ch
mail@architekturforum-zuerich.ch

Niederlande
ABC, Haarlem
Tel.: +31(0)23/53 405 84
www.architectuurhaarlem.nl
info@architectuurhaarlem.nl

AIR, Rotterdam
Architectuur Instituut Rotterdam
Tel.: +31(0)10/28 09700
www.air.foundation.nl   info@airfoundation.nl

AORTA, Utrecht
Tel.: +31(0)30/23 216 86
www.aorta.nu   aorta@aorta.nu

ARCAM, Amsterdam
Tel.: +31(0)20/62 048 78
www.arcam.nl   arcam@arcam.nl

NEDERLANDS ARCHITECTUUR INSTITUUT,
Rotterdam
Tel.: +31(0)10/44 012 00
www.nai.nl   info@nai.nl

Die Adressen zahlreicher weiterer Architekturzentren und -museen sowie Architekturinstitutionen in Spanien, Italien, Norwegen, Dänemark, Tschechien, Estland und vielen anderen Ländern findet man in den Linklisten der Internet-Adressen: www.azw.at (Architekturzentrum Wien) sowie www.architekturzentrum-stuttgart.de

Studien und Fortbildungsangebote: Marketing, Media und Präsentation für Architekten

Seit Ende 2003 besteht an der Fachhochschule Bochum der Master-Studiengang Architektur Media Management (AMM). Der Fortbildungsstudiengang ermöglicht es Absolventen des Studiengangs Architektur oder benachbarter Disziplinen, sich in einem zweisemestrigen Fortbildungsstudium Medienkompetenz, Grundlagen des Architekturmarketings und Techniken der Architekturvermittlung in Wort, Bild und mit Hilfe audiovisueller Medien anzueignen. Architektur Media Management ist damit in der Bundesrepublik der erste Studiengang, der Inhalte des Architekturmarketings und der Architekturvermittlung in ein systematisches Curriculum einbindet.
www.fh-bochum.de
architektur@fh-bochum.de

Themen der Architekturvermittlung genießen auch am Fachgebiet Architekturtheorie der Brandenburgischen Technischen Universität Cottbus große Aufmerksamkeit. Das Fachgebiet gibt in regelmäßigen Abständen die Internet-Zeitschrift „Wolkenkuckucksheim" heraus (Wolkenkuckucksheim – Internationale Zeitschrift für Theorie und Wissenschaft der Architektur, www.theo.tu-cottbus.de/Wolke/wolke.html).
In den Veranstaltungen der BTU geht es jedoch nicht um Marketing, in erster Linie stehen Fragen der akademischen Architekturrezeption im Vordergrund. Beispielsweise initiierte der Fachbereich ein Symposium zum Thema Architekturkritik.
www.tu-cottbus.de
dekanat2@tu-cottbus.de

An der TU Darmstadt nimmt Rolf Toyka, Leiter der Akademie der Architekten- und Stadtplanerkammer Hessen, seit 2003 einen Lehrauftrag zum Thema Architekturmarketing und PR für Architekten wahr.
Der Herausgeber dieses Buches führt an der Technischen Fachhochschule Berlin sowie für mehrere Architektenkammern Seminare zum Thema Marketing und Öffentlichkeitsarbeit für Architekten durch.

Die Architektenkammern der Länder bieten in ihrer Mehrzahl Fortbildungsseminare zu den Themen Büropräsentation, Pressearbeit und Marketing an.
Besonders umfangreiche Angebote zum Thema findet man bei den folgenden Architektenkammern bzw. an die Kammern angegliederten Bildungsträgern.
Institut Fortbildung Bau e.V. (IFBau), Stuttgart (Architektenkammer Baden-Württemberg):
www.ifbau.de
Akademie der Architektenkammer Nordrhein-Westfalen, Düsseldorf: www.aknw.de
Akademie der Architektenkammer Hessen, Wiesbaden: www.akh.de
Architektenkammer Berlin: www.ak-berlin.de

Auch das Bildungswerk des Bunds Deutscher Baumeister, Architekten und Ingenieure bietet Veranstaltungen zum Thema:
BDB-Bildungswerk
Bund Deutscher Baumeister, Architekten und Ingenieure e.V.
Wildenowstraße 6, 12203 D-Berlin
Tel.: +49/(0)30/84 18 97 0
www.baumeister-online.de
zentrale@bdb-bildungswerk.de

Linklisten und Portale (in Auswahl)

Über die folgenden Seiten und Architekturportale gelangt man zu ergiebigen Linklisten, auf denen man nationale und internationale Architekturinstitutionen, Architekturportale, Galerien, Initiativen und Fördereinrichtungen findet.
www.a-matter.com (Münchner Architekten Webmagazin)
www.archinform.de (Architekten-Datenbank)
www.archinet.de (Architektur-Online-Magazin)

www.architekturzentrum-stuttgart.de (Linkliste der Galerie am Weissenhof)
www.architektur-forum.ch Internetportal für Architekten)
www.azw.at (Internetseite des Architekturzentrums Wien)
www.baulinks.de
www.baunetz.de (Informationen für Architektur und Bauwesen)
www.baumeister-online.de (Portal des Bunds Deutscher Baumeister, Architekten und Ingenieure e.V. BDB und des Baumeister)
www.db.bauzeitung.de
www.germanarchitects.com
www.internet-fuer-architekten.de (Online-Magazin für Architektur-Marketing)
www.koelnarchitektur.de (Kölner Architekturportal)
www.nextroom.at (Architektur-Datenbank aus Österreich)
www.architektur-buch.de
www.archinet.co.uk (Britisches Architekturportal)
www.columbia.edu/cu/precis/ (PRECIS - online architecture journal)

Architekturexport
Netzwerk Architekturexport, Bundesarchitektenkammer,
Askanischer Platz 4, D-10963 Berlin
Ansprechpartner: Dr. Thomas Welter
Tel.: +49/(0)30/26 34 4-0
www.architekturexport.de
info@architekturexport.de

Architekturfotografie
Portale und Seiten zur Architekturfotografie:
archphoto.net (Plattform für Architekturfotografen)
www.architekturfotografie.net
www.architekturfoto.at
www.fotoline.ch

Architekturfotografie-Datenbank der db
→ www.db.bauzeitung.de
Photolink.de (über 1100 Internet-Links zur Fotografie) → www.photolink.de
Einen umfangreichen Link zum Thema Architekturfotografie enthält auch die Internet-Seite des Architekturzentrums Wien (www.azw.at → Links) sowie des Architekturzentrums Stuttgart (Recherche-Plattform für Architektur, Design und Fotografie) (www.architekturzentrum-stuttgart.de)

Architekturbild e.V.
Im März 2003 wurde Architekturbild e.V. (Verein zur Förderung der fotografisch-künstlerischen Auseinandersetzung mit der gebauten Umwelt) in der Bundeskunsthalle in Bonn gegründet. Er hat es sich zur Aufgabe gemacht, die fotografisch-künstlerische Auseinandersetzung mit der gebauten Umwelt zu fördern. Um anspruchsvolle Architekturfotografie zu fördern, lobt der Verein alle zwei Jahre den europäischen Architekturfotografie-Wettbewerb aus. Auf der Internetseite des Vereins werden Veranstaltungen zum Thema Architekturfotografie kommuniziert. Außerdem bestehen Links zu zahlreichen Architekturfotografen.
Anschrift: Architekturbild e.V.,
Marquardtstraße 33, D-0186 Stuttgart
Ansprechpartner: Dipl.-Ing. Wilfried Dechau
www.architekturbild-ev.de
architekturbild@netic.de

Berufsverbände/Vereine
Deutsche Gesellschaft für Photographie e.V. (DGPh)
www.dgph.de
Deutscher Verband für Fotografie e.V.
www.dvf-fotografie.de

Presse und Architektur

Deutschsprachige Tageszeitungen, die in ihrem Feuilleton regelmäßig über Architektur berichten:
Basel: **Baseler Zeitung**; Berlin: **Berliner Zeitung, Der Tagesspiegel, Die Welt, die tageszeitung**; Bremen: **Weserkurier**; Bonn: **General-Anzeiger**; Chemnitz: **Freie Presse**; Frankfurt am Main: **Frankfurter Allgemeine Zeitung, Frankfurter Rundschau**; Freiburg: **Badische Zeitung**; Hamburg: **Hamburger Abendblatt**; Köln: **Kölner Stadtanzeiger**; Potsdam: **Märkische Allgemeine**; Saarbrücken: **Saarbrücker Zeitung**; München: **Süddeutsche Zeitung**; Stuttgart: **Stuttgarter Zeitung**; Ulm: **Südwest-Presse**; Wien: **Wiener Zeitung**; Zürich: **Neue Zürcher Zeitung, Tages-Anzeiger**

Fachzeitschriften International
Ein sehr ausführliches Linkangebot zu den Internet-Auftritten internationaler Architekturzeitschriften findet sich u.a. auf der Internetseite des Architekturzentrums Wien (www.azw.at) sowie des Architekturzentrums Stuttgart (Recherche-Plattform für Architektur, Design und Fotografie) (www.architekturzentrum-stuttgart.de) und im Baunetz (www.baunetz.de).

Architekturinstitutionen, Verbände und Initiativen

Bund Deutscher Architekten BDA, Berlin
Bundessekretariat
Tel.: +49/(0)30/27 87 99 0
www.bda-architekten.de
Kontakt@bda-bund.de

Deutsches Zentrum für Architektur, Planungs- und Bauwesen
DAZ Berlin, Einrichtung des BDA
Bundessekretariat
Tel.: +49/(0)30/27 87 99 0
www.daz.de   susebeek@bda-bund.de

Bund Deutscher Landschaftsarchitekten
BDLA Bundesgeschäftsstelle
Tel.: +49/(0)30/27 87 15 0
www.bdla.de   info@bdla.de

Bund Deutscher Innenarchitekten, BDIA e.V.
Tel.: +49/(0)228/90 82 940
www.bdia.de   info@bdia.de

Initiative Architektur und Baukultur
Bundesamt für Bauwesen und Raumordnung
Tel.: +49/(0)1888/401 1271
www.architektur-baukultur.de
architektur.baukultur@bbr.bund.de

Wüstenrot Stiftung Ludwigsburg
Gemeinschaft der Freunde
Deutscher Eigenheimverein e.V.
Tel.: +49/(0)7141/16 47 77
www.wuestenrot-stiftung.de
info@wstg.de

Kulturstiftung des Bundes, Halle
Tel.: +49/(0)345/29 97 – 0
www.kulturstiftung-bund.de
info@kulturstiftung-bund.de

Literaturhinweise
Architekturmarketing, Akquisition und Büromanagement

Bundesarchitektenkammer e.V. (Hg.): **Architekturexport – Leitfaden für Architekten und Ingenieure**, Berlin 2004.

Sally Below: **Wege in die Öffentlichkeit – Public Relations und Marketing für Architekten**, Hamburg 2004.

Edgar Haupt und Manuel Kubitza (Hg.): **Marketing und Kommunikation für Architekten**, Basel 2002.

Managementberatung der Akademie der Architekten- und Stadtplanerkammer Hessen: **Marketing konkret**, CD-ROM Musterleitfaden, Wiesbaden 2003.

Christian Marquart: **Marketing und Öffentlichkeitsarbeit für Architekten und Planer**, Stuttgart 1997.

Adolf W. Sommer: **Auftrag und Akquise – Handbuch für Architekten und Ingenieure**, Köln 2003.

Gestaltung von Broschüren und Drucksachen

Max Bill: **Typographie, Reklame, Buchgestaltung**, Sulgen/Zürich 1999.

Comedia – die Medienwerkstatt (Hg.): **Satztechnik und Typografie** (Reihe in 5 Bänden), Bd. 1: **Typografische Grundlagen**; Bd. 4: **Formenlehre**, Bern 2001.

Hans Peter Willberg/Friedrich Forssmann: **Erste Hilfe in Typografie**, Mainz 2000.

Dario Zuffo: **Die Grundlagen der visuellen Gestaltung**, Sulgen/Zürich 1998.

(weitere Hinweise unter: www.typografie.de)

Gestaltung von Internetseiten

Isolde Kommer/Tilly Mersin: **Typographie und Layout für digitale Medien**, München 2002.

Thomas Wirth: **Missing Links – über gutes Webdesign**, München, 2003.

Sprache und Text

Wolf Schneider: **Deutsch fürs Leben**, Reinbek 1994.

Wolfgang Mentzel: **Rhetorik**, München 2000.

Hans Koepf/Günther Binding: **Bildwörterbuch der Architektur**, Stuttgart 1999.

Pressearbeit

Architektenkammer Hessen (Hg.)/Eva Reinhold-Postina: **Presse- und Öffentlichkeitsarbeit für Architekten und Stadtplaner**, Wiesbaden 2002.

Die Autoren

Wilfried Dechau
Jahrgang 1944. Dipl.-Ing. Architekt und Journalist. Architekturstudium an der TU Braunschweig, 1973 Diplom; in Braunschweig 1973 - 80 wissenschaftlicher Assistent am Lehrstuhl für Baukonstruktionen und Industriebau bei Prof. W. Henn. Seit 1980 Redakteur bei der **db** (**deutsche bauzeitung**, Stuttgart), seit 1988 Chefredakteur.
Seit 1995 Lehrauftrag zum Thema »Architektur und Sprache« an der FH Biberach.
1995 Veröffentlichung des Buches **architektur abbilden**.
1995 Erste Ausschreibung des – seither alle zwei Jahre ausgelobten – Europäischen Architekturfotografiepreises db architekturbild.
Seit 1996 Herausgabe der Buchreihe **db – das buch**. In dieser Reihe erschien u.a. 1997 das Buch **Architektenjargon**. 1999 erschien das Buch **Architektur-Alltag**, im Oktober 2000 folgte **Kühne Solitäre** über den Schalenbaumeister Ulrich Müther. Seit 1999 Mitglied der Deutschen Gesellschaft für Photographie (DGPh). 2003 Gründung des gemeinnützigen Vereins architekturbild e.V.

Jan R. Krause
Jahrgang 1969. Dipl.-Ing. Architekt und Journalist. Jan R. Krause lehrt Architektur und Media Management als Professor an der Fachhochschule Bochum und ist Leiter von Marketing und Kommunikation bei der Eternit AG/Fassade und Ausbau in Berlin.
Nach seinem Architekturstudium in Braunschweig, Zürich und Wien Besuch der Journalistenakademie in Baden- Württemberg. Dem Volontariat beim Alexander Koch Verlag folgte eine vierjährige Tätigkeit als Redakteur bei den Architekturzeitschriften AIT und Intelligente Architektur. Als Mitherausgeber des Fachbuchs **Die klima-aktive Fassade** spezialisierte er sich auf integrative Planungsprozesse und die enge Zusammenarbeit zwischen Architekten und Industrie. Als freier Autor publiziert er schwerpunktmäßig über Marketing und Öffentlichkeitsarbeit als Chance für Architekten.

Paul Gerhard Lichtenthäler
Jahrgang 1966. Freier PR-Berater für Architekten. Studium der Betriebswirtschaftslehre, Germanistik und Kunstgeschichte sowie der Archäologie und Kulturanthropologie an den Universitäten Bamberg und Frankfurt/M., Abschluss mit dem Magisterexamen. Danach Referent für Öffentlichkeitsarbeit für das Architekturbüro KSP (Frankfurt/M.), später in gleicher Funktion bei der Architektenkammer Hessen in Wiesbaden. Seit 2002 selbständiger PR-Berater in Berlin. Mitglied der Deutschen Public Relations Gesellschaft (DPRG) seit 1997.

Uwe Morell
Jahrgang 1963. Dipl.-Ing. (FH) Architekt, Mitinhaber eines Architekturbüros mit 11 festen Mitarbeitern in Berlin. 1982-1984 Ausbildung zum Tischlergesellen. 1983-1990 Architekturstudium an der FH Hildesheim mit mehreren Auslandsaufenthalten (u.a. Afrika). 1991 bis 1993 Tätigkeit als Werkplaner, Ausschreibender und Bauleiter für ein süddeutsches Architekturbüro und eine Kölner Bauträgergesellschaft.
Seit 1993 selbständig als Architekt in Berlin mit Arne Schumny in der „DREI PLUS PLANUNGSGRUPPE".
Tätigkeitsschwerpunkte des Büros seit 1995: Ausschreibung, Bauleitung, Troubleshooting. Das Büro arbeitet überwiegend für Generalunternehmer als Auftraggeber.

Eva Reinhold-Postina
Jahrgang 1958. Dipl.-Ing. Architektin, Architekturhistorikerin und Baufachjournalistin.
Architekturstudium an der TU Darmstadt, Abschluss Magisterexamen 1984. Ausgebildete Redakteurin mit Volontariat. Seit 1985 eigenes Büro für Fachjournalismus in Seeheim/Bergstraße mit Schwerpunkt Bauen und Denkmalpflege. Wissenschaftliche Arbeit in der kommunalen und der hessischen Landesdenkmalpflege. Zahlreiche Sachbücher und Beiträge in Tages- und Fachpresse. Konzeption und Erarbeitung mehrerer Denkmal-Ausstellungen. Ferner Publikationen sowie Seminare zum Thema Presse- und Öffentlichkeitsarbeit für Architekten und Ingenieure, unter anderem bei den Architektenkammern Hessen und Rheinland-Pfalz.

Rolf Toyka
Jahrgang 1950. Dipl.-Ing. Architekt. Architekturstudium an der TU Braunschweig und der ETH Zürich. Tätigkeit in verschiedenen Architekturbüros; 5 Jahre Stadtbaumeister in Geestacht bei Hamburg.
Lehraufträge an verschiedenen Hochschulen in den Fachbereichen Architektur/Innenarchitektur; seit 1987 Leiter der Akademie; seit 1999 Mitglied der Geschäftsführung der Architekten- und Stadtplanerkammer Hessen. Herausgeber/Autor mehrerer Bücher; zahlreiche Veröffentlichungen in Fachzeitschriften und Tageszeitungen.
Mitwirkung u.a. im Beirat für Städtebau, Architektur und Baukultur der Landeshauptstadt Wiesbaden; seit 1996 Vorsitzender des Vorstandes der Gesellschaft der Freunde des Deutschen Architektur Museums. Seit 2004 Lehrauftrag an der Technischen Universität Darmstadt zum Thema Marketing und Pressearbeit für Architekten.

Jochen Visscher
Studium der Germanistik, Politikwissenschaft und Philosophie.
Arbeitete u.a. als freier Journalist und Redakteur; ab 1988 als Lektor in einem Berliner Verlag tätig.
Im Herbst 1994 gründete er den Jovis Verlag, der zahlreiche Titel zu Architektur, Film, Fotografie sowie zur Kunst- und Kulturgeschichte im Programm führt. Herausgeber einiger Publikationen zu Themen der zeitgenössischen Berliner Architektur.

Thomas Welter
Jahrgang 1969. Volkswirt, Referent für Wirtschaft und Gesellschaft zur Bundesarchitektenkammer. Studierte Volkswirtschaftslehre und Nordamerikastudien an der Freien Universität Berlin. Nach Projektaufträgen am Deutschen Institut für Wirtschaftsforschung (DIW) Berlin, Lehraufträgen an Berliner Fachhochschulen und der Promotion zur Dr. rer. pol. im Sommer 2000 wechselte er als Referent für Wirtschaft und Gesellschaft zur Bundesarchitektenkammer e.V. (BAK). Dort betreut er u.a. das Netzwerk Architekturexport (NAX), das die grenzüberschreitenden Aktivitäten deutscher Architekten und Ingenieure mit Rat und Tat unterstützt. welter@bak.de

Der Herausgeber

Frank Peter Jäger
Jahrgang 1969. Dipl.-Ing. Stadtplanung, Journalist.
Studium der Stadtplanung, Architektur und Kunstgeschichte in Berlin und Venedig. 1997 Diplom in Stadtplanung. Tätigkeit in Architekturbüros; Volontariat bei der **Märkischen Allgemeinen** in Potsdam; schreibt als Architekturjournalist und -kritiker seit 1999 für den **Tagesspiegel**, die **Neue Zürcher Zeitung**, die **Bauwelt**, **db** (**deutsche bauzeitung**), den **Baumeister**, für **Häuser** u.a.
Frank Peter Jäger führt u. a. an den Architektenkammern Berlin, Baden-Württemberg und Sachsen sowie an der Technischen Fachhochschule Berlin Seminare zum Thema Marketing, Medienkompetenz und PR für Architekten durch. Er unterrichtet journalistisches Grundlagenwissen am Studiengang „Kulturjournalismus" der Berliner Universität der Künste.
Zahlreiche Buchbeiträge; 2004 Herausgeber der Monografie **Dorotheenhöfe** zum Berliner Werk von Oswald Mathias Ungers.
Frank Peter Jäger betreibt eine PR- und Textagentur für Architekten und berät Architekturbüros in Fragen von Marketing und Büroentwicklung.

Der Herausgeber von **Offensive Architektur** freut sich über Anregungen, Kritik und Verbesserungsvorschläge zu diesem Buch.

Anschrift des Herausgebers:
Frank Peter Jäger, Dunckerstraße 57, D-10439 Berlin
Tel: +49/(0)30/44 71 41 31
www.archikontext.de
p.jaeger@berlin.de

Kontaktadressen der im Buch publizierten Fotografen:

Andy Brunner, Leipzig: Tel.: +49/(0)341/56 44 299
Fritz Brunier und David Hiepler:
www.hiepler-brunier.de
Judith Buss, München: judith.buss@addcom.de
www.judithbuss.de
Andreas Gefeller, Düsseldorf:
gefeller@tiscalinet.de
Werner Huthmacher, Berlin:
huthmacher@werner-huthmacher.de
Stefan Melchior, Berlin:
stefan-melchior@t-online.de
Aitor Ortiz: info@aitor-ortiz.com
Erik-Jan Ouwerkerk, Berlin: +49/(0)30/785 28 21
Jens Pfisterer, Stuttgart: www.jens-pfisterer.de;
Tel.: +49/(0)711/79 77 887
Franz Wimmer, München:
atelier-franz-wimmer@t-online.de

Kontaktadressen der im Buch genannten Firmen und Institutionen:

Bünck & Fehse, Visualisierungs- und Animationsdesign www.buenck.fehse.com
Ute Einhoff PR: info@einhoff-pr.de
www.koelnarchitektur.de,
Internetportal für Architektur, Köln,
Tel.: +49/(0)221/976 22 81
Bundesarchitektenkammer
www.info@bak.de Tel.: +49/(0)30/26 39 440

Bildnachweis

Architekturbüro Klaus Theo Brenner, Berlin: S. 65, 66 (3), 67, 86, 87; Archiv Frank Peter Jäger: S. 7, 32, 51 (2), 102, 103, 119, 120, 121, 123 (2), 124 (2), 125, 126, 131 (3), 162, 163, 164; Andy Brunner, Leipzig: S. 37 (3); architektursommer_dresden: S. 160; Birkhäuser Verlag, Basel: S. 178 (re. u.); Bünck + Fehse, Studio für Visualisierungen, Berlin: S. 15 (2), S. 30; Bundesarchitektenkammer/ Forsa Institut für Marktforschung: S. 40; Judith Buss, München, S. 115; club a, Köln: S. 158 (2); Edizioni Press, New York: S. 178 (li. u.); Eike Becker_Architekten, Berlin: S. 52; Galerie Aedes, Berlin: S. 46, 53, 56, 60, 169; Galerie framework, Berlin: S. 58, 167; Gebr. Mann Verlag, Berlin: S. 179; Andreas Gefeller, Düsseldorf: S. 36 (3); h.e.i.z.Haus Architektur + Stadtplanung Prof. Dorothea Becker, Architektin, Thomas Strauch-Stoll, Architekt, Dresden: S. 47, 48; David Hiepler und Fritz Brunier: S. 28, 29; Hild und K Architekten/Büro T.A.F. München: S. 71, 72 (5); Hild und K Architekten/Andreas Kretzer, München: S. 73, 79, 80 (4); Werner Huthmacher, Berlin: S. 8, 9, 10, 11, 108, 109, 110; Martin Joppen, Frankfurt: S. 101, 172, 173; Jovis-Verlag, Berlin: S. 178 (re. o.), 180, 181; KAZimKUBA, Kassel: S. 170, (2); koelnarchitektur.de, Köln: S. 74, 159 (2); Christoph Mäckler Architekten, Frankfurt/Main: S. 44, 45, 55; Stefan Melchior, Berlin: S. 116 (2), 117(2); Neugebauer + Rösch, Architekten BDA, Stuttgart: S. 20; Aitor Ortiz: S. 111; Ortner + Ortner Architekten, Berlin/Wien: S. 46; Erik-Jan Ouwerkerk, Berlin: S. 17, 91, 165; Jens Pfisterer, Stuttgart: S. 113; Prestel Verlag, München: S. 178 (li. o.); salon blauraum, Hamburg: S. 171; schneider + schumacher, Frankfurt/Main: S. 68, 69 (2); schneider + schumacher/ Quandl Design und Kommunikation, Frankfurt/Main: S. 88; Verlag Müller+Busmann KG, Wuppertal, Zeitschrift **Build**: S. 69; Verlagsgruppe Gruner + Jahr Hamburg, Zeitschrift **Häuser**: S. 132; Franz Wimmer, München: S. 85 (3); Thijs Wolzak: S. 176.

Danksagung

Das vorliegende Werk konnte nur mit Hilfe der bereitwilligen und uneigennützigen Unterstützung zahlreicher Personen und Institutionen entstehen. Allen, die dem Verfasser mit Rat und praktischer Unterstützung zur Seite standen, sei herzlich gedankt. Dies betrifft ganz besonders die acht Co-Autoren, die hervorragende Beiträge geliefert haben und sich weder von knappen Terminvorgaben noch von beherzten Textkürzungen des Herausgebers haben schrecken lassen. Besonderen Dank verdienen die Architekturbüros Klaus Theo Brenner, schneider + schumacher sowie Hild und K, Eike Becker_Architekten, Christoph Mäckler Architekten, Neugebauer + Rösch, h.e.i.z.Haus Architekten und andere für die freundliche Bereitstellung ihrer Bürounterlagen für dieses Werk. Daneben bin ich folgenden Institutionen und Personen zu Dank verpflichtet: Architekturbild e.V., Stuttgart; Olaf Bünck, (Agentur Bünck + Fehse, Berlin); Eisenschmidt Consulting Crew GmbH, Kiel; Ute Einhoff (Einhoff PR, Düsseldorf), Eckhard Feddersen und Insa Lüdtke (Feddersen Architekten); Christiane Fath (Galerie framework, Berlin); Kristin Feireiss (Galerie Aedes, Berlin); Werner Huthmacher, Berlin; Christiane Margreiter (Langhof Architekten); Erik Jan Ouwerkerk, Maurice Paulussen (salon blauraum, Hamburg); Jens Pfisterer, Axel Plankemann (Architektenkammer Niedersachsen); Barbara Schlei und Sebastian Hebler (koelnarchitektur.de).

QUALITÄTSMANAGEMENT
AKQUISITION UND MARKETING
PROJEKTMANAGEMENT
CONTROLLING
UNTERNEHMENSPLANUNG
UNTERNEHMENSBEWERTUNG
KRISENMANAGEMENT
NEUE BERUFSFELDER

MANAGEMENTBERATUNG FÜR ARCHITEKTEN UND INGENIEURE

Wir beraten und informieren Architektur- und Ingenieurbüros bundesweit bei allen Fragen rund ums Management auch beim Aufbau individueller Akquisitionsstrategien. Zur Steigerung und Optimierung Ihres Wirkens haben wir Dienstleistungen und Produkte zu diesen Themen entwickelt:

Das Angebot

Informationen
Durch unsere kostenlosen Informationsunterlagen enthalten Sie einen ersten Überblick.

Fort- und Weiterbildung
In Seminaren und Workshops werden die Themen intensiv behandelt. In Lehrgängen bilden wir Sie für neue Tätigkeitsbereiche aus. Für Unternehmen und Institutionen erarbeiten wir maßgeschneiderte Konzepte zur Fortbildung der Fach- und Führungskräfte.

Leitfäden
Für die konkrete Umsetzung und Bearbeitung wichtiger Managementinstrumente haben wir Leitfäden auf CD ROM erstellt.

Beratung
Für Büros und Unternehmen jeder Größe, die Unterstützung bei der Klärung von Fragestellungen oder bei der Umsetzung von Lösungen brauchen, ist die Einzelberatung konzipiert. Nach einem unverbindlichen telefonischen Vorgespräch erstellen wir ein Angebot für eine Beratung bei Ihnen im Planungsbüro.

Kontakt
Managementberatung der AKH
Mainzer Straße 10, 65185 Wiesbaden

Isabella Göring Dipl.-Ing.
Telefon: 0611 – 17 38-50
Telefax: 0611 – 17 38-48
E-Mail: managementberatung@akh.de

www.ahk.de

Akademie der Architekten- und Stadtplanerkammer Hessen
Managementberatung